国际发展合作研究丛书

对外直接投资与国内就业变动

基于中国微观企业数据的研究

阎虹戎◎著

China's Outward Foreign
Direct Investment and Domestic
Employment Variation:

Based on Micro-level Enterprises Database

人民出版社

丛 书 序

"发展"作为全球性的信仰,极大地改变了人类历史进程与整个世界的面貌。自第二次世界大战后国际发展时代开启以来,经济合作与发展组织成员国开展了大量的国际发展实践,其理论政策的研究也渐趋成熟。2015 年 9 月,联合国发展峰会正式通过了《2030 年可持续发展议程》,开启了人类国际发展历史的新纪元。改革开放 40 多年来,中国通过艰辛的探索实现了经济的快速发展,同时也衍生出有别于发达国家的国际发展合作理念与实践。中国国际发展合作具有鲜明的南南合作特色,一方面坚持平等互利、不干涉他国内政等基本原则,另一方面在实践中更偏重基础设施与经济领域,更重视援助与贸易投资的结合,更关注援助对受援国的经济增长和减贫的影响。2013 年习近平主席提出的"一带一路"倡议是新时期中国版的国际发展合作倡议,随着"一带一路"建设的推进,中国国际发展合作的理念和经验的价值进一步凸显。2015 年 9 月,习近平主席在联合国发展峰会上宣布了中国一系列的国际发展合作举措,向世界宣示中国将会在全球发展领域发挥更大的作用。2018 年 4 月,中国国家国际发展合作署成立,以推动中国的国际发展合作更有效地服务中国大国外交战略、"一带一路"倡议及联合国可持续发展目标。在此国际国内背景下,中国的国际发展合作研究进入重大战略机遇期,特别需要相关智库和学者深入研究国际发展的理论与政策,推动国际发展知识的交流与互鉴,培养中国本土的优秀国际发展人才,增强中国全球发展治理话语权;同时,需要认真总结中国发展合作经验,弘扬中华民族智慧,推动南南发展合作,对接联合国可持续发展议程,为全人类共同发展作出重大贡献。

2018 年 5 月,上海对外经贸大学校领导适时把握机遇,在上海市人文社科重点研究基地国际经贸研究所基础上组建了国际发展合作研究院,使上海对外经贸大学成为中国国际发展研究的又一重镇,国际发展合作研究也成为上海对外经贸大学智库建设、学术研究、人才培养的新的增长点。研究院成立以来,首先进行国际发展合作研究团队建设。通过招聘专职研究人员及充分发挥国际经贸研究所原有研究力量,组成了国际发展、国际贸易、国际投资及国际经济法等研究团队,努力构建既掌握国际发展理论与趋势又谙熟中国国际发展合作政策与经验的国际发展研究人才队伍。其次致力于国际发展合作理论与政策研究,在国际发展合作领域推出一系列具有国际视野和水准、融汇国际发展理论与中国国际发展合作理念和实践的高质量研究成果。最后定期举办国际国内高端国际发展合作及相关主题的研讨会,力求建设中国一流的国际发展合作交流网络。研究院每年举办的中国世界经济学会国际发展论坛、中非产能合作论坛已成为中国国际发展学界以及中非经贸合作领域的重要论坛和会议品牌。除此之外,研究院还根据年度研究重点,组织小型专题研讨会,对国际发展合作领域专题进行针对性的深入探讨。经过一年的建设,2019 年 4 月在第二届"一带一路"国际合作高峰论坛上,研究院已经入选"一带一路"国际智库合作委员会成员单位,也是国内智库中唯一专门从事国际发展合作理论与政策研究的机构。

我们认为,国际发展作为极具魅力的理论与实践领域,不仅有实际的价值,更有终极的意义。从小处看,具体的发展援助项目可以改善落后地区部分人群的生存状况;从大处看,有效的国际发展理论与政策能够切实提高发展中国家和地区人民的发展水平。回顾历史,把握国际发展演进的脉络有利于我们深刻了解人类社会变迁的规律;翘首远望,国际发展哲学及理论的研究促使我们深入思考人类的前途与命运。人生的价值,只有融入一项伟大的事业,才能更好地实现。国际发展合作就是一项伟大的事业,而专注国际发展合作理论与政策研究正是我们推进这项事业向前发展的方式。

中国国际发展合作研究丛书是以上海对外经贸大学国际发展合作研

究院为主体整合国内相关研究力量在国际发展合作研究领域推出的系列研究成果,该系列成果的推出,一方面汇集了上海对外经贸大学国际发展合作研究的阶段性成果,另一方面也希望由此推动中国国际发展学科的建设以及中国国际发展合作理论与政策研究的进一步深入,为中国的国际发展合作事业的发展作出贡献。

特别希望国际国内发展及相关领域的专家学者、政府相关部门及国际发展合作实践者能对我们的成果提出宝贵意见。希望我们共同努力,推进中国国际发展相关理论与政策的研究工作、同时也通过我们的研究服务国家战略、推动国际发展合作、创新智库服务。

黄梅波
于上海

目　　录

前　言

2008年金融危机以来,我国企业对外直接投资(Outward Foreign Direct Investment,OFDI)无论是在增速方面还是在规模方面都实现了较大幅度的增长,与发达国家对外直接投资的低增长态势形成了鲜明对比。根据中华人民共和国商务部、国家统计局、国家外汇管理局定期联合发布的《中国对外直接投资统计公报》(2003—2017)显示①,自2003年我国对外直接投资统计制度建立以来,我国对外直接投资已实现了连续14年的快速增长,2002—2016年对外直接投资的年均增速高达35.8%。2017年,针对近年来对外直接投资快速增长过程中出现的一些问题(如涉及娱乐、地产、酒店、体育及跟企业自身主营业务无关的非理性投资快速增长等),我国政府加强了对企业对外直接投资真实性、合理性的审查力度,导致我国对外直接投资于2017年首次出现了负增长,投资流量约为1582.9亿美元,占全球流量(1.43万亿美元)的11.1%,同比下降19.3%,但仍列全球国家排名的第三位,我国的对外直接投资变得更趋成熟和理性。截至2017年年底,中国2.55万家境内投资者在国(境)外共设立对外直接投资企业3.92万家,分布于全球189个国家(地区),年末境外企业资产总额6万亿美元,对外直接投资累计净额(存量)达18090.4亿美元。伴随着对外直接投资的快速增长,由于对外直接投资是跨国公司经营活动在全球区位的重新布局和规划,这种经营活动的跨国界转移和布局势必引发东道国和母国要素需求的相对变化,并可能引

---

① 由中华人民共和国商务部、国家统计局、国家外汇管理局联合发布:《中国对外直接投资统计公报》(2003—2017),中国统计出版社历年版本。

发母国部分产业的海外转移和产业结构变化。作为劳动力资源相对丰富的发展中国家，我们更加关注的是对外直接投资对母国劳动要素相对需求的影响，尤其是对国内劳动力市场可能产生的负向冲击。由于发展中国家对外直接投资普遍存在起步晚、发展缓慢等特征，国内外文献中研究发展中国家对外直接投资与母国就业关系的文献仍然相对较少，因此，本书主要借鉴和利用发达国家的相关经验和研究方法来研究中国问题。

根据美国、日本等部分发达国家制造业企业对外直接投资和母国就业变动的相关经验，跨国公司通过对外直接投资将母国部分就业岗位（尤其是生产加工、组装等环节的就业岗位）转移到海外市场，造成了母国传统制造业的萎缩、衰退和消亡，出现了制造业增加值在国内生产总值（Gross Domestic Product，GDP）中的占比下降、工人失业率上升等多方面的问题，即"产业空心化"现象。虽然对外直接投资引发的"产业空心化"现象在一定程度上加速了部分发达国家产业结构的转型升级，引起母国对不同技能劳动力的相对需求变动，降低了对制造业非熟练劳动力的相对需求，提高了对管理和服务等熟练劳动力的相对需求，促使制造业失业工人向其他行业转移，部分抵消了"产业空心化"现象对母国就业产生的负向影响。但是从总体上来看，"产业空心化"现象仍然对部分发达国家的劳动力市场造成了较大的负向冲击。由于发展中国家与发达国家的跨国公司在比较优势、投资东道国、投资动机、政策导向、劳动力技能构成及企业所处的内外部经济发展环境等方面存在较大差异，发展中国家对外直接投资的快速发展及其产生的母国就业效应有其自身的规律性，并不能简单地以发达国家的经验来推测对外直接投资对发展中国家国内就业可能造成的影响。那么，对像我国这样的发展中国家而言，对外直接投资对国内就业有何影响？

为了回答这一问题，本书主要从以下两个大的方面（每一个方面又具体细分为两章）进行了论述：第一，对于对外直接投资主体——跨国公司而言，对外直接投资如何影响母公司就业？具体来说，对外直接投资是企业经营活动的跨国转移和重新布局，这是否会缩小母公司员工就业规模而产生就业替代效应，甚至导致母国产生部分发达国家曾出现过的"产生空心化"现象，进一步加剧国内的就业压力？在国内用工成本上升、经济结构性矛盾日益突出和产业结构转型升级的背景下,由于就业结构的优化是企业提高生产率和不断创新的基础①,对外直接投资对母公司就业结构的影响更值得关注,即对外直接投资是否能够提高母公司对熟练劳动力的相对需求,从而为母公司技术进步和我国产业结构转型升级提供一定的人力资本积累? 第二,根据企业异质性理论和从外部性的视角来看,跨国公司的行业集聚或跨行业的地区集聚是否会产生"外部效应",影响跨国公司所在行业或地区内其他企业(包括对外直接投资企业和非对外直接投资企业)的就业变动。具体而言,对外直接投资及跨国公司的行业集聚是否会进一步引起跨国公司所在行业内其他企业的就业变动? 对外直接投资及跨国公司跨行业的地区集聚是否会减少地区资本存量等资源,对跨国公司所在地区内的其他企业就业增长产生不利影响?

经过理论和实证研究,本书发现,对外直接投资不仅是母公司就业总量增长的内在动力,并对母公司的就业结构产生了正向的影响,也是跨国公司所在行业内、地区内的企业就业增长的外部动力。通过每一章的研究,本书主要得到以下四个结论:第一,对外直接投资促进了母公司就业总量增长,且对母公司就业总量增长产生了持续性的正向影响,说明在我国对外直接投资的初期阶段(2008年金融危机前),跨国公司对外直接投资并未导致母公司就业总量的减少,即对外直接投资并未产生较为明显的就业替代效应,因而从增加国内就业的角度来看,当前我国需要继续提高对外开放程度,鼓励国内企业通过对外直接投资获取海外重要的战略资源、利用全球要素禀赋资源,积极参与"一带一路"倡议和国际产能合作,不断提高国内企业的国际竞争力,而不必过于担忧母国就业替代效应问题。第二,对外直接投资与母公司就业结构之间存在显著的正相关关系,即对外直接投资对母公司就业结构(熟练劳动力的相对需求)产生了

---

①　唐东波(2011)较早地使用了"就业结构"一词,用企业全部从业人员中的高技能工人占比来表示,其中,高技能工人采用两种方式进行刻画:一是学历水平在大专以上的员工;二是技术等级在中级以上的员工。与这一做法类似,本书主要采用了以学历水平刻画的高技能工人在企业全部从业人员中的占比来衡量就业结构,并利用以职称划分的就业人员占比作为稳健性检验。因此,本书所称的就业结构实际指的是企业内部员工的学历结构、职称结构等。

正向的影响,这为母公司生产率的进一步提高和国内产业结构的调整和优化奠定了微观基础。第三,对外直接投资导致了跨国公司所在行业内的企业就业增长,产生了正向的行业就业效应。原因在于:一是根据企业异质性理论,对外直接投资使生产率高的企业获得超额利润,从而可能扩大生产和就业,而生产率最低的企业退出市场,释放出劳动等生产要素,因此,对外直接投资在影响行业整体生产率水平的同时也可能对行业内就业资源再配置产生一定的影响。二是对外直接投资具有一定的外部性,在一定程度上可以弥补行业内资本存量下降对国内就业可能带来的负向影响。主要表现在以下两个方面:一方面,跨国公司的行业集聚可能产生集聚效应、示范效应、辐射带动效应和竞争效应等,对同行业内的其他企业产生外部效应,净效应取决于这些效应的综合影响;另一方面,对外直接投资规模的扩大将改变跨国公司所在行业的外部经济环境,提高行业资源配置效率,从而对跨国公司所在行业内企业的生产经营产生影响,尤其是促进行业内高生产率企业的就业增长,提高行业就业资源配置效率。第四,对外直接投资引发了跨国公司所在地区内的企业就业变动,产生了正向的地区就业效应。原因在于:一是根据企业异质性理论,对外直接投资使生产率高的企业获得了更多超额利润,从而可能扩大生产和就业,而生产率最低的企业退出市场,释放出劳动等生产要素,企业的进入退出行为也将作用于地区内整体生产率水平和就业变动。二是对外直接投资具有外部效应,在一定程度上可以弥补地区内资本存量下降对国内就业带来的负向影响。主要表现在两个方面:一方面,跨国公司跨行业的地区集聚能够产生集聚效应、示范效应、辐射带动效应等,对同地区内其他企业的生产经营产生外部效应,净效应取决于这些效应的综合影响;另一方面,对外直接投资能够通过打破地区市场分割的方式提高地区资源配置效率,降低过剩产能以促进地区产业结构的优化,进而影响跨国公司所在地区内企业的就业水平,尤其促进地区内高生产率的企业就业增长,实现地区就业资源配置效率的提高。

本书的研究结论表明:无论从对外直接投资主体的视角(对外直接投资的母公司就业总量效应和就业结构效应)来看,还是从对外直接投资的外部性视角(对外直接投资的行业就业效应和地区就业效应)来看,对外直接投资在一定程度上促进了国内就业增长,说明在我国对外直接投资发展的初期阶段(样本期间内),对外直接投资并未对母国产生明显的就业替代现象。因此,在控制借助对外直接投资方式进行资本外逃和非理性投资的情况下,应该继续鼓励服务业、比较优势产业及产能过剩行业中"有条件"的企业理性地对外直接投资,通过简化行政审批手续、为投资企业提供融资和税收政策优惠等方式,降低企业对外直接投资的时间成本和物质成本,通过扩大对外开放的方式提升国内企业的国际竞争力、促进国内产业结构的转型升级。同时也应该注意到,对外直接投资仍然具有较高风险,尤其是对"一带一路"沿线国家及其他政局动荡地区的投资,且部分企业存在着非理性投资,极有可能造成投资失败,不仅影响海外子公司的运营,也会影响母公司的生存和发展;而且,随着"一带一路"倡议的提出,国内企业获得银行贷款和财政支持变得相对容易,大量企业具有较强的投资意愿,政府应该发挥好引导和服务作用,为企业"走出去"搭建平台,促使企业做好风险预警和防范工作、理性投资,并保护好企业合法的海外利益。同时,当前虽然不必过于担忧国内对外直接投资的快速增长,但要随时关注对外直接投资发展及其可能引发的失业问题,防范出现与部分发达国家类似的"产业空心化"现象,随时监管并打击假借对外直接投资等方式进行资本外逃的违法行为。

与国内外已有的相关研究相比,本书可能的创新点主要包括以下三个方面。首先,从研究所使用的数据来看:相对于国内已有的、较多从宏观或中观层面分析对外直接投资对国内就业影响的文献来说,本书基于企业异质性理论并利用中国微观企业数据进行了相关实证检验。在计算行业、地区对外直接投资变动时,本书采用的方法是将微观企业数据加总到行业、地区层面,从而使研究具有较好的微观基础。其次,从研究视角和研究内容来看:本书利用企业异质性理论并借鉴产业经济学和区域经济学的基本理论,从投资主体和外部效应等多个角度探讨了对外直接投资对国内就业的影响,从而使这一研究更加全面。具体来看:在对外直接投资与母公司就业总量变动部分,本书在已有研究的基础上,从多个视角进行了区分样本检验,并分析和实证检验了对外直接投资导致母公司就业总量变动可能的作用渠道,使研究结论具有稳健性和完整性;在对外直接投资与母公司就业结构变动部分,本书首次考虑了对外直接投资与母公司就业结构问题,分析了对外直接投资对母公司就业结构(熟练劳动力的相对需求)的影响,并实证检验了对外直接投资影响母公司就业结构的可能作用渠道,相对于已有的从宏观或中观层面揭示对外直接投资影响就业结构的研究来说,例如,李宏兵等(2017)将企业分为高、中、低技术三类来检验对外直接投资对劳动力市场就业极化的影响[1],姜巍(2017a)研究了对外直接投资对不同行业就业的影响来揭示就业效应的行业差异性[2],贾媛(2015)研究了对外直接投资对不同地区就业的影响来揭示就业效应的地区差异[3],本书的研究涉及微观企业层面,且这一方面的研究也是目前国内文献中较少涉及的研究视角;在对外直接投资与行业内就业变动部分,即对外直接投资的行业就业效应部分,本书借鉴了企业异质性理论和产业经济学的基本理论,主要利用行业(2分位)对外直接投资变动数据与微观企业就业变动数据,从外部性视角分析了对外直接投资对跨国公司所在行业的企业就业变动的影响,并进一步分析了对外直接投资对跨国公司所在行业就业资源再配置的影响,相对于国内已有的区分三大产业并从总体就业规模方面进行研究的文献来说,本书研究的是微观企业的就业变动,在一定程度上可以解决"加总性偏差"问题,并有助于揭示对外直接投资对跨国公司所在行业内其他企业就业变动的外部效应;在对外直接投资与地区内就业变动部分,即对外直接投资的地区就业效应,本书借鉴了企业异质性理论和区域经济学的基本理论,利用地区(省级层面)对外直接投资变动数据和微观企业就业变动数据,从外部性视角分析了对外直接投资对跨国公司所在地区内企业就业变动

---

[1] 李宏兵、郭界秀、翟瑞瑞:《中国企业对外直接投资影响了劳动力市场的就业极化吗?》,《财经研究》2017年第43卷第6期。

[2] 姜巍:《中国OFDI国内就业的总体效应与产业差异》,《统计与决策》2017年(a)第23期。

[3] 贾媛:《对外直接投资的就业结构和国民收入效应研究——基于省际面板数据的分析》,《改革与战略》2015年第2期。

的影响,并进一步分析了对外直接投资对跨国公司所在地区就业资源再配置的影响,相对于国内已有的从省级层面、东中西三大地区层面研究对外直接投资对省或地区总体就业规模影响的文献来说,本书从微观企业就业变动方面入手,在一定程度上可以解决"加总性偏差"问题,并有助于揭示对外直接投资对跨国公司所在地区内其他企业就业变动的外部效应。最后,从实证研究方法来看:为了克服可能存在的内生性问题和样本选择问题,本书结合已有的经验研究及我国企业对外直接投资的现实情况,根据样本数据特征分别采用了倾向得分匹配法(Propensity Score Matching,PSM)、双重差分方法(Difference in Difference,DID 或 DD)和固定效应模型等多种方法,并按照多种方式进行了区分样本检验和稳健性检验,确保了研究结论的稳健性。

当然,虽然本书利用已有的数据和可能的研究方法,对对外直接投资与国内就业变动这一问题进行了尽可能全面而充分的研究,但本书仍存在以下几个缺陷:一是受到数据的限制,本书所能够得到的对外直接投资企业样本数量仍然较少,且无法获取企业对外直接投资的金额数据及海外分支机构的财务数据,因此只能借鉴国内外文献中常用的研究方法分析对外直接投资对国内就业的影响。二是相对于发达国家的对外直接投资来说,在样本期间内(2008 年金融危机前),我国对外直接投资规模仍然相对较小、投资发展也相对较为缓慢,对外直接投资并未完全将国内成熟产业转移至海外市场,即使在当前阶段,我国的对外直接投资也仍然处于规模较低的起步阶段,且与发达国家的跨国公司在对外直接投资流向、投资动机等多个方面存在较大差异。因此,跨国公司的行业、跨行业地区集聚对跨国公司所在行业或地区企业就业变动的影响比较微弱,对外直接投资也并未对母公司就业产生较为明显的替代效应。然而,无论是根据邓宁投资发展阶段理论的预测,还是基于国内劳动要素和土地成本的不断上涨及部分行业产能过剩的现实情况来看,我国企业对外直接投资具有必然性且具有较大的长期发展潜力,对外直接规模将越来越大、投资企业也将越来越多。那么,未来大规模的资金外流是否会伴随国内产业海外转移而造成国内就业机会大量流失现象?是否会引发国内产业结构和劳动要素需求结构的调整而造成国内大量低技能员工失业？跨国公司的行业或跨行业地区集聚是否会产生负向的外部效应，引起跨国公司所在行业或地区内的企业数目及就业规模的下降，从而对国内劳动力市场产生较大的负向冲击？这些都是值得我们继续关注的重要问题。三是根据本书的估计结果，只能说明从平均意义上来看，对外直接投资并没有对国内就业产生明显的替代效应，然而，对外直接投资并不可能对每一个投资企业及同行业或地区内的其他企业的就业增长产生正向影响，在某些地区、某些行业、某些企业、某些岗位中可能会存在"就业替代"现象。同时，本书的研究也表明，对外直接投资确实对母国产生了一些负向的外部效应，提高了跨国公司所在行业或地区内的企业市场退出风险，这可能加速跨国公司所在行业或地区内低生产率企业的就业规模萎缩或退出市场，引发行业、地区内就业资源的再配置，这些问题仍然值得进一步研究和检验。四是本书虽然借鉴企业异质性理论及产业经济学和区域经济学的基本理论，利用微观企业数据并从外部性视角考察了对外直接投资对跨国公司所在行业或地区内的企业就业变动及就业资源再配置的影响，但并没有对产生这些现象的原因机制或作用渠道进行实证检验。原因在于：一方面，我国企业的进入退出并不完全由生产率水平决定，政府干预因素也起到了部分作用（尤其是对国有企业来说），而政府干预对企业进入退出的影响是隐形的、难以量化的；另一方面，对外直接投资变动本身可能就意味着行业、地区内的资源配置环境的改变，且跨国公司的行业或跨行业的地区集聚可能产生的集聚效应、示范效应、竞争效应等比较难以量化。因此，本书仅从理论层面分析了对外直接投资影响跨国公司所在行业或地区内的企业就业变动可能的原因机制。

另外，希望在今后的研究中，能够进一步加强对新新贸易理论和对外投资理论更深层次的学习，尤其是加强数理推导方面的学习，为对外直接投资与国内就业变动这一问题的深层次研究提供更加坚实的理论基础。继续关注和深入学习产业经济学、区域经济学理论，进一步寻找和量化对外直接投资影响跨国公司所在行业或地区内的企业就业变动的作用机制，丰富和完善关于对外直接投资与国内就业变动的相关研究。

导　　论

一、研究背景和意义

（一）研究背景

改革开放以来中国经济的迅速发展与中国对外贸易的高速增长是密不可分的，对外贸易对经济增长的带动作用越来越显著（李坤望，2008）[①]。但 2008 年金融危机以来，受国内要素成本上升、外需不确定性加剧等因素的影响，国内廉价劳动力成本比较优势正在逐步丧失，我国作为国外跨国公司低成本出口平台的功能减弱，国内出口企业依靠低成本优势获取国际市场竞争力的难度也在不断增加，出口增速放缓，对经济增长和就业的拉动作用减弱。与之形成鲜明对比的是，我国对外直接投资获得了较快发展，2015 年、2016 年连续两年实现资本项下的净输出，对外直接投资流量位列世界第二，2017 年对外直接投资虽然首次呈现负增长，但仍位列全球第三。对我国而言，对外直接投资可能是当前降低产能过剩压力、缓解国内结构性矛盾的一个重要突破口，因此，我国目前仍在继续从多个方面努力提高对外开放程度、构建全面对外开放新格局。

然而，伴随着对外直接投资规模的不断扩大，境外员工人数也出现了较大幅度的提高，由此也引发了国内社会对企业"走出去"是否会减少母国就业问题的担忧。从本质上看，对外直接投资是企业经营活动在全球范围内的重新配置，必然伴随着资本、劳动等要素的全球流动，因此可能

[①]　李坤望：《改革开放三十年来中国对外贸易发展评述》，《经济社会体制比较》2008 年第 4 期。

成为加剧国内就业压力的重要因素,特别是当国内出现大规模对外直接投资或成熟产业海外转移现象时。基于此,研究企业"走出去"对国内劳动力市场的影响是十分必要的,这不仅有利于我们及时了解对外直接投资对国内就业的影响,促进我国对外直接投资政策的调整优化和就业保障体系的进一步完善,还能够促使我们增强风险意识,及时防范成熟产业大规模海外转移可能导致的"产业空心化"现象、打击借助对外直接投资方式进行的资本外逃等违法行为,降低由此可能对国内劳动力市场产生的负向冲击。

1. 我国对外直接投资的发展趋势及特征

自2003年我国对外直接投资统计制度建立以来到2017年,对外直接投资规模、投资模式、投资行业及投资地区都发生了较大变化,主要表现在以下四个方面:对外直接投资规模不断扩大、海外并购与绿地投资两种模式呈现出此消彼长态势、对外直接投资涵盖的行业类别更加多样化、亚洲国家(地区)始终是我国对外直接投资的主要东道国。

(1)对外直接投资规模不断增大

自"走出去"战略提出以来,我国对外直接投资管理制度不断完善,企业海外投资更加便利,对外直接投资获得了较快发展。从对外直接投资规模方面来看:无论是在对外直接投资流量还是在投资存量方面,对外直接投资规模都呈现出了持续快速增长趋势,我国逐渐跻身于世界对外直接投资大国行列,见表1。

表1 2002—2017年中国对外直接投资规模 (单位:亿美元)

年份	投资规模		投资方式	
	流量	存量	并购金额	占比(%)
2002	27.0	299.0	—	—
2003	28.5	332.2	—	—
2004	55.0	447.8	30	54.4
2005	122.6	572.1	65	53.0
2006	211.6	906.3	83	39.0

续表

年份	投资规模		投资方式	
	流量	存量	并购金额	占比(%)
2007	265.1	1179.1	63	23.8
2008	559.1	1839.7	302	54.0
2009	565.3	2457.5	192	34.0
2010	688.1	3172.1	297	43.2
2011	746.5	4247.8	272	36.4
2012	878.0	5319.4	434	31.4
2013	1078.4	6604.8	529	31.3
2014	1231.2	8826.4	569	26.4
2015	1456.7	10978.6	544	25.4
2016	1961.5	13473.9	1353	44.1
2017	1582.9	18090.4	1196	21.1

注:1. 资料来源:2003—2017年《中国对外直接投资统计公报》;

　2. 2002—2005年数据为中国对外非金融类直接投资数据,2006—2017年为全行业对外直接投资数据;

　3. 2012—2017年并购金额中包括了境外融资部分,占比(%)指的是并购中的直接投资占当年投资流量的比重。

具体来看:2002年我国的对外直接投资流量仅27亿美元、投资存量不足300亿美元,分别位列全球第26名和第25名。随后,我国对外直接投资规模开始逐年增加,尤其是2007年及以后年份,我国对外直接投资呈现快速增长势头。其中,2007年投资流量达到265.1亿美元,投资存量达到1179.1亿美元,在存量上首次突破了千亿美元;2013年对外直接投资流量首次突破千亿美元,达到1078.4亿美元,投资存量达到6604.8亿美元;2015年我国对外直接投资流量位列全球第二,首次超过同期的外商直接投资(Foreign Direct Investment,FDI),实现了资本项下的净输出,投资存量突破万亿美元,达到10978.6亿美元,约是2002年投资存量的39.6倍。

然而,在我国对外直接投资快速增长的过程中也暴露出了部分企业盲目投资、借助OFDI进行资本外逃等问题,我国开始加强对企业对外直接投资真实性、合规性的审查力度,打击非理性投资和非法投资。2017年对外直接投资流量仅为1582.9亿美元(其中约有两成以人民币方式出资),在统计期间内首次出现了负增长,但仍然位列全球第三,仅次于美国(3422.7亿美元)和日本(1604.5亿美元);投资存量达到了18090.4亿美元。

(2)海外并购与绿地投资两种模式呈现出此消彼长态势

从对外直接投资模式来看:我国企业海外并购和绿地投资都实现了较快速度的增长,在不同时期呈现出此消彼长态势。由于企业海外并购(尤其是电信、媒体、科技、金融等行业)时经常遇到国外安全审查等各种干预,绿地投资成为当前我国企业对外直接投资的主要模式,见表1。

具体来看:2004—2005年,我国企业海外并购金额占对外直接投资的比重都超过了50%,跨国并购成为当时对外直接投资的主要模式;2006—2007年,跨国并购金额在对外直接投资中的比重下降,大部分年份都低于50%,绿地投资成为当时对外直接投资的主要模式(其中,2007年海外并购金额为63亿美元,在统计期间内出现了第一次下降,跨国并购金额在对外直接投资中的占比下降为23.8%,达到历史最低水平);2008年从发达国家开始的金融危机为我国企业出境并购提供了新机遇,我国海外并购金额达到302亿美元,在对外直接投资中的占比达到54%;2009年至今,随着东道国审查干预力度的加大,我国企业对外直接投资主要以绿地投资模式为主,海外并购金额虽然呈现出波动上升的变动趋势,但在对外直接投资中所占的比重仍然低于50%。

(3)对外直接投资涵盖的行业类别更加多样化

从对外直接投资涵盖的国民经济行业类别来看:无论从境内投资者行业构成来看,还是从对外直接投资流量的行业分布来看,我国对外直接投资所涵盖的国民经济行业类别变得更加多元化,不同行业类别的投资占比发生了一定的变化,这在一定程度上反映出了国内产业结构的变动方向。

在境内投资者的行业构成方面,我国境内投资者行业构成变化相对不大,制造业、批发和零售业、商务服务业中对外直接投资的企业数目较多。例如,根据《中国对外直接投资统计公报》,2003 年中国对外直接投资中 70%以上的企业集中在平均单项投资额较低的制造业、批发和零售业、商务服务业、建筑业,流向采矿业、农林牧渔业、交通运输业、仓储业等行业的企业相对较少;2017 年中国对外直接投资企业中有 31.8%来自制造业,27.0%来自批发和零售业,11.4%来自租赁和商务服务业,剩下的29.8%来自其他行业,与 2003 年相比变化不大。

在对外直接投资流量的行业分布方面,我国对外直接投资流量的行业分布发生了较大变化。21 世纪初期我国大部分对外投资流向了采矿业,对外直接投资以第一、第二产业为主,而当前大部分投资流向了租赁和商务服务业,以第二、第三产业为主,在一定程度上与我国国内产业结构的变动方向一致。例如,2003 年我国流向采矿业的投资金额为 13.8亿美元(占当年流量总额的 48.4%),主要是石油和天然气开采业的投资,流向制造业的投资 6.2 亿美元(占当年流量总额的 21.8%),流向批发和零售业的投资 3.6 亿美元(占当年流量总额的 12.6%),流向商务服务业的投资 2.8 亿美元(占当年流量总额的 9.8%);2017 年我国流向租赁和商务服务业的投资额 542.7 亿美元(占当年流量总额的 34.3%),流向制造业的投资额为 295.1 亿美元(占当年流量总额的 18.6%),而流向采矿业的资金额为-37 亿美元(占当年流量总额的-2.3%),在统计期间内首次出现负增长。

(4)亚洲国家(地区)始终是我国对外直接投资的主要东道国

从对外直接投资的地区分布来看:尽管我国对外直接投资的地区分布发生了一定变化,但仍然以亚洲国家(地区)为主要的投资东道国。这在一定程度上也可以说明,我国对外直接投资区位分布规律可能服从投资领域的"林德假说"(Linder Hypothesis)理论,即双边国家 FDI 的区位选择更偏好于与本国收入水平相近的国家或地区,呈现出"北北"模式和"南南"模式的特征。例如,2003 年中国对外直接投资主要流向了亚洲、拉丁美洲,其投资额占当年对外直接投资总额的比重分别为 52.5%、36.5%,其次是欧洲、非洲和北美洲,投资流量占比最低的地区是大洋洲;2017 年中国的对外直接投资流量的 69.5%流向了亚洲,其次是欧洲(11.7%)、拉丁美洲(8.9%)和北美洲(4.1%),投资流量最少的地区是非洲(41 亿美元,占比仅为 2.6%)。

另外,自"一带一路"倡议提出以来,我国对"一带一路"沿线国家的直接投资也获得了较快增长,2017 年中国境内投资者共对"一带一路"沿线 57 个国家、近 3000 家企业进行了直接投资,累计投资 201.7 亿美元,占同期对外直接投资流量的 12.7%,对"一带一路"沿线国家投资日益成为我国对外直接投资的重要组成部分。

2. 年末境外员工人数变动趋势及特征

伴随着对外直接投资规模的扩大,跨国公司通过在海外市场建立分支机构或并购海外企业等方式从事生产经营活动,需要根据东道国政府要求及企业自身生产发展需求增加对东道国投资、雇佣东道国员工,对提高东道国劳动就业率、促进东道国经济增长作出了贡献,也加剧了国内社会对就业替代效应的担忧。由于《中国对外直接投资统计公报》中关于对外直接投资企业境外员工人数及构成情况的统计最早开始于 2006 年,因此下面仅列出了 2006—2017 年中国对外直接投资企业的境外员工人数及构成情况,见表 2。

表 2　2006—2017 年中国企业境外员工情况　　（单位:万人）

年份	年末境外员工人数	雇佣外方员工人数	外方员工占比（%）
2006	63.0	26.8	42.5
2007	65.8	29.5	44.8
2008	102.6	45.5	44.3
2009	97.0	43.8	45.2
2010	110.3	78.4	71.1
2011	122.0	88.8	72.8
2012	149.3	70.9	47.5
2013	196.7	96.7	49.2
2014	185.5	83.3	44.9
2015	283.7	122.5	43.2
2016	286.5	134.3	46.9
2017	339.3	171.0	50.4

资料来源:2006—2017 年《中国对外直接投资统计公报》。

通过表 2 可以发现:首先,随着对外直接投资规模的增长,我国企业的海外子公司中所雇佣的境外员工人数和外方员工人数总体呈现上升趋势,说明对外直接投资能够为东道国创造新的就业机会;其次,外方员工人数在我国年末境外员工人数中的占比基本维持在 50% 以下,说明我国对外直接投资企业的海外子公司中雇佣的本国员工人数总体上超过了外方员工人数,对外直接投资在增加东道国就业机会的同时也为本国的劳动力创造了就业机会。具体来看:2006 年我国年末境外员工人数为 63 万人,其中雇佣外方员工人数为 26.8 万人,占比达到 42.5%;2007—2009 年,虽然我国对外直接投资企业海外子公司中所雇佣的外方员工人数逐年增加,但每年年末海外员工人数占比的变动幅度不大,基本维持在 45% 以下;2010 年和 2011 年,我国对外直接投资企业的海外公司中所雇佣的境外员工人数增长缓慢,雇佣外方员工人数却实现了较快增长,导致每年年末雇佣外方员工人数在境外员工总人数中的占比都达到了 70% 以上,说明这两年年末境外员工人数的扩大主要归因于雇佣外方员工人数的快速增加;2012 年到 2015 年,雇佣的外方员工人数在年末境外员工人数中的占比不断下降,基本维持在 50% 以下;2016 年到 2017 年我国境外雇佣外方员工人数分别增长了 11.8 万人和 36.7 万人,2016 年年末雇佣外方员工人数在境外员工人数中的占比比上一年增加了 3.7%,2017 年年末雇佣外方员工人数在境外员工人数中的占比比上一年增加了 3.5%,对外直接投资为东道国提供的就业机会不断增多。

从对外直接投资企业的海外公司中所雇佣的外方员工人数及其占比情况来看,长期以来我国对外直接投资企业的海外子公司或分支机构所雇佣外方员工人数占比基本维持在 45% 左右,仅个别年份达到了 70% 以上,但是所雇佣的外方员工人数仍然呈现出不断增长趋势,这说明伴随企业对外直接投资的不断增长,我国企业的海外子公司或分支机构为东道国创造了越来越多的就业机会。换句话说,如果我国企业将这部分投资于海外市场的资金转移到国内市场,或将进一步带动国内经济发展并为国内劳动力创造更多的就业机会。因此,从这一视角来看,对外直接投资对国内就业产生了一定的"替代效应",这也是引起国内社会担忧的一个原因。而且,相对于发达国家来说,由于我国的成熟产业大多属于劳动密集型行业,随着国内要素成本的上升,对外直接投资引发成熟产业或边际产业海外转移,可能会对国内就业市场产生更大的负向冲击,维持就业稳定、促进就业增长的任务将变得更加艰巨。基于以上两点,这必然会引发国内社会对快速发展的对外直接投资的担忧,尤其是引发对 OFDI 是否会产生母国就业替代效应的担忧。

然而,虽然对外直接投资意味着企业经营活动的跨国转移,降低了国内资本存量,增加了对东道国劳动力等要素的相对需求,但是并不能据此推断对外直接投资将对母公司或母国就业产生替代效应。原因在于:首先,跨国公司的海外子公司或分支机构中所雇佣的外方员工人数不断增加,雇佣的中方员工人数也在不断增加,虽然每年雇佣的中方员工人数大多低于外方员工人数,但仍能够部分地抵消对外直接投资对母国或母公司就业可能产生的替代效应;其次,对外直接投资对母公司就业的影响可能与投资发展阶段有关。在对外直接投资发展的初期阶段,企业对外直接投资的主要目的是建立当地法人以及出口产品的当地销售网络(桑百川等,2016)[①],对国内就业的负向影响相对较小。根据商务部对投资动机的划分标准,我国对外直接投资大多属于商贸服务型投资,许多对外直接投资企业在投资之前都具有出口经验,因而对外直接投资可能会通过扩大母公司出口规模这一渠道增加国内就业,而且对外直接投资使我国企业更加接近于世界先进技术,突破技术扩散的地域限制,提高母公司的技术水平,这些在一定程度上会弥补国内资本下降对就业可能产生的负向影响。那么,对外直接投资对母公司或母国就业究竟有何影响?

从企业管理的视角来看,对外直接投资是企业层面的、自发的决策行为和长期的战略选择,是跨国公司在全球范围内配置资源的一种方式,涉及资本、劳动等要素的流动和生产经营环节的国际转移,因此必然会对国内就业产生一定的影响。而且,伴随着对外直接投资规模的不断扩大,我

---

① 桑百川、杨立卓、郑伟:《中国对外直接投资扩张背景下的产业空心化倾向防范——基于英、美、日三国的经验分析》,《国际贸易》2016 年第 2 期。

国对外直接投资企业在境外的员工人数不断增加,雇佣的外方员工人数也不断增加。那么,对外直接投资是否会减少母公司的国内投资,对母国或母公司就业产生替代效应?

从发达国家对外直接投资的经验来看,20世纪七八十年代以来,部分发达国家(如美国、英国、澳大利亚、新西兰等)普遍出现了"产业空心化"现象,国内的部分产业(主要是制造业)面临着衰退和消亡,高技能劳动力或熟练劳动力的相对需求和相对收入都不断增加,而产业工人却面临着较高的失业风险。研究表明:跨国公司对外直接投资与外包是解释这一现象的重要因素。那么,作为世界上最重要的、劳动密集型的发展中国家之一,与对外直接投资相伴随的产业海外转移,是否会引发母公司对不同技能劳动力相对需求的变化,甚至引发国内总体就业结构的调整?

当前,与美国特朗普政府推动"制造业回归"以提高国内制造业就业率形成鲜明对比,我国政府却在积极构建全面对外开放新格局,在不断优化引资政策环境的同时陆续出台各种政策鼓励本土企业对外直接投资,在全球范围内实现资源的优化配置。随着我国经济规模的不断扩大,加上"一带一路"倡议和加强国际产能合作的提出,我国"走出去"的企业将越来越多,对外直接投资规模也越来越大,与邓宁的投资发展阶段理论及发达国家对外直接投资发展的经验相一致。对外直接投资规模的不断扩大是否会减少国内资本存量,改变国内企业生存发展的外部经济环境,影响跨国公司所在行业或地区内企业的生产经营活动,并对其他非投资企业产生外部效应? 即对外直接投资是否具有行业和地区就业效应?

(二)研究意义

作为劳动力较为丰富的发展中国家,维持就业稳定一直是我国政府的施政目标及社会各界关注的重要议题,也是实现国内经济发展、社会稳定的重要保证。由于对外直接投资是企业经营活动的海外转移,涉及资本、劳动等要素的流动,引发了国内对日益扩大的资本外流现象及其是否会产生就业替代效应的担忧。研究对外直接投资对国内就业的影响,明确对外直接投资与国内企业就业变动的规律性具有重要的理论和现实意义。

　　本书的研究具有重要的理论意义。首先,从已有的理论和实证研究来看,自20世纪90年代开始,由于我国长期执行了招商引资政策,并于加入世界贸易组织(World Trade Organization,WTO)以来将"走出去"战略提高到国家战略,迄今为止国内大部分相关研究仍然集中于"引进来"对我国出口、技术溢出等方面的影响,对"走出去"的关注在近十年来才成为研究热点,而国外学者也很少关注发展中国家企业对外直接投资的母国效应问题。其次,受到数据的限制,早期的研究主要从宏观或中观层面进行分析,研究我国总体或某一地区、行业对外直接投资对国内就业的总体影响。由于对外直接投资是企业层面的决策而非宏观决策,使用宏观数据并利用时间序列的计量方法必然受到样本量不足的制约,导致其所得出的结论可信性不足。然而,从微观企业层面研究就业变动的文献较少且几乎没有文献探讨对外直接投资对母公司就业结构的影响。例如:毛其淋和许家云(2014a)研究了对外直接投资对母公司员工收入或收入差距的影响[1],李磊等(2016)研究了对外直接投资对母公司就业总量的影响[2]。最后,国内外已有文献注意到了对外直接投资就业效应的行业差异和地区差异,但大多分析的是对外直接投资对不同行业、地区总体就业的异质性影响,并没有从企业异质性理论和外部性视角分析行业或地区对外直接投资增长对同行业或地区内其他企业就业变动的影响。根据企业异质性理论,对外直接投资促使生产率高的企业获得更多超额利润而生产率最低的企业退出市场,从而可能通过企业进入退出行为来影响行业整体的生产率水平和就业水平。根据产业经济学和区域经济学的基本理论,对外直接投资改变了跨国公司所在的行业、地区经济环境,改善了中国的资源错配,这可能会对行业或地区内所有企业就业增长产生一定的影响;而且,对外直接投资企业的增多或将通过集聚效应、示范

_____

　　[1]　毛其淋、许家云:《中国企业对外直接投资如何影响了员工收入?》,《产业经济研究》2014年(a)第6期。

　　[2]　李磊、白道欢、冼国明:《对外直接投资如何影响了母国就业?——基于中国微观企业数据的研究》,《经济研究》2016年第8期。

效应、辐射带动效应、竞争效应等对同行业或地区内的其他企业就业增长产生外部效应。因此,关于对外直接投资与母国就业变动这一议题仍然有许多方面值得进一步关注和深入研究。本书在已有文献的基础上进行了拓展和补充,利用企业层面数据并从多个视角研究了中国对外直接投资及其对国内就业的影响,从而进一步丰富和完善了对外直接投资与母国就业变动的相关研究。

研究对外直接投资对国内就业的影响,不仅是学术界的一项重要研究课题,也是政府和社会各界关注的重要问题,具有重要的政策含义和现实意义。长期以来,实现经济增长、稳定就业一直是各国政府面临的重要任务,对于像我国这样的劳动力资源相对丰富并利用劳动力资源形成了我国比较优势的发展中国家来说,促进国内就业增长、维持失业率的稳定显得更加困难也更加重要,因为这不仅是关系到国计民生的重大问题,也影响着我国长期以来改革发展的成败、劳动者的福利水平和社会的安定团结。而企业内部员工结构的优化关系到企业创新和生产率水平,国家总体的劳动力就业结构与产业结构是否协调、优化,关系着国家经济发展质量和速度。因此,就业问题始终是值得社会各界长期关注的重要问题。随着中国经济规模的不断扩大和对外开放程度的不断提高,越来越多的国内企业"走出去",通过对外直接投资在全球范围内配置资源,而国内资金的外流将在国内要素市场和产品市场上引发一系列的连锁反应,对国内经济发展产生一定的影响,引发国内就业变动。因此,政府及社会各界需要及时了解和密切关注国内经济发展过程中出现的新因素——对外直接投资及其对国内就业真实的影响,以便于政府及相关部门及时制定针对性的就业政策和完善社会保障体系,应对和化解对外直接投资扩大可能造成的失业风险,而不是盲目地限制企业裁员,增添企业发展的压力;作为企业的重要组成部分,每个员工也需要不断适应企业生产经营决策调整和外部经济环境的变化,努力学习和掌握新知识、新技能,提高自身的学历水平和专业技能水平以应对各种负向冲击,如对外直接投资发展可能带来的失业风险加剧、企业对不同技能水平劳动力相对需求变动等问题。

二、研究目的、方法和框架设定

(一)研究目的

自加入 WTO 以来,国内对外开放程度不断提高。在投资领域,我国不仅对外商直接投资给予了越来越多的政策优惠,建立了更加宽松的营商环境,成为世界重要的引资大国;与此同时,政府也于 2001 年提出了实施"走出去"战略,鼓励企业积极"走出去",对国内企业"走出去"的限制逐渐减少,企业对外直接投资更加便利,"一带一路"倡议和加强国际产能合作的提出更是为国内企业"走出去"提供了大量的新机遇,伴随着国内政策环境的优化及企业市场竞争力、资金实力的增强,我国对外直接投资在近十几年来获得了较大发展,成为世界重要的投资大国。由于对外直接投资是企业在全球范围内配置资源的一种手段,是经营活动的海外转移和重新布局,必然涉及资本、劳动等要素资源的全球流动,这可能会减少国内资本存量,降低企业的就业吸纳能力,加剧国内已有的就业压力。而且,对于像我国这样的发展中国家来说,国内低成本、低技能的非熟练劳动力更加充裕,这部分劳动力是我国比较优势的重要来源,但在抵御全球化冲击方面的能力相对较弱,极易受到外部冲击的负向影响且实现再就业较为困难。因此,对外直接投资可能对国内就业产生较大的影响,引发了社会各界对企业对外直接投资是否会引发国内"产业空心化"现象及就业替代效应的担忧,这正是本书关注的核心问题。

本书认为,对外直接投资对国内就业的影响是多方面的,对外直接投资不仅能够对母公司就业产生直接影响,还可能通过外部效应对国内其他企业就业产生间接影响,忽略其中任何一个方面的研究都是不完整的。基于此,本书的研究目的主要是回答以下四个问题。

首先,对外直接投资对母公司就业总量有何影响。对外直接投资是企业的长期战略选择,涉及生产经营阶段的国际转移及生产要素在国内外市场的重新配置,跨国公司可能会因为经营活动的海外转移而减少对国内劳动要素的相对需求、增加对国外劳动要素的相对需求,即产生所谓的就业替代效应。那么,对外直接投资是否会减少母公司的就业总量,对国内劳动力市场产生就业替代效应？

其次，对外直接投资对母公司就业结构产生了怎样的影响。由于海外市场具有较大的不确定性，为了克服较高的境外风险和高额沉没成本，跨国公司需要通过不断增加研发创新投入、提高员工总体技能水平等方式，不断提高企业的生产率水平和市场竞争力，而且对外直接投资还可能影响母公司的出口规模、出口目的国及出口产品质量等，这些都可能引发母公司对不同技能劳动力的相对需求调整。那么，对外直接投资将如何影响母公司的就业结构？

再次，对外直接投资是否具有行业就业效应。一方面，在开放条件下，对外直接投资能够影响企业的利润水平，导致同一个行业内不同生产率企业的进入退出，从而带来就业波动；另一方面，对外直接投资具有外部性，跨国公司的对外直接投资行为可能会对同行业内的其他企业投资及生产经营决策产生外部效应，而且，随着对外直接投资的增多，跨国公司的行业集聚也将改变行业整体的资源配置效率，影响行业内所有企业的生产经营活动。那么，企业对外直接投资将对同行业内的企业就业变动产生怎样的影响？行业内不同生产率企业的就业变动是否存在差异性？

最后，对外直接投资是否具有地区就业效应。一方面，在开放条件下，对外直接投资影响企业的利润水平，导致同一个地区内不同生产率企业的进入退出，从而带来就业波动；另一方面，对外直接投资具有外部性，对外直接投资可能会对同一地区内其他企业的生产经营及投资决策产生外部效应，并且，随着地区内对外直接投资企业数目的增加和对外直接投资规模的扩大，跨国公司的跨行业地区集聚也可能会改变同地区的资源配置效率，影响跨国公司所在地区内所有企业的生产经营和就业变动。那么，对外直接投资将对跨国公司所在地区内的企业就业变动产生怎样的影响？地区内不同生产率企业的就业变动是否存在差异性？

（二）研究方法

为了全面而准确地回答以上几个问题，完善对外直接投资与国内就业变动研究的相关文献，使政府及社会各界能够较为清晰地认识对外直接投资对国内企业(包括对外直接投资企业和非对外直接投资企业)就业规模或结构可能产生的多种影响,也为政府制定相关政策提供理论依据和经验证据。本书主要采用了以下三种研究方法。

一是理论分析法。本书以梅里兹(Melitz,2003)为代表的企业异质性理论[1],以及以赫尔普曼等(Helpman 等,2004)为代表的对外直接投资模型为理论基础[2],并借鉴德赛等(Desai 等,2009)关于对外直接投资母国效应的理论模型[3],以及伯曼等(Berman 等,1994)的劳动需求简约方程[4],分别构建了对外直接投资影响母公司就业总量和就业结构的理论机制,得出了对外直接投资与母公司就业总量及就业结构的关系。同时,本书借鉴企业异质性理论、产业经济学和区域经济学的基本理论,从外部性视角分析了对外直接投资影响跨国公司所在行业或地区内的企业就业变动的原因机制,揭示了跨国公司对外直接投资的外部效应对其所在行业或地区内企业就业总量变动的影响和行业、地区内不同生产率企业就业变动的异质性影响。

二是规范分析法。本书在对已有文献进行分类整理和综述的基础上,结合我国经济发展规律和对外直接投资的现实情况,从内部动力和外部动力两大方面分析了对外直接投资与国内就业变动的关系及可能存在的影响机制,使本书的研究更加全面。

三是实证分析法。本书在规范分析法的基础上,利用我国微观企业数据,实证检验了对外直接投资对母公司就业的影响和对跨国公司所在行业或地区内企业就业变动的影响,包括对外直接投资对母公司就业总量、就业结构的影响,对外直接投资对跨国公司所在行业、地区内的企业

---

[1] Melitz, M.J., "The Impact of Trade on Intra-Industry Reallocations and Aggregate Industry Productivity", *Econometrica*, Vol. 71, No. 6, 2003, pp. 1695–1725.

[2] Helpman, E., Melitz, M.J., Yeaple, S.R., "Export versus FDI with Heterogeneous Firms", *American Economic Review*, Vol. 94, No. 1, 2004, pp. 300–316.

[3] Desai, M.A., Foley, C.F., Hines, J.R., "Domestic Effects of the Foreign Activities of U.S., Multinationals", *American Economic Journal: Economic Policy*, Vol. 1, No. 1, 2009, pp. 181–203.

[4] Berman, E., Bound, J., Griliches, Z., "Changes in the Demand for Skilled Labor within U., S. Manufacturing: Evidence from the Annual Survey of Manufactures", *Quarterly Journal of Economics*, Vol. 109, No. 2, 1994, pp. 367–397.

就业变动的影响。研究发现,对外直接投资不仅是母公司就业总量增长的内在动力,对母公司的就业结构也产生了正向影响,也是跨国公司所在行业或地区内的企业就业增长的外部动力,对外直接投资促进了跨国公司所在行业或地区内企业(不仅包括对外直接投资企业,也包括非对外直接投资企业)的就业增长,尤其是高生产率企业的就业增长,引发了行业或地区内的就业资源配置效率的提高,从而较为全面地揭示了对外直接投资与国内就业变动的关系。

（三）研究框架

对外直接投资对国内就业的影响是多方面的。对外直接投资不仅可能直接影响母公司的就业总量和就业结构,还可能引发跨国公司所在行业、地区内的企业的就业变动,对其他企业就业增长产生外部效应,并提高行业、地区内就业资源的配置效率。因此,本书主要从两个大的方面研究对外直接投资对国内就业的影响,每个方面又具体分为两个章节进行介绍,以确保研究结论的完整性。本书具体的研究框架设定如下。

导论部分主要包括两个方面的内容:一是研究背景和意义;二是研究目的、方法和框架设定。

第一章是国内外相关研究。主要包括三个方面的内容:一是整理和总结了关于对外直接投资对母国或母公司就业总量影响的相关文献,并根据研究视角的不同,将本节分为了投资视角、贸易视角、异质性视角三部分进行梳理;二是整理和总结了对外直接投资对母公司就业结构影响的相关文献,并分别从技能结构、岗位结构、外包与就业结构三方面进行了论述;三是整理和总结了对外直接投资就业效应的行业、地区差异的相关文献,为本书研究对外直接投资对跨国公司所在行业、地区内企业就业的影响提供宏观或中观层面的证据和参考。

第二章是对外直接投资与母公司就业总量研究。主要包括五个方面的内容:一是对外直接投资影响母公司就业总量的机制分析;二是基于倾向得分匹配的双重差分法模型设定与数据说明;三是基于倾向得分匹配的双重差分法估计结果及其他拓展性分析;四是对外直接投资影响母公司就业总量的原因机制检验;五是对外直接投资影响母公司就业总量研究的不足及启示。

第三章是对外直接投资与母公司就业结构研究。主要包括五个方面的内容:一是对外直接投资影响母公司就业结构的机制分析;二是基于劳动需求简约方程的模型设定与数据说明;三是初始检验、其他拓展性检验结果及分析;四是对外直接投资影响母公司就业结构的原因机制检验;五是对外直接投资影响母公司就业结构的启示与建议。

第四章是对外直接投资与行业内就业变动研究,即对外直接投资的行业就业效应。主要包括五个方面的内容:一是对外直接投资行业就业效应的作用机制分析;二是对外直接投资行业就业效应的模型设定与数据说明;三是对外直接投资行业就业效应的初始检验结果及其他拓展性分析;四是基于行业分类、投资金额及非投资企业的稳健性检验;五是对外直接投资行业就业效应研究的启示与政策含义。

第五章是对外直接投资与地区内就业变动研究,即对外直接投资的地区就业效应。主要包括五个方面的内容:一是对外直接投资地区就业效应的作用机制分析;二是对外直接投资地区就业效应的模型设定与数据说明;三是对外直接投资地区就业效应的初始检验结果及其他拓展性分析;四是基于投资金额、遗漏变量及非对外直接投资企业的稳健性检验;五是对外直接投资地区就业效应研究的启示与建议。

第六章是促进对外直接投资与国内就业协调发展的政策建议。在对本书各个章节研究内容和相关结论进行总结梳理的基础上,提出了继续鼓励有条件的企业"走出去"、重视对外直接投资的"产业空心化"风险、坚决打击资本外逃等非法活动的政策建议。

第一章　国内外相关研究

FDI 流动效应一直是经济学研究的热门话题之一(赵伟等,2006)①。从已有文献来看,国内外研究主要呈现出以下三个特征:一是发达国家与发展中国家进行相关研究时的关注点不同,发展中国家因对外直接投资规模小、吸引外资规模大而更加关注 FDI 对东道国的影响,而发达国家对外直接投资起步早、规模大而更加重视 FDI 的母国效应;二是在研究内容方面,学者们早期对 FDI 与贸易、产业结构、经济增长的关注较多,而近期研究更加关注技术溢出效应;三是受到数据的限制,学者们对 FDI 流动效应的研究主要使用行业、省级或国家层面的中观或宏观数据,自新新贸易理论以来,从微观企业视角分析问题变得日益普遍。

具体从国内的相关研究来看,国内学术界的研究内容和视角始终与国家政策重点相一致。由于我国长期执行了吸引外资的优惠政策,流入国内的外资规模存量较大,国内大部分文献仍然集中于探讨 FDI 流入对我国出口、技术进步、经济发展等方面的影响。自 2005 年以来,随着对外直接投资政策的放宽和投资手续的简化,国内企业的对外直接投资迅速发展起来,投资规模和投资企业数目不断增长,OFDI 对母国或母公司的影响才逐渐成为学术研究的热点问题,研究视角更多集中于"走出去"对跨国公司的经营绩效(用财务指标衡量)、财富效应(平均超额收益或累积平均超额收益)及技术创新、进出口等方面的影响,从就业视角关注跨国公司对外直接投资影响的文献相对较少,且国内学者较少注意对外直

---

① 赵伟、古广东、何元庆:《外向 FDI 与中国技术进步:机理分析与尝试性实证》,《管理世界》2006 年第 7 期。

接投资对母公司不同类型劳动力就业的影响（即就业结构效应），以及对外直接投资对跨国公司所在行业或地区内劳动资源再配置的影响，对这些问题的研究仍需进一步完善。而且，随着中国对外开放度的不断提高、国家优惠政策支持及国内企业竞争力的增强，"走出去"将成为越来越多国内企业的战略选择，或将带动国内部分产业的海外转移。基于美国、日本等部分发达国家对外直接投资与母国"产业空心化"的经验教训，研究对外直接投资对母国劳动力市场的影响并及时调整相关政策，这一问题变得日益重要而紧迫。事实上，对外直接投资具有较高风险，而且是企业经营过程中的长期战略选择，对外直接投资不仅会影响母公司自身的生存、发展与就业吸纳，跨国公司的行业集聚和跨行业的地区集聚也可能会引发行业、地区内经济环境的变动，对国内就业结构、劳动资源再配置产生重要影响，尤其是在行业或地区对外直接投资规模增长较快时，这一效应可能更加明显。

由于本书主要从内部动力和外部动力两个大的方面研究了对外直接投资对国内就业市场的影响及相关作用机制。因此，本章的主要内容也是围绕这两个大的方面展开综述：一方面，跨国公司的对外直接投资决策是否及如何影响母国或母公司就业？即对外直接投资对母国或母公司就业总量和就业结构有何影响？另一方面，国内其他企业的就业总量是否受到所在行业、地区对外直接投资规模变动的影响？对外直接投资的就业效应是否存在行业或地区差异性？

第一节　对外直接投资与就业总量研究

第二次世界大战后，随着国际政治、经济局势的稳定，全球资本扩张加速并日渐成熟，全球对外直接投资的发展历程大致可以划分为两个阶段：第一阶段是第二次世界大战后期到 20 世纪 60 年代，对外直接投资活动主要由美国跨国公司主导，第二阶段是 60 年代至今，欧洲、日本及发展中国家的对外直接投资兴起，全球性的跨国公司出现，但大部分对外直接投资活动仍然发生在发达的工业国家之间。90 年代以来，流入发展中国家的投资额不断增加,主要流向了经济发展较快的一些国家或地区,如东亚、南亚、东南亚地区。而进入 21 世纪以来,越来越多的发展中国家和转型经济体开始对外直接投资,在全球范围内配置资源,进一步促进了生产要素的国际流动。随着跨国公司海外扩张步伐的加快,国际直接投资理论快速发展和完善起来,跨国公司的对外直接投资活动也日益成为国际贸易理论研究的重要内容。

由于维持就业稳定是各国政府的重要施政目标,关系人民福利和国家经济增长,对外直接投资与就业的关系始终是对外直接投资领域关注的重要议题。从已有的相关文献来看,克拉维斯和利普西(Kravis 和 Lipsey,1988)指出,OFDI 对母公司就业影响的研究最早开始于 20 世纪 60 年代的美国,而最全面的关于对外直接投资对就业影响的研究开始于 70 年代的美国,原因是美国担心跨国公司对外直接投资会减少国内就业机会,造成“产业空心化”现象。[①] 到目前为止,关于这一问题的研究日益丰富,涉及的内容包括:跨国公司对外直接投资对母国或母公司就业总量增长、对不同技能水平员工就业及收入差距的影响及原因。

本节主要分析的是对外直接投资对母国或母公司就业总量或规模的影响。根据研究视角的不同,本书将对外直接投资与母国或母公司就业变动的相关文献大致分为三类:第一类研究从投资视角出发,通过分析对内投资和对外直接投资的关系来分析对外直接投资对母国就业的影响,早期的研究主要从这一视角进行论述;第二类研究从贸易或出口视角出发,从对外直接投资与出口关系的分析中得到对外直接投资对母国就业的影响;第三类研究从异质性角度出发,分析投资动机、母国、东道国等因素对对外直接投资就业效应的异质性影响。

一、投资视角

从投资视角分析对外直接投资与母国或母公司就业变动关系的文献

---

① Kravis,I.B.,Lipsey,R.E.,"The Effect of Multinational Firms' Foreign Operations on Their Domestic Employment",*NBER Working Paper*,No. 2760,1988.

大致包含两部分内容:一部分文献将对外直接投资作为国际资本流动,从宏观层面研究国际资本流动对国内外就业的影响。研究发现国际资本流动将导致劳动要素在不同部门之间的流动,但并不影响国内就业总量,属于长期一般均衡分析。另一部分文献从企业对外投资与对内投资的关系出发,得出对外直接投资对国内就业的影响,根据研究中的假定条件不同,学者们得到的结论也不相同。具体来看:

由于对外直接投资活动主要涉及资本要素在母国和东道国之间的重新配置,因而关于对外直接投资对就业影响的研究最早可以追溯到国际经济学中对跨国公司的解释,认为跨国公司对外直接投资属于套利行为,是资本要素禀赋相对丰富的国家为了提高资本要素的回报率而在不同国家中进行的投资,属于国际资本流动,将跨国公司与国际贸易、国际生产要素流动、收入分配联系在一起。国际资本流动主要通过影响劳动力的实际收入和收入分配来影响劳动力在不同部门之间的配置,分析的是国际资本流动对国内劳动力流动的长期性影响。其主要内容是:在2—2—2假定(两个国家、两种要素、两种产品)下,本国资本要素丰富,国外劳动要素丰富,两国根据各自的比较优势进行贸易,本国资本要素流向国外将引发两国要素在部门之间的重新配置,对本国而言,部分劳动要素将流向劳动密集型产品,产生劳动力在部门之间的重新配置活动,直到实现要素价格均等化。当外国提高了资本密集型产品进口关税时,资本要素的收益提高,本国的资本要素将持续流入国外,引发母国劳动力资源的重新配置。然而,将跨国公司视为资本套利者的研究并没有继续深入发展下去,也并未得到实证的检验。

与国际经济学中的长期一般均衡分析不同的是,凯夫斯(Caves, 2007)提出了"投资替代观点"[1],从短期视角和企业方面研究了对外直接投资对劳动资源再配置的影响,更加符合跨国公司对外直接投资活动的本质。投资替代观点假定企业的对外直接投资活动与产出决定相关,当

———————————

① Caves, R. E., *Multinational Enterprise and Economic Analysis* (*Third Edition*), Cambridge/London:Cambridge University Press,2007,p. 144.

跨国公司与其他企业在产品市场上存在直接竞争关系时,某一个企业的投资会挤占另一个企业的投资机会,当企业融资能力和所具有的资金不足时,投资机会可能会被其他企业获取,形成企业对外直接投资与对内投资、一国市场上的不同企业投资之间的相互替代。赫夫鲍尔和阿德勒(Hufbauer 和 Adler,1968)将其具体分为三种情况,发现对外投资对母国就业(短期)和实际工资(长期)的影响也不相同:第一种是企业对外直接投资将会同等地减少其在母国的投资,从而对实际工资和就业产生影响;第二种是本国对外投资将替代国外原本要进行的投资,而本国对外投资导致的国内投资下降将由其他国内企业进行投资,企业对外直接投资并不影响母国和东道国的资本存量,因而并不影响实际工资;第三种情况是跨国公司对外直接投资,在国外从事新产品(与国内外现有产品都不同)的生产,对外直接投资促进了国外资本扩张但不影响母国资本,对实际工资的影响介于前两种情况之间。①·雅赛(Jasay,1960)较早研究了对外直接投资对母国就业的影响,通过研究国内投资和对外投资的关系,发现在国内资本一定时,对外投资可能会对国内投资和消费产生挤出效应,从而对国内就业产生抑制作用。②

二、贸易视角

对外直接投资与贸易具有密切的关系,一方面,对外直接投资理论的基础是国际贸易理论,二者同属于国际经济学范畴;另一方面,在服务海外市场的方式选择方面,企业往往根据利润最大化的目标,在对外直接投资和出口之间作出选择。因而,许多理论和经验研究将对外直接投资与贸易相结合来分析对外直接投资的就业效应。通过研究对外直接投资与贸易或出口间呈现替代还是互补关系,揭示对外直接投资对母国就业影响的规律性。

---

① Hufbauer, G. C., Adler, F. M., "Overseas Manufacturing Investment and the Balance of Payments", *Resources Policy*, Vol. 28, No. 1, 1968, pp. 27–37(11).

② Jasay, A. E., "The Social Choice between Home and Overseas Investment", *The Economic Journal*, Vol. 70, No. 277, 1960, pp. 105–113.

　　蒙代尔(Mundell,1957)较早地研究了两部门经济中资本流动对贸易的影响,他利用两部门 H-O 模型,发现规避关税型的对外直接投资将导致本国资本流向国外,导致国外原进口商品生产所需的资本要素增加,产品供给增加,进口下降,原出口商品的供给减少,出口也下降,这种通过对外直接投资引发的进出口部门规模的调整将会引发劳动要素在不同部门之间的重新配置①。

　　20 世纪 80 年代以来,对外直接投资理论开始从企业视角出发,通过研究跨国公司对外直接投资与出口的关系,揭示对外直接投资对母公司就业的影响,其理论基础是要素禀赋理论和新新贸易理论。从理论研究来看:赫尔普曼(1984)利用国际贸易一般均衡理论,在两要素垄断竞争框架下最早分析了垂直型跨国公司,认为由于国家间存在要素价格差异,跨国公司将在熟练劳动密集型国家设立总部,而在非熟练劳动密集型国家组织生产,从而改变国家间要素价格差异和对不同要素的需求。② 马库森(Markusen,1984)等研究了水平型跨国公司模型,认为跨国公司可以在多个国家同时进行生产并向当地市场销售产品,从而可能影响一国要素资源的重新配置。③ 布雷纳德(Brainard,1997)提出的"临近—集中"假说理论分析了水平型跨国公司服务海外市场方式选择问题,她认为对外直接投资与出口都是企业服务海外市场的方式,在存在贸易成本和东道国市场规模较大的情况下,企业更可能通过对外直接投资方式服务海外市场,否则将通过出口方式服务海外市场。④ 这在一定程度上可以说明对外直接投资与出口间的替代关系,而企业对外直接投资和出口方式选择将对母公司就业产生较大的影响。

---

　　① Mundell, R. A., "International Trade with Factor Mobility", *American Economic Review*, Vol. 47, No. 3, 1957, pp. 321-335.

　　② Helpman, E., "Simple Theory of International Trade with Multinational Corporations", *Journal of Political Economy*, Vol. 92, No. 3, 1984, pp. 451-471.

　　③ Markusen, J.R., "Multinationals, Multi-plant Economies, and the Gains from Trade", *Journal of International Economics*, Vol. 16, No. 3-4, 1984, pp. 205-226.

　　④ Brainard, S.L., "An Empirical Assessment of the Proximity-Concentration Trade-off between Multinational Sales and Trade", *American Economic Review*, Vol. 87, No. 4, 1997, pp. 520-544.

这些研究表明,对外直接投资与出口的关系受到跨国公司类型的影响,对国内就业的影响也较为复杂。垂直型跨国公司为了利用国家间要素价格的差异,在母国和东道国市场上分配生产活动,对外直接投资可能会替代出口活动,因为对外直接投资使母公司的部分生产活动转移到了东道国,但母公司规模也可能扩大,因为垂直一体化可能提高跨国公司的生产效率。水平型跨国公司的投资目的是扩大总体销售规模,海外生产的扩张对母公司规模的影响较小,随着跨国公司在世界市场上的销售规模扩大,母公司的就业规模也将扩大。当企业对外直接投资(水平型投资)的目的是维持母公司的国际市场地位或在海外市场的无形资产优势(企业的无形资产取决于其对海外市场的出口或在海外市场的销售规模,当竞争者增加其在海外市场上的供给能力时,企业所具有的无形资产优势将会贬值,原有的海外市场份额减少,企业通过对外直接投资,可以从海外子公司向当地销售产品,母公司出口下降,从而维护其无形资产优势),对外直接投资将导致母国出口减少,跨国公司海外子公司的销售规模增加,从而减少母公司就业总量。另外,当获取海外市场信息成本较高时,企业出口面临较大的不确定性,对外直接投资可以降低获取海外市场信息的成本、增加企业在东道国的可依赖程度、减少在当地销售商品的成本(包括出口成本),对外直接投资在初始时会替代母公司的部分出口,但最终会提高均衡出口规模,国内就业规模也会因出口扩张而增加。

从实证研究来看:对外直接投资将对母公司出口产生替代还是互补效应受多种因素的影响,因而关于对外直接投资对母公司就业的影响并未得出一致的结论。克兹米和科佩基(Koizumi 和 Kopecky,1980)认为,对外直接投资导致海外子公司生产增加,替代了母公司的出口,从而减少了国内就业机会,这种观点在短期局部均衡的框架下是正确的。① 但是,即使在短期内,这也是不完全的,因为它不能够识别一般均衡框架下对外直接投资的全面影响。例如,海外子公司是使用国外生产的原材料还是

---

① Koizumi,T.,Kopecky,K.J.,"Foreign Direct Investment,Technology Transfer and Domestic Employment Effects",*Journal of International Economics*,Vol. 10,No. 1,1980,pp. 1-20.

使用从母公司进口的原材料并不是事先决定的,因此对外直接投资对出口净影响的方向可以是任意的,从而对就业净影响的方向也将是任意的;如果对外直接投资的目的是进行技术转移(具体表现为管理经验),通过将技术优势转移到海外公司的运营活动中,从而更好地利用这些优势以增加母公司的资本积累,则在长期内,母公司就业增加。克拉维斯和利普西(1988)研究了美国企业对外直接投资行为,认为对外直接投资可以通过多种渠道影响贸易,进而影响母公司员工的技术构成。一种渠道是海外子公司的生产将会减少母公司出口,另一种渠道是从海外子公司进口部分产品而不是母公司自己生产。[①] 德赛等(2009)利用1982—2004年美国制造业企业数据,用东道国的经济增长率作为工具变量,从需求层面考察海外子公司活动对母公司投资、就业等方面的影响,发现由于跨国公司的海外生产需要母公司提供无形资产或知识产权,导致母公司增加对子公司的出口、提高母公司的研发支出,对外直接投资对母国并不存在投资和就业替代效应,海外子公司员工薪酬增长10%,母公司员工薪酬增长3.7%,而海外子公司员工人数增长10%,母公司员工数量将增长6.55%。[②] 斯维特利等(Svetličič 等,2007)发现,水平型对外直接投资对母国就业是否产生替代效应与所生产的商品是否是可贸易品有关。[③] 若生产的商品是可贸易品,水平型对外直接投资可能对母国出口产生替代效应,导致母国就业规模的下降;若生产的商品是不可贸易品,则对外直接投资不会对母国就业产生明显的替代效应。阿加沃尔(Aggarwal,2008)发现,对外直接投资的投资动机不同,对母国出口的影响不同,自然资源寻求型和市场寻求型投资能够增加母国生产投入品的出口,从而促进母国就业增长,而效率寻求型投资能够替代母国出口,促进母国进

---

① Kravis,I.B.,Lipsey,R.E.,"The Effect of Multinational Firms' Foreign Operations on Their Domestic Employment",*NBER Working Paper*,No. 2760,1988.

② Desai,M.A.,Foley,C.F.,Hines,J.R.,"Domestic Effects of the Foreign Activities of U.S., Multinationals",*American Economic Journal:Economic Policy*,Vol. 1,No. 1,2009,pp. 181-203.

③ Svetličič,M.,Jaklič,A.,Burger,A.,"Internationalization of Small and Medium-Size Enterprises from Selected Central European Economies",*Eastern European Economics*,Vol. 45,No. 4, 2007,pp. 36-65.

口,从而对母国就业产生替代效应。① 董会琳和黄少达(2001)认为,对外
直接投资不仅不会减少国内的就业需求,还可能通过促进出口、刺激服务
业的发展而增加关联行业的就业。② 罗良文(2003)认为,我国企业对外
直接投资的主要原因是促进出口和更好地利用国外资源,且我国本身所
具有的劳动力资源优势在长期内并不会改变,这决定了跨国公司仍然会
将劳动力消耗大、便于运输的产品放在国内生产,因此,对外直接投资对
我国就业的替代效应较小。③

三、异质性视角

由于跨国公司的母国、投资东道国、投资动机等因素的不同,对外直
接投资与母国或母公司就业的影响也存在较大的差异性。

(一)母国

由于世界各国或地区间要素禀赋、经济发展程度、技术水平等方面的
差异,不同国家(地区)的跨国公司对外直接投资对母国或母公司就业的
影响也存在差异性。

大量研究表明,对外直接投资促进了母国就业增长。戈戈(Kokko,
2006)认为发达国家企业 OFDI 和发展中国家企业 OFDI 对母国的影响不
同。④ 对发达国家来说,OFDI 对投资企业来说是有利的,对母国出口和
生产的影响较小,但对母国就业产生了不利影响,因为跨国公司会将劳动
密集型活动外包到工资水平更低的东道国中而将技术密集型环节保留在
母国。对发展中国家来说,技术寻求型投资对母国的影响更加重要,是发
展中国家获取技术的一条重要渠道。林和王(Lin 和 Wang,2008)利用
2000—2004 年 52 个 IMF 成员方的数据,研究了对外直接投资与失业的

---

① Aggarwal, A., "Regional Economic Integration and FDI in South-Asia: Prospects and Problems", *CRIER Working Papers*, No. 218, 2008.
② 董会琳、黄少达:《浅析扩大对外投资对就业的影响》,《财经科学》2001 年第 S2 期。
③ 罗良文:《我国企业对外投资的经济效应分析》,《财政研究》2003 年第 6 期。
④ Kokko, A., "The Home Country Effects of FDI in Developed Economies", *Eijs Working Paper*, No. 225, 2006.

关系,得出了相反的结论,发现发展中国家对外直接投资对就业产生了正向影响,发达的工业国对外直接投资对就业的影响并不显著。[1] 利普西(Lipsey,1994)认为,对外直接投资对母公司就业的影响与母公司对海外子公司的控股份额多少有关。[2] 他利用美国跨国公司数据发现,拥有绝大部分股权的海外子公司其销售对就业的影响为负,拥有较少控股权的海外子公司其销售对就业的影响为正。布罗斯多姆和戈戈(Blomström 和 Kokko,2000)以瑞典跨国公司对外直接投资为例,发现 OFDI 对母公司运营结构的影响与母国的经济环境有关,有利的商业环境会促使跨国公司将"好"的工作岗位留在国内。[3] 山下和深尾(Yamashita 和 Fukao,2010)利用1991—2002年日本跨国公司的数据,发现 OFDI 对母公司就业具有微弱的正向影响,海外投资不仅提高了母公司的竞争力和利润,还通过增加对日本具有比较优势的技术和熟练劳动密集型生产环节的需求而增加了母公司就业。[4] 玛索等(Masso 等,2008)采用倾向得分匹配法,研究了1995—2002年爱沙尼亚(低成本、中等收入的转型经济体)企业对外直接投资对母国就业的影响,并分析了低成本转型经济体和发展中国家的对外直接投资与高收入国家企业对外直接投资的区别,发现 OFDI 促进了母国就业增长,直接投资者(对外直接投资的国内企业)对母国就业的效应大于间接投资者(对外直接投资的外资企业)。[5] 费德里科和密涅瓦(Federico 和 Minerva,2008)利用1996—2001年意大利的103个省、12个制造业行业的对外直接投资和就业数据,发现对外直接投资促进了当地

① Lin,M.Y.,Wang,J.S.,"Capital Outflow and Unemployment:Evidence from Panel Data", *Applied Economics Letters*,Vol. 15,No. 14,2008,pp. 1135−1139.

② Lipsey,R.E.,"Outward Direct Investment and the U.S.Economy", *NBER Working Paper*, No. 4691,1994.

③ Blomström, M., Kokko, A., "Outward Investment, Employment, and Wages in Swedish Multinationals", *Oxford Review of Economic Policy*,Vol. 16,No. 3,2000,pp. 76−89.

④ Yamashita, N., Fukao, K., "Expansion abroad and Jobs at Home:Evidence from Japanese Multinational Enterprises", *Japan and the World Economy*,Vol. 2,No. 2,2010,pp. 88−97.

⑤ Masso,J.,Varblane,U.,Vahter,P.,"The Effect of Outward Foreign Direct Investment on Home-Country Employment in a Low-Cost Transition Economy", *Eastern European Economics*, Vol. 46,No. 6,2008,pp. 25−59.

就业的快速增长,小企业中的就业也并未受到较高水平的对外直接投资的影响。① 朱磊(2005)研究了台湾地区的跨国公司对中国大陆投资的微观效应和宏观效率,发现对大陆投资会对台湾地区就业同时产生促进效应和替代效应,由于前者大于后者,因而对外投资促进了台湾地区的就业增长。② 李磊等(2016)利用中国微观企业层面数据,从理论和实证两方面研究了对外直接投资对母公司就业总量的影响,发现对外直接投资对母公司就业产生了明显的促进作用,企业对外直接投资次数越多,对母公司就业的促进效应也越明显,且对外直接投资的就业效应并不受到企业所有制类型、投资目的地收入水平的影响。③ 蒋冠宏(2016)利用数据匹配法和倍差法检验了中国企业对外直接投资的就业效应,发现对外直接投资促进了母公司就业增长,并具有滞后效应,对外直接投资对母公司就业增长的影响呈现出先上升、后下降的倒"U"型特征。④ 杨宏恩(2009)采用实证与理论研究相结合的方法,研究了日本对华投资对日本国内就业的影响,发现日本对华投资并没有恶化母国就业,在某种程度上还发挥了一定的积极作用。⑤

然而,部分文献发现,某些国家(地区)的跨国公司对外直接投资对母国或母公司就业产生了替代效应,或并不存在显著的就业效应。乔丹和瓦伦(Jordan 和 Vahlne,1981)利用瑞典 2 个跨国公司(Multinational Enterprise,MNE)数据发现,短期内对外直接投资会替代国内生产和出口,但长期会提高企业竞争力,从而促进国内就业⑥。德里菲尔德和蒋

---

① Federico, S., Minerva, G.A., "Outward FDI and Local Employment Growth in Italy", *Review of World Economics*, Vol. 144, No. 2, 2008, pp. 295-324.

② 朱磊:《台商对外投资的经济效率分析》,《台湾研究》2005 年第 6 期。

③ 李磊、白道欢、冼国明:《对外直接投资如何影响了母国就业? ——基于中国微观企业数据的研究》,《经济研究》2016 年第 8 期。

④ 蒋冠宏:《我国企业对外直接投资的"就业效应"》,《统计研究》2016 年第 33 卷第 8 期。

⑤ 杨宏恩:《对华投资降低日本就业了吗? ——实证与理论再分析》,《国际经济合作》2009 年第 7 期。

⑥ Jordan, G.L., Vahlne, J.E., "Domestic Employment Effects of Direct Investment abroad by Two Swedish Multinationals", *Working Paper(Multinational Enterprises Programme)*, No. 13, 1981.

（Driffield 和 Chiang，2009）发现台湾企业对大陆地区投资将对就业产生不利影响，尤其是对低工资部门的企业来说，且这种负向影响将会在供应链上传导，引发上游部门失业率增加。[1] 克拉维斯和利普西（1988）认为，在母公司生产水平一定的情况下，对外直接投资企业在美国本土的员工数量较少，但员工的工资相对较高，这是因为海外生产替代了母国的劳动密集型活动，即使不影响母公司的产出数量，对外直接投资也可能会通过母公司和海外子公司之间生产过程的再配置而影响母公司就业水平。[2] 蒙德勒和贝克尔（Muendler 和 Becker，2010）利用德国跨国公司及其海外子公司数据，从广延边际和集约边际两方面研究了就业与工资的关系，发现在跨国公司内部，母公司与海外子公司就业之间存在相互替代的关系。[3] 芭芭拉纳瓦雷迪和卡斯泰拉尼（Barba Navaretti 和 Castellani，2004）以意大利企业为例，发现相对于从未进行过海外投资的企业来说，海外投资企业对就业增长没有显著影响，但提高了 TFP 和产出水平。[4] 贝利（Bailey，1979）分析了德国跨国公司的对外直接投资活动，认为很多企业或者采用并购或联盟的方式对外直接投资，或者投资的动机是规避贸易壁垒，因而不太可能对母国就业产生不利影响。特莫利和德里菲尔德（Temouri 和 Driffield，2009）利用 1997—2008 年德国企业对外直接投资和就业数据，发现德国企业对外直接投资并没有导致母国就业的减少，也并没有导致工人平均工资的下降。[5] 黄晓玲和刘会政（2007）利用我国 1981—2004 年的对外直接投资和失业数据，发现对外直接投资对我国就

---

① Driffield，N.，Chiang，P.C.，"The Effects of Offshoring to China: Reallocation, Employment and Productivity in Taiwan"，*International Journal of the Economics of Business*，Vol. 16，No. 1，2009，pp. 19-38.

② Kravis，I.B.，Lipsey，R.E.，"The Effect of Multinational Firms' Foreign Operations on Their Domestic Employment"，*NBER Working Paper*，No. 2760，1988.

③ Muendler，M.A.，Becker，S.O.，"Margins of Multinational Labor Substitution"，*American Economic Review*，Vol. 100，No. 5，2010，pp. 1999-2030.

④ Barba Navaretti，G.，Castellani，D.，"Investments Abroad and Performance at Home: Evidence from Italian Multinationals"，*CEPR Discussion Paper*，No. 4284，2004.

⑤ Temouri，Y.，Driffield，N.L.，"Does German Foreign Direct Investment Lead to Job Losses at Home?"，*Applied Economics Quarterly*，Vol. 55，No. 3，2009，pp. 243-263.

业产生了替代效应,因为对外直接投资产生出口效应的同时也导致了进口效应的增加。[①] 张海波和彭新敏(2013)利用我国2003—2010年动态面板数据研究发现,对外直接投资对国内就业产生了替代作用,这可能与我国OFDI的投资区位和投资模式有关,我国对外直接投资存量90%以上分布于发展中国家,可以认为我国对外直接投资属于水平型投资,对外直接投资可能降低了国内的资本规模和出口,从而对国内就业产生替代效应。[②]

(二)东道国

对外直接投资对母公司就业的影响与投资东道国有关,跨国公司对发达国家和发展中国家投资将对母公司就业产生不同的影响。

许多研究表明:对发达国家投资的母公司就业效应相对较弱,而对发展中国家投资往往对母公司产生就业替代效应。如布雷纳德和莱克(Brainard和Riker,1997a)利用1983—1992年美国企业面板数据,发现海外子公司就业对母公司就业具有微弱的替代性,而在不同发展中国家的子公司之间的就业替代性较强,子公司之间的就业对国家间的工资水平比较敏感,说明美国对发展中国家的投资活动主要是为了利用国家间的工资差异。[③] 数马等(Kazuma等,2011)研究了日本跨国公司的海外子公司活动对母公司的影响,发现这种影响存在异质性,其与对外直接投资的动机、投资部门和区位选择有关,平均来看,日本企业的对外直接投资对母公司活动的影响(或正向或负向)是有限的,对美国或欧洲的非制造业部门的投资对母公司的生产率具有正向影响,对亚洲的投资对母公司就业具有负向影响。[④] 迪拜埃尔等(Debaere等,2010)利用韩国母公司和海

---

①　黄晓玲、刘会政:《中国对外直接投资的就业效应分析》,《管理现代化》2007年第1期。

②　张海波、彭新敏:《ODI对我国的就业效应——基于动态面板数据模型的实证研究》,《财贸经济》2013年第2期。

③　Brainard,S.L.,Riker,D.A.,"Are U.S.,Multinationals Exporting U.S.Jobs",*NBER Working Paper*,No.5958,1997a.

④　Kazuma,E.,Hering,L.,Tomohiko,I.,Poncet,S.,"The Overseas Subsidiary Activities and Their Impact on the Performance of Japanese Parent Firms",*RIETI Discussion Paper Series*,No.11-E-069,2011.

外子公司数据,研究了东道国的发展程度对韩国对外直接投资的母公司就业效应的影响,通过对比发现,短期内对欠发达国家的对外直接投资降低了母公司的就业增长率,对发达国家的对外直接投资并未对母公司就业产生显著影响。[1]

然而,也有部分学者得出了不同的结论。如鲍尔加(Borga,2005)发现美国母公司就业与海外子公司就业之间存在正相关关系,跨国公司在低工资国家的运营活动增加将导致母公司就业增长。曼昆和斯瓦格尔(Mankiw和Swagel,2006)也发现,跨国公司的海外活动并没有对母公司产生挤出效应,而是产生了促进作用。[2] 科宁和墨菲(Konings和Murphy,2006)利用1000家欧洲跨国公司及其在欧盟地区的子公司数据研究了对外直接投资对就业的影响,发现不同地区的子公司对母公司就业的替代性存在差异,欧盟北部子公司的就业对母公司就业存在替代作用,但并未发现在低工资地区投资的就业替代效应。[3] 卡维斯和黄(Cuyvers和Soeng,2011)利用1999—2007年254个比利时企业对欧洲低工资或高工资国家的投资数据,发现在母公司生产规模给定的情况下,对高工资的欧洲国家投资的企业会雇佣更多的劳动力,这反映了在高收入的欧洲国家的子公司需要母公司的管理和监督服务,或者比利时企业的OFDI是垂直型的,但并没有发现对欧洲低工资国家投资的母公司和子公司之间就业的再配置效应。[4] 芭芭拉纳瓦雷迪等(2010)检验了法国和意大利企业对欠发达国家(Less Developed Countries,LDC)和发达国家(Developed

① Debaere, P., Lee, H., Lee, J., "It Matters Where You Go—Outward Foreign Direct Investment and Multinational Employment Growth at Home", *Journal of Development Economics*, No. 91, 2010, pp. 301-309.

② Mankiw, Gregory N., Swagel, P., "The Politics and Economics of Offshore Outsourcing", *Journal of Monetary Economics*, Vol. 53, No. 5, 2006, pp. 1027-1056.

③ Konings, J., Murphy, A., "Do Multinational Enterprises Relocate Employment to Low Wage Regions? Evidence from European Multinational", *Review of World Economics*, Vol. 142, No. 2, 2006, pp. 267-286.

④ Cuyvers, L., Soeng, R., "The Effects of Belgian Outward Direct Investment in European High-wage and Low-wage Countries on Employment in Belgium", *International Journal of Manpower*, Vol. 32, No. 3, 2011, pp. 300-312.

Countries,DC)投资对母公司的影响,发现意大利企业对欠发达国家投资,短期内使母国集中于从事技术和熟练劳动密集型的工序,促进了生产率的增长和价值增加,长期内生产效率的增加提高了投资企业的竞争力,导致母公司就业的长期扩张,符合垂直型对外直接投资(Vertical Foreign Direct Investment,VFDI)理论,而法国企业对欠发达国家投资对母公司的产出和就业产生了正向影响,但不影响生产率,两国对发达国家投资导致了规模效应、就业和产出增加,长期内都有助于提高生产率水平。储祥银(1995)认为,跨国公司对外直接投资导致的发达国家对发展中国家转移就业量较小,主要有四个方面的原因:一是跨国公司对发展中国家的投资中服务业占据了较大比重;二是劳动力成本本身并不是跨国公司区位选择的最重要的决定因素;三是跨国公司在发展中国家安排的可能是部分新设施,而不是原有生产设施在其他国家的关闭;四是发展中国家或地区对发达国家投资加快,能够部分抵消可能存在的就业转移效应。[1]

另外,布雷纳德和莱克(1997b)研究了跨国公司在不同国家海外子公司就业之间的关系,发现位于发达国家的子公司与位于发展中国家的子公司就业之间是互补关系,而位于发展中国家的不同子公司之间具有较强的竞争关系:发展中国家工资水平下降10%,将导致位于发达国家的子公司就业增加1.9%,在该发展中国家的子公司就业增加3.7%,而位于其他发展中国家的子公司就业下降6.3%。[2]

(三)投资动机

对外直接投资的就业效应可能受到投资动机的影响。布尔克和霍尔斯伯格(Bulcke 和 Halsberghe,1979)发现比利时企业对外直接投资的主要动机是维护海外市场份额,而这很难仅通过出口进行维护,假定跨国公司海外生产完全可以由国内出口替代,则到1976年企业对外直接投资造成国内总就业机会减少约136330个,考虑出口替代效应、总部就业效应

---

① 储祥银:《跨国公司、国际直接投资与世界就业》,《国际贸易问题》1995年第8期。
② Brainard, S. L, Riker, D. A., "U.S., Multinationals and Competition from Low Wage Countries", *NBER Working Paper*, No. 5959, 1997b.

及支持性公司就业效应的影响时,将会减少对外直接投资对国内就业产生的不利影响。① 陈和库(Chen 和 Ku,2000)利用台湾企业数据,发现扩张型和防御型投资并未对母公司就业产生创造或替代效应。② 埃克霍尔姆和马库森(Ekholm 和 Markusen,2002)研究发现,垂直型对外直接投资使企业将资源配置在更具有竞争优势的国家或地区,有助于降低经营成本和实现规模经济,因而,从长期的视角来看,垂直型对外直接投资有助于母国就业增长,而从短期的视角来看,由于国内资本外流,可能对母国就业产生替代效应。③ 哈里森和麦克米伦(Harrison 和 Mcmillan,2006)发现,水平型对外直接投资产生了就业替代效应,海外子公司就业增多导致了母公司就业的减少,且东道国工资水平越低,对母公司的就业替代效应越大,而垂直型对外直接投资产生了就业互补效应,且东道国工资水平越低,母国制造业就业越高,这表明外包和对外直接投资仅对母国制造业就业产生了微弱的负向影响。④ 寻舸(2002)认为中国对外直接投资尚处于起步阶段,企业国际一体化程度还不高,许多投资仍属于防御型投资,因而短期内对国内就业的替代效应要大于互补效应。⑤ 李磊等(2016)研究了我国企业对外直接投资对母公司就业的影响,发现商贸服务型和研究开发型投资产生了正向的就业效应,而资源寻求型、水平当地生产型和垂直当地生产型投资的就业效应受到多种因素的影响。⑥

---

① Bulcke, D. V. D., Halsberghe, E., "Employment Effects of Multinational Enterprises: A Belgian Case Study", *Ilo Working Papers*, No. 1, 1979.

② Chen, T.J., Ku, Y.H., "The Effect of Foreign Direct Investment on Firm Growth: The Case of Taiwan's Manufacturers", *Japan and the World Economy*, No. 12, 2000, pp. 153–172.

③ Ekholm, K., Markusen, J.R., "Foreign Direct Investment and EU-CEE Integration", *Danish and International Economic Policy Conference*, 2002.

④ Harrison, A.E., Mcmillan, M.S., "Outsourcing Jobs? Multinationals and US Employment", *NBER Working Papers*, No. 12372, 2006.

⑤ 寻舸:《促进国内就业的新途径:扩大对外直接投资》,《财经研究》2002 年第 28 卷第 8 期。

⑥ 李磊、白道欢、冼国明:《对外直接投资如何影响了母国就业? ——基于中国微观企业数据的研究》,《经济研究》2016 年第 8 期。

第二节　对外直接投资与就业结构研究

由于所掌握的技能水平、雇佣成本、学习新技术和适应能力等方面存在差异,不同技能水平和位于不同岗位的劳动力受到的全球化冲击的影响不同:高技能、高学历、高成本的熟练劳动力因专业技能水平高、学习能力强,调整成本相对较低,在面对冲击时具有较大的灵活性,能够及时学习新技术、调整工作岗位和工作地点,将冲击带来的不利影响转化为有利影响;而低技能、低学历、低成本的非熟练劳动力的受教育水平和专业技能水平都较低,学习和适应能力相对较差,工作岗位的调整比较困难,极易受到冲击带来的不利影响,失业后再就业也比较困难。因此,对外直接投资可能会对不同类型员工就业产生不同的影响,导致母公司就业结构变动。

但从已有研究来看,由于企业层面员工学历、技能、岗位等数据较难获得,目前关于对外直接投资对母国或母公司就业结构影响的研究仍然较少,且对员工类型的划分比较粗糙。本节主要从技能结构、岗位结构、外包与就业结构三个方面,对关于对外直接投资与就业结构的研究进行了梳理。

一、技能结构

大部分研究将劳动力划分为熟练劳动力和非熟练劳动力,或者白领工人和蓝领工人,或者生产人员与非生产人员,研究对外直接投资对母公司不同类型员工就业和收入的影响。

许多研究发现,对外直接投资对高成本、高技能的熟练劳动力就业产生了有利影响。克拉维斯和利普西(Kravis 和 Lipsey,1988)利用美国1982 年数据发现,由于国外低技能劳动力的工资更低,跨国公司可以将不同的生产阶段配置到不同的国家中,将技能密集型生产环节留在美国,将非技能密集型生产环节配置到海外子公司中,母公司对熟练劳动力需求增加,即使不存在不同技能密集型环节的重新配置,海外活动也会增加对母公司监管投入的需求,导致母公司增加对高收入员工的需求。① 利普西(Lipsey,1994)利用美国企业对外直接投资数据,发现海外生产相对于国内生产每增加1%,母公司就业/销售增加1.5%,因为对外直接投资会增加对母公司监管、研究及其他辅助活动(总部服务)的需求。② 布罗斯多姆等(Blomström 等,1997)研究了美国和瑞典跨国公司的对外直接投资对母公司就业的影响,发现美国与瑞典对外直接投资战略不同,由于美国跨国公司对发展中国家投资的动机是利用要素价格差异,将劳动密集型工序转移至发展中国家进行生产并出口,降低了母国生产的劳动密集度,因而美国海外生产增多导致了母公司就业减少,而大部分的瑞典跨国公司将子公司设立在高收入国家或地区(如美国、欧洲),母公司就业(尤其是蓝领工人)增多,少量瑞典企业对发展中国家投资,导致母国总部服务人员(白领工人)就业增多。③ 斯劳特(Slaughter,2000)利用1977—1994年美国跨国公司和海外子公司数据,发现跨国公司存在生产阶段向海外子公司的转移,但这种转移对行业内劳动力相对需求的影响较小,与海外子公司生产替代了母公司非熟练劳动密集型活动的研究结论并不一致。④ 海德和里斯(Head 和 Ries,2002)利用日本1000家制造业企业25年的数据,发现对外投资对母公司技术密集度的影响受东道国收入水平的制约,对低收入国家投资,使母公司从低收入国家的子公司中进口最终品来替代国内生产,提高了母公司非生产工人的工资份额和平均工资,即提高了母公司的技术密集度,对高收入国家投资,FDI 对母国技

① Kravis,I.B.,Lipsey,R.E.,"The Effect of Multinational Firms' Foreign Operations on Their Domestic Employment",*NBER Working Paper*,No.2760,1988.

② Lipsey,R.E.,"Outward Direct Investment and the U.S.Economy",*NBER Working Paper*,No.4691,1994.

③ Blomström,M.,Fors,G.,Lipsey,R.E.,"Foreign Direct Investment and Employment:Home Country Experience in the United States and Sweden",*The Economic Journal*,Vol.107,No.445,1997,pp.1787-1797.

④ Slaughter,M.J.,"Production Transfer within Multinational Enterprises and American Wages",*Journal of International Economics*,Vol.50,No.2,2000,pp.449-472.

术密集度的正向影响减弱。[①] 马库森(Markusen,2002)将水平型与垂直型跨国公司置于统一的框架之下,被称为"知识—资本"模型,认为总部创造的知识可以在多个国家中被多个工厂使用,具有公共品的属性,跨国公司对外直接投资将使母国和东道国都提高对熟练劳动力的相对需求。[②] 辛普森(Simpson,2012)借鉴赫尔普曼等(2004)的模型,研究了英国跨国公司垂直型对外直接投资的母公司就业结构效应和产业结构效应,发现相对于低技能行业中的非跨国公司和高技能行业中对低工资国家投资的跨国公司来说,对低工资国家投资更可能导致低技能行业中的跨国公司关闭在母国的企业,降低低技能工人的就业量,但对高技能行业中的工人就业产生有利影响。[③]

国内关于对外直接投资与就业结构的研究相对较少。毛其淋和许家云(2014b)利用中国工业企业数据,发现对外直接投资显著提高了员工的平均工资,但拉大了企业内技能工人与非技能工人之间的工资差距。[④]阎虹戎等(2018)利用2011—2016年中国上市公司数据,研究了对外直接投资对母公司就业结构的影响,发现对外直接投资促进了母公司生产人员和非生产人员就业的增长,由于生产人员增长更快,对外直接投资并未明显地改善母公司的就业结构。[⑤] 余官胜和王玮怡(2013)利用我国2003—2010年25个省(自治区、直辖市)的面板数据,发现对外直接投资对国内就业技能结构的影响与地区经济发展水平有关,经济发展水平较低时,对外直接投资将会减少高技能劳动的就业、增加低技能劳动的就业,不利于就业技能结构的提高;经济发展水平较高时,对外直接投资增

---

① Head,K.,Ries,J.,"Offshore Production and Skill Upgrading by Japanese Manufacturing Firms",*Journal of International Economics*,Vol.58,No.1,2002,pp.81−105.

② Markusen,J.R.,*Multinational Firms and the Theory of International Trade*,Cambridge:MIT Press.,2002.

③ Simpson,H.,"Investment abroad and Labour Adjustment at Home:Evidence from UK Multinational Firms",*Canadian Journal of Economics*,Vol.45,No.2,2012,pp.698−731.

④ 毛其淋、许家云:《中国外向型FDI对企业职工工资报酬的影响:基于倾向得分匹配的经验分析》,《国际贸易问题》2014年(b)第11期。

⑤ 阎虹戎、冼国明、明秀南:《对外直接投资是否改善了母公司的员工结构?》,《世界经济研究》2018年第1期。

加了高技能劳动的就业、降低了低技能劳动的就业,促进了就业技能结构的提高。①

相对来说,国内关于贸易与就业结构问题的讨论更多一些。唐东波(2012)分析了垂直专业化贸易对国内就业结构的影响,发现中间品进口国的不同会影响进口对国内制造业劳动力技能结构的影响,从发达国家进口中间品,有助于提高企业中高技能劳动力就业比例,而从中低收入国家进口,不利于企业劳动力技能水平的提高,随着企业出口比例的提高,中间品进口份额越高,企业对高技能劳动力的需求越高。② 周申和何冰(2017)发现贸易自由化提高了中国非正规就业的概率,且对不同户口、不同性别和不同技能个体的非正规就业具有异质性影响。③ 马光明和刘春生(2016)利用2006—2012年中国28个省级地区制造业整体及各子行业面板数据,研究了中国贸易方式转型与制造业就业结构的关联性,认为加工贸易的发展增加了当地制造业就业,但不利于提高制造业中熟练劳动力的比重。④ 阚大学(2010)讨论了贸易结构与就业结构的关系,发现各产业的贸易结构和贸易额的变化对就业结构变动的影响力不同。⑤ 周申等(2012)研究了中国工业制成品贸易结构变动对就业的影响,发现偏向资本技术密集型产品的贸易结构变动对就业产生了不利影响,导致就业结构偏向熟练劳动力。⑥ 唐时达和刘瑶(2012)从劳动力流动的视角讨论了贸易自由化与就业结构调整的关系,发现贸易自由化程度和劳动力自由流动程度的提高对中国就业结构调整产生了正向影响,但具有区域

① 余官胜、王玮怡:《海外投资、经济发展水平与国内就业技能结构——理论机理与基于我国数据的实证研究》,《国际贸易问题》2013年第6期。
② 唐东波:《垂直专业化贸易如何影响了中国的就业结构?》,《经济研究》2012年第8期。
③ 周申、何冰:《贸易自由化对中国非正规就业的地区效应及动态影响——基于微观数据的经验研究》,《国际贸易问题》2017年第11期。
④ 马光明、刘春生:《中国贸易方式转型与制造业就业结构关联性研究》,《财经研究》2016年第42卷第3期。
⑤ 阚大学:《我国贸易结构与就业结构的动态关系研究》,《国际贸易问题》2010年第10期。
⑥ 周申、李可爱、鞠然:《贸易结构与就业结构:基于中国工业部门的分析》,《数量经济技术经济研究》2012年第3期。

差异性。① 周申(2006)利用中国 34 个工业行业的面板数据,发现中国工业进口自由化提高了劳动需求弹性,对工业部门劳动者产生了较大的压力。②

另外,部分文献研究了外资流入对国内就业结构的影响。唐东波(2011)研究了全球化对中国就业结构的影响,发现 FDI 促进了国内高技能工人就业比例的提高,进口和出口都对国内就业结构产生了负向作用。③ 由于男性员工在受教育程度、技能水平等方面普遍高于女性,因而对男、女性员工就业的影响在一定程度上也可以反映出企业技能结构的变化。李磊等(2015)以服务业为例,研究了外资流入对国内男、女性员工就业及收入水平的影响,发现 FDI 有助于缩小劳动力性别就业差距和性别工资差距。④

二、岗位结构

随着全球分工合作的不断深化,格罗斯曼和罗西-汉斯伯格(Grossman 和 Rossi-Hansberg,2008)指出"工序贸易"已成为全球贸易的主要特征,关于就业异质性影响的研究扩展到了更多维度。对外直接投资可能因将某些部分的生产工序转移至海外而对母国从事不同工序的员工就业产生异质性影响。哈卡拉等(Hakkala 等,2014)利用瑞典就业数据研究了 IFDI(Inward Foreign Direct Investment,此处指的是流入瑞典国家的外商直接投资)和 OFDI 对劳动力需求的影响,发现企业所有权变化(被外资企业收购)或对外投资都能够增加该企业对从事非常规和交互类工序(non-routine and interactive job tasks)的工人的相对需求。⑤ 拉菲

---

① 唐时达、刘瑶:《贸易自由化、劳动流动与就业结构调整》,《世界经济研究》2012 年第 3 期。

② 周申:《贸易自由化对中国工业劳动需求弹性影响的经验研究》,《世界经济》2006 年第 2 期。

③ 唐东波:《全球化对中国就业结构的影响》,《世界经济》2011 年第 9 期。

④ 李磊、王小洁、蒋殿春:《外资进入对中国服务业性别就业及工资差距的影响》,《世界经济》2015 年第 10 期。

⑤ Hakkala,K.N.,Heyman,F.,Sjöh,F.,"Multinational Firms, Acquisitions and Job Tasks", *European Economic Review*,No. 66,2014,pp. 248-265.

纳尔和穆胡德(Laffineur 和 Mouhoud,2015)按照资质水平(Qualification Level)、与生产联系紧密度、工序(Task)等不同方法对员工进行了分类,利用 2002—2007 年法国制造业企业数据,从技术构成的角度研究了 OFDI 对母公司员工结构的影响,发现对低收入国家投资显著提高了法国企业管理层的比重,减少了蓝领工人的比重,对高收入国家投资降低了母公司非常规工作工人(如技术工人)的份额。[①] 速水等(Hayami 等,2012)研究了日本企业 OFDI 对不同类型员工收入的影响,发现 OFDI 导致母公司员工工资增加,且高层次的员工受益更多。[②]

受到数据限制,目前国内外关于对外直接投资对岗位结构变动的研究相对较少。苏莉和冼国明(2016)利用 2009—2013 年中国上市公司数据,分析了跨国并购对母公司内部普通员工和高层员工收入影响的差异性,发现由于存在工资刚性,跨国并购并未显著提升普通员工的收入,但增加了高层员工工作的复杂度,促使高层员工的待遇水平显著提升。[③] 戴翔(2006)利用新加坡数据,讨论了对外直接投资对母国就业的影响,发现对外直接投资能够通过产出效应、替代效应影响母国就业,对外直接投资企业国内技术人员的需求增长最快,其次是管理人员和体力劳动者,说明母国的产业结构正朝着技术密集型方向发展。[④] 阎虹戎等(2018)发现,对外直接投资也显著增加了母公司中销售、技术、管理人员的就业,说明对外直接投资增加了对总部服务型人才的需求[⑤]。

---

① Laffineur,C.,Mouhoud,E. M.,"The Jobs at Risk from Globalization:The French Case", *Review of World Economics*,Vol. 151,No. 3,2015,pp. 477-531.

② Hayami,H.,Nakamura,M.,Nakamura,A.,"Wages, Overseas Investment and Ownership: Implications for Internal Labor Markets in Japan", *The International Journal of Human Resource Management*,Vol. 23,No. 14,2012,pp. 2959-2974.

③ 苏莉、冼国明:《中国企业跨国并购改善员工收入了吗? ——基于上市公司微观数据的经验研究》,《武汉大学学报(哲学社会科学版)》2016 年第 69 卷第 6 期。

④ 戴翔:《对外直接投资对国内就业影响的实证分析——以新加坡为例》,《世界经济研究》2006 年第 4 期。

⑤ 阎虹戎、冼国明、明秀南:《对外直接投资是否改善了母公司的员工结构?》,《世界经济研究》2018 年第 1 期。

三、外包与就业结构

与本节相关的另一篇文献从外包视角研究了全球化对不同技能水平劳动力就业的冲击。20 世纪七八十年代,美国非生产性工人的相对需求和收入的增长引发了人们的思考,许多学者开始解释美国非生产工人需求和收入增长的原因,发现离岸外包是导致这一现象产生的重要因素。芬斯特拉和汉森(Feenstra 和 Hanson,1996)用行业中非生产工人的工资份额来表示对熟练劳动力的相对需求,研究了外包和贸易对非生产工人工资份额的影响,对 1979—1990 年数据的回归结果显示,外包和进口份额的变化与非生产工人的工资份额变化显著正相关。[①] 希钦等(Hijzen 等,2005)以英国为例,研究了外包对劳动力需求结构的影响。发现国际外包对非熟练劳动力产生了负向影响,而研发活动增加了对熟练劳动力的相对需求,因此,国际外包和由研发导致的技术变化是解释英国制造业技术结构变化的重要因素。[②] 贝克尔等(Becker 等,2013)利用德国数据,发现离岸外包会使母公司雇佣更多从事非常规、非交互工序的员工和高学历的员工,且对高学历员工的影响程度超过工序或岗位构成的变化,对低收入国家的外包对母国就业结构的影响更大。[③] 格罗斯曼和罗西-汉斯伯格(2008)基于国家间各种工序完成成本的差异建立了理论模型,研究了生产工序的离岸外包对低技术工人工资的影响,发现在大型经济体中,工序离岸成本的下降能够提高所有要素的生产率,低技术劳动者的实际工资提高。[④] 奥尔登斯基(Oldenski,2014)利用 2002—2008 年美国企业层面数据,研究了离岸外包对美国工人就业和工资的影响,发现离岸外

① Feenstra,R.C.,Hanson,G.H.,"Globalization,Outsourcing,and Wage Inequality",*American Economic Review*,Vol. 86,No. 2,1996,pp. 240−245.

② Hijzen,A.,Görg,H.,Hine,R.C.,"International Outsourcing and the Skill Structure of Labour Demand in the United Kingdom",*The Economic Journal*,Vol. 115,No. 506,2005,pp. 860−878.

③ Becker,S.O.,Ekholm,K.,Muendler,M.A.,"Offshoring and the Onshore Composition of Tasks and Skills",*Journal of International Economics*,No. 90,2013,pp. 91−106.

④ Grossman,G.M.,Rossi-Hansberg,E.,"Trading Tasks:A Simple Theory of Offshoring",*American Economic Review*,Vol. 98,No. 5,2008,pp. 1978−1997.

包使高技能工人获益增多,但对中等技能工人产生了不利影响,同时,也对从事不同工序的工人收入产生了不同影响,从事常规工序的工人工资下降,从事非常规工序的工人工资提高。[1] 克林(Crinò,2010)专门研究了服务业离岸外包对白领工人就业的影响,发现服务业外包增加了对高技术水平的白领工人的需求,但使可贸易类岗位上的白领工人就业下降。[2]

第三节　就业效应的行业和地区差异研究

由于不同行业、不同地区存在较大差异,对外直接投资的就业效应可能存在行业、地区差异性。由于我国各行业、各地区在对外直接投资和经济发展程度等方面存在较大差异,国内学者对这一方面的研究相对更多,且主要利用宏观或中观层面的数据进行分析。

一、行业差异

对外直接投资的就业效应受跨国公司所在行业的影响。克拉维斯和利普西(1988)利用美国数据发现,海外生产对母公司就业的替代作用在制造业中(比服务业)更强烈,因为相对于制造业产品来说,服务业通常是不可贸易的,因而无法将生产过程分离以利用不同国家的要素价格差异。[3] 利普西(1994)利用美国企业对外直接投资数据,发现将海外子公司分为制造业企业和非制造业企业两类,在母公司生产水平给定的情况下,海外子公司的净销售增加一百万美元,制造业企业的母公司减少1.4个就业岗位,而非制造业企业的母公司则增加1.2个就业岗位。[4] 希钦

① Oldenski,L.,"Offshoring and the Polarization of the US Labor Market",*Industrial and Labor Relations Review*,Vol. 67,No. 3S,2014,pp. 734-761.

② Crinò,R.,"Service Offshoring and White-Collar Employment",*Review of Economic Studies*,Vol. 77,No. 2,2010,pp. 595-632.

③ Kravis,I.B.,Lipsey,R.E.,"The Effect of Multinational Firms' Foreign Operations on Their Domestic Employment",*NBER Working Paper*,No. 2760,1988.

④ Lipsey,R.E.,"Outward Direct Investment and the U.S.Economy",*NBER Working Paper*,No. 4691,1994.

等(Hijzen 等,2011)利用 1987—1999 年法国制造业和服务业数据,发现制造业中,企业市场寻求型投资产生了规模效应,促进了就业的增加,要素寻求型投资对就业没有显著的影响,而在服务业企业对外直接投资对母公司就业产生了正向影响。[1] 他们将制造业进一步细分为技术密集型产业和非技术密集型产业,发现技术密集型产业的企业对高收入国家的投资是市场寻求型投资,而非技术密集型产业对低收入国家的投资是要素寻求型投资,二者都对母公司就业产生了正向影响。因姆布里阿尼等(Imbriani 等,2011)利用意大利企业对外直接投资数据,发现跨国公司对外直接投资对国内就业的影响存在行业异质性,对外直接投资促进了制造业生产率和就业增长,但对服务业就业产生了负向影响。[2]

与国外学者研究对外直接投资母公司就业效应的行业异质性视角不同,国内的相关研究主要利用各行业整体对外直接投资规模和就业总量数据来进行分析,大多数研究发现对外直接投资对第二、第三产业就业增长产生了有利影响,而对第一产业就业增长产生了负向影响或不显著。罗良文(2007)利用 1984—2005 年我国宏观层面的对外直接投资与就业数据,发现对外直接投资促进了国内就业总量增长,对第二、第三产业的就业人数增长产生了正向的影响,但对第一产业就业人数变动的影响并不显著。[3] 罗丽英和黄娜(2008)也得出了较为类似的结论,他们利用我国 1985—2006 年行业层面数据,发现对外直接投资促进了第二、第三产业就业人数的增长,但对第一产业就业人数变动的影响为负。[4] 类似地,黄晓玲和刘会政(2007)利用我国 1981—2004 年数据、贾媛(2015)利用

---

① Hijzen, A., Jean, S., Mayer, T., "The Effects at Home of Initiating Production abroad: Evidence from Matched French Frms", *Review of World Economics*, Vol. 147, No. 3, 2011, pp. 457-483.

② Imbriani, C., Pittiglio, R., Reganati, F., "Outward Foreign Direct Investment and Domestic Performance: The Italian Manufacturing and Services Sectors", *Atlantic Economic Journal*, Vol. 39, No. 4, 2011, pp. 369-381.

③ 罗良文:《对外直接投资的就业效应:理论及中国实证研究》,《中南财经政法大学学报》2007 年第 5 期。

④ 罗丽英、黄娜:《我国对外直接投资对国内就业影响的实证分析》,《上海经济研究》2008 年第 8 期。

我国 2007—2012 年数据都发现对外直接投资促进了第二、第三产业就业人数的增长,促进了就业结构的优化。[1] 姜巍(2017a)利用 2004—2014年行业面板数据分析发现,中国 OFDI 对国内就业产生了一定的促进作用,按产业划分样本检验发现,第一和第二产业的 OFDI 对国内就业的影响是不确定的,但第三产业 OFDI 对国内就业在短期内产生了替代作用。[2] 刘辉群和王洋(2011)将行业细分为商品服务业、批发和零售业、交通运输、仓储和邮政业、采矿业和制造业,发现对外直接投资并不是对所有行业就业增长都产生了显著影响,对外直接投资促进了商品服务业、采矿业和制造业就业增长,且对商务服务业就业产生的正向作用大于制造业和采矿业。[3] 李宏兵等(2017)研究了中国企业对外直接投资对国内劳动力市场就业极化的影响及其作用机理,发现对外直接投资总体上增加了母国劳动力市场的就业。他们进一步将企业分为高技术、中等技术和低技术三类,发现对外投资导致劳动力市场出现"两端高、中间低"的就业极化现象,即对外直接投资对高技术行业、低技术行业中的企业就业水平的影响更明显,对中等技术水平行业的就业影响相对较小。[4] 彭韶辉和王建(2016)研究了中国技术获取型投资对母国就业的影响,发现对外直接投资的母国就业效应同时存在就业规模效应和就业迁移效应,前者指的是对外直接投资导致生产率提高、国外生产环节转移到国内市场带来的就业增加,后者指的是资本输出导致的国内就业的减少,总体来看,制造业细分行业的对外直接投资对制造业细分行业的就业影响并不显著,但是当资本供给弹性足够大时,对外直接投资的就业规模效应将超过

---

① 黄晓玲、刘会政:《中国对外直接投资的就业效应分析》,《管理现代化》2007 年第 1期。贾媛:《对外直接投资的就业结构和国民收入效应研究——基于省际面板数据的分析》,《改革与战略》2015 年第 2 期。

② 姜巍:《中国 OFDI 国内就业的总体效应与产业差异》,《统计与决策》2017 年(a)第23 期。

③ 刘辉群、王洋:《中国对外直接投资的国内就业效应:基于投资主体和行业分析》,《国际商务——对外经济贸易大学学报》2011 年第 4 期。

④ 李宏兵、郭界秀、翟瑞瑞:《中国企业对外直接投资影响了劳动力市场的就业极化吗?》,《财经研究》2017 年第 43 卷第 6 期。

迁移效应,促进行业就业增长。[1] 刘海云和廖庆梅(2017)测算了2003—2011 年中国对澳大利亚等 19 个国家 14 个制造业的投资规模,并按照行业技术水平及投资类型(水平型和垂直型)对制造业行业进行了进一步的划分,发现 OFDI 显著扩大了国内制造业就业规模,且这一贡献主要来自垂直型 OFDI,初级制造业、高技术制造业 OFDI 对国内就业产生了正向促进作用,而中等技术制造业 OFDI 对国内就业的影响不显著。[2]

二、地区差异

由于我国各地区经济发展程度、对外直接投资发展程度、劳动力结构等方面差异较大,对外直接投资的就业效应也可能因所在地区不同而存在一定的差异性。国内部分学者利用我国省级或三大地区的对外直接投资规模与就业总量数据对这一问题进行了研究。

大部分研究发现,对外直接投资的就业效应具有地区差异性,对外直接投资对东部地区就业增长产生了有利影响,而对中西部地区就业增长的影响比较微弱,甚至产生了负向影响。于超和葛和平(2011)利用2003—2009 年中国 25 个省区市层面数据,发现由于各省区市在对外开放程度、企业的所有权优势和内部化优势等方面存在较大差异,对外直接投资的就业效应存在明显的地区差异性,东部地区各省的对外直接投资对各地就业的正向影响最大,而中西部地区对外直接投资对各地就业的影响相对较小。[3] 贾媛(2015)也发现,东部地区对外直接投资的就业效应接近或高于全国平均水平,而中西部地区的就业效应相对比较微弱。[4]宋林等(2017)采用门限面板模型也得出了类似的结论,发现对外直接投

① 彭韶辉、王建:《中国制造业技术获取型对外直接投资的母国就业效应》,《北京理工大学学报(社会科学版)》2016 年第 18 卷第 4 期。

② 刘海云、廖庆梅:《中国对外直接投资对国内制造业就业的贡献》,《世界经济研究》2017 年第 3 期。

③ 于超、葛和平:《对外直接投资的母国就业效应研究》,《统计与决策》2011 年第 20 期。

④ 贾媛:《对外直接投资的就业结构和国民收入效应研究——基于省际面板数据的分析》,《改革与战略》2015 年第 2 期。

资主要通过贸易、投资、逆向技术溢出等渠道促进了国内就业增长,对外直接投资的就业效应呈现出东、中、西部逐渐递减的趋势。[①] 陈志芳和芦洋(2016)利用 2004—2014 年中国 30 个省区市的面板数据,发现对外直接投资促进了东部地区就业增长,而对中西部地区的就业增长产生了不利影响。[②] 姜亚鹏和王飞(2012)发现近八年来,北京、上海等一线城市及内蒙古、吉林等沿边省份的对外直接投资与当地就业之间呈现微弱的负相关,而其余省份存在正相关关系。[③] 张海波和彭新敏(2013)按照收入水平和教育水平划分地区,发现对外直接投资对高收入和高教育水平地区的就业产生了补充效应,对中等收入地区和中等教育水平地区的就业产生了替代作用。[④] 张建刚等(2013)发现,对外直接投资对东部地区产生的就业创造效应大于替代效应,净效应为正;对中部地区产生的就业创造效应与替代效应大体相同,净效应不确定;而对西部地区产生了就业替代效应,净效应为负;因而政府在制定对外直接投资政策时,也应该综合考虑各地区的对外直接投资情况及就业效应,降低对外直接投资对就业增长产生的不利影响,实现区域间的均衡协调发展。[⑤] 姜巍(2017b)利用《中国市场化指数——各地区市场化相对进程 2011 年报告》《中国分省份市场化指数报告(2016)》中的数据将国内各省区市按照市场化程度进行了划分,发现对外直接投资对国内就业的影响效应与国内市场化进程密切相关,良好的市场制度环境是对外直接投资发展及国内就业促进效应得以有效发挥的重要前提,因此,市场化程度越高的区域(大多

① 宋林、谢伟、何红光:《对外直接投资对我国就业影响的实证研究——基于门限面板模型的分析》,《当代经济科学》2017 年第 39 年第 5 期。

② 陈志芳、芦洋:《创造与替代:对外投资与本地就业关系研究》,《昆明理工大学学报(社会科学版)》2016 年第 6 期。

③ 姜亚鹏、王飞:《中国对外直接投资母国就业效应的区域差异分析》,《上海经济研究》2012 年第 7 期。

④ 张海波、彭新敏:《ODI 对我国的就业效应——基于动态面板数据模型的实证研究》,《财贸经济》2013 年第 2 期。

⑤ 张建刚、康宏、康艳梅:《就业创造还是就业替代——OFDI 对中国就业影响的区域差异研究》,《中国人口资源与环境》2013 年第 23 卷第 1 期。

位于东部地区），对外直接投资对国内就业的长期促进效应越显著。①

总之，关于对外直接投资的地区就业效应的研究表明，由于我国各地区的对外直接投资发展存在着区域非平衡性及各地区的经济发展程度存在差异性，对外直接投资对各地区就业产生的影响并不相同。由于各地区就业变动主要由微观企业就业变动组成，那么，对微观企业而言，由于地区间对外直接投资发展及经济发展程度的非平衡性，对外直接投资也可能对各地区内企业就业产生异质性影响。这些文献为本书分析对外直接投资对各地区内企业就业变动的影响提供了宏观层面的依据。

第四节　研究评述

对外直接投资涉及生产要素在全球范围内的重新配置，虽然是企业的自发行为，但企业的对外直接投资会对母公司就业产生直接的影响，同时对外直接投资也可能对整个经济产生影响，改变企业生存发展的行业、地区环境，从而对国内就业变动产生长期、复杂和多方面的影响。通过对文献的梳理，可以发现：

跨国公司对外直接投资是母国或母公司的就业总量变动的重要因素，是母公司就业变动的内在动力。早期的研究包括两方面：一类文献将跨国公司作为资本套利者、将对外直接投资活动视作国际资本流动，从宏观层面分析了国际资本流动对国内劳动要素再配置的影响，国际资本流动并不会对母国就业产生替代效应，仅引发了劳动要素在部门间的流动，属于长期一般均衡分析；另一类文献提出"投资替代论"，对外直接投资对母国就业的影响较为复杂，研究了企业对外直接投资对国内投资、对其他企业投资的影响，属于短期均衡分析。而随着对外直接投资的不断发展，部分学者从对外直接投资与贸易（或出口）的关系方面分析了对外直接投资对一国就业的影响，发现：若企业对外直接投资替代了母公司对该

---

① 姜巍:《中国 OFDI 对国内就业影响的整体效应与区域差异研究》,《国际经贸探索》2017 年(b)第 12 期。

东道国或第三方国家的出口,或将在东道国生产的产品返销回国内市场销售,对外直接投资则可能对母公司就业产生替代效应;若跨国公司的海外生产需要母公司提供原材料、中间品等,对外直接投资则可能促进母公司中间品出口规模的扩大;若跨国公司对外直接投资提高了对海外市场的了解和在海外市场的知名度,对外直接投资可能促进母公司产品出口规模的扩大,而出口对就业的拉动作用是显而易见的,即对外直接投资可能对母公司就业产生互补效应。另外,跨国公司对外直接投资可能会增加对财务、管理等总部服务人员的需求,或增大对母国咨询、法律、财务、保险等中介机构服务的需求,这些都将直接或间接地促进母国就业总量的增长。从异质性视角方面来看,由于各个国家在要素禀赋、对外直接投资发展程度、企业所有权优势、投资东道国、投资动机等方面存在较大差异,对外直接投资对母公司就业的影响具有异质性。主要表现在三个方面:一是发达国家与发展中国家对外直接投资就业效应存在差异,由于发达国家与发展中国家的跨国公司在母公司"特定优势"、对外直接投资动机、区位选择等方面存在较为明显的差异,导致对外直接投资就业效应也存在差异性;二是对外直接投资东道国可能会影响投资的就业效应,投资东道国是发达国家还是发展中国家,对企业投资绩效和就业效应将产生不同的影响;三是投资动机影响对外直接投资的就业效应,因为投资动机可能会影响母公司生产的转移和出口,从而对母公司就业产生不同的影响。

对外直接投资也可能会导致母公司就业结构的变动。已有大部分研究仍然是从技能结构的视角进行了分析,将员工分为熟练劳动力和非熟练劳动力(克拉维斯和利普西,1988;斯劳特,2000),或者白领工人和蓝领工人(布罗斯多姆等,1997),或者生产人员和非生产人员(海德和里斯,2002)等,发现对外直接投资将对母公司不同类型员工就业产生异质性影响。随着企业内员工岗位结构数据的增多和全球分工合作的不断深化,少数学者研究了对外直接投资对母公司岗位结构的影响,而国内学者主要是通过将员工划分为管理人员、普通员工等方式研究对外直接投资的就业结构效应。另外,跨国公司外包也是影响母公司就业结构变动的因素,发达国家的离岸外包增加了对熟练劳动力的需求,促进了发达国家和发展中国家技能结构的优化。

由于对外直接投资对企业自身和整个经济都会产生积极影响(朱磊,2005)①,因而对外直接投资可能会对行业、地区的就业增长产生影响。基于各行业、各地区之间的差异性,对外直接投资的就业效应也可能存在行业和地区差异性。国外对就业效应的行业、地区差异方面的研究相对较少,主要讨论的是制造业、服务业企业对外直接投资的就业效应,是基于企业对外直接投资的分析。而国内关于这方面的研究较多,主要利用行业、地区对外直接投资和就业数据,研究对外直接投资对行业、地区就业的影响,大多研究发现对外直接投资促进了第二、第三产业就业增长,而对第一产业就业的影响并不明显或为负向影响,对外直接投资促进了东部地区就业增长,而对中西部地区就业的影响不明显或为负向影响。

从对外直接投资与母国或母公司就业效应的相关研究可以看出,已有文献为本书的研究提供了较为全面而翔实的参考资料,但目前研究仍然存在以下几个方面的问题:一是已有文献大多研究的是发达国家对外直接投资对母公司就业的影响,以发展中国家对外直接投资为研究对象的文献伴随着发展中国家对外直接投资浪潮的兴起而逐渐增多,由于发展中国家的比较优势往往是劳动密集型产品,因而对外直接投资与国内就业变动的规律性仍然需要更加深入而全面的研究;二是无论对发达国家而言,还是对发展中国家而言,对外直接投资对母公司就业结构的影响都是已有研究中较少涉及的命题,因为企业就业结构数据随着企业异质性理论的发展才逐渐丰富起来;三是已有文献,尤其是国内相关文献,已经注意到对外直接投资的行业、地区就业效应的差异性,但行业、地区分类仍然有待细化,大多数是从国内三大产业、三大地区的视角分析对外直接投资对行业、地区就业的影响。由于行业、地区就业变动是由微观企业的就业变动导致的,因而,这种整体层面的研究可能会掩盖企业层面就业

---

① 朱磊:《台商对外投资的经济效率分析》,《台湾研究》2005 年第 6 期。

变动的差异性,并不能准确解读对外直接投资对国内企业就业变动的影响。本书正是从以上三个问题出发,从理论机制和实证研究方面对相关问题进行了细化和补充,丰富了对外直接投资与国内就业变动的相关研究。

第二章 对外直接投资与母公司就业总量研究

我国是世界主要人口大国之一,拥有十分丰富的劳动力资源。根据《中国统计年鉴》:1998 年全国就业总量为 69957 万人,1999 年超过 70000 万人,达到 70586 万人,基本以年均 320 万人的速度在增长;2015 年则达到了 77451 万人。据统计,2018 年年末,虽然我国就业人口总量首次出现下降,但就业人口总量仍然达到了 7.8 亿人。

一方面,庞大的劳动力资源为我国参与国际分工提供了劳动力比较优势,有利于我国利用扩大出口、吸引外商直接投资从事加工贸易等方式获取全球化发展带来的好处。

另一方面,庞大的人口数量也增加了我国政府维持就业结构合理和失业率稳定的压力。而且,自中国加入 WTO 以来,伴随着中国企业对外直接投资增速和规模的增长,雇佣外方员工人数不断增加,也引发了社会各界对 OFDI 是否会产生就业替代效应的担忧。根据《中国对外直接投资统计公报》数据显示:中国对外直接投资规模迅速增长,2002—2016 年中国对外直接投资年均增速高达 35.8%,2017 年对外直接投资虽然首次出现负增长但仍列全球国家排名的第三位,对外直接投资金额与利用外资金额的差距越来越小,说明我国正在逐渐从通过吸引 FDI 方式"被动"获取资金、经验、技术等资源,转向通过 OFDI 方式"主动"寻求海外技术、市场等资源;与此同时,我国跨国公司在海外雇佣员工数量不断增长,2006 年年末境外员工总数约 63 万人,雇佣外方员工 26.8 万人,而到 2017 年年末境外员工总数达到 339.3 万人,雇佣外方员工 171 万人,海外子公司外方员工人数占比过半。

根据邓宁的对外投资发展阶段理论可知,随着我国经济规模的扩大,对外直接投资的企业数目将会越来越多,投资规模将越来越大,年末境外员工人数及外方员工人数也将越来越多。那么,对外直接投资的快速发展及其所带动的海外员工人数增加是否将减少母公司的就业总量,对母公司产生就业替代效应?在当前产能过剩、出口减弱和产业结构转型调整的重要阶段,这是否会进一步加剧国内已有的就业压力?

由于制造业是吸纳劳动力就业的重要行业,制造业企业的对外直接投资也呈现出逐年增加的趋势,这为本章研究对外直接投资对国内就业的影响提供了选题和素材。基于此,本章在已有文献的基础上,以中国制造业企业对外直接投资为例,从就业总量方面较为全面地研究了对外直接投资与母公司就业总量变动的关系,并分析了对外直接投资影响母公司就业总量的可能作用机制。

本章主要包括以下几方面的内容:首先,本章借鉴德赛等(2009)的模型设定思路与分析方法,依据我国企业对外直接投资的现实情况,分析了对外直接投资影响母公司就业总量的理论机制,并分析了出口和技术进步两个因素在对外直接投资影响母公司就业总量过程中可能发挥的中介作用。其次,为了确保研究结论的稳健性和完整性,本书进行了初始检验、滞后效应检验和区分样本检验等,研究了对外直接投资对母公司就业总量产生的平均影响和异质性影响,并采用了三种方法进行稳健性检验,即基于就业增长率、配对比例、样本期间三个方面进行稳健性检验。再次,本章构造了中介效应模型,实证分析了出口和技术进步(生产率)在对外直接投资影响母公司就业总量过程中发挥的中介作用,弥补了国内关于对外直接投资与母公司就业变动研究中缺乏影响机制分析及相关实证检验方面的不足。最后,在对本章的研究内容、研究思路、研究方法、局限性及研究结论等方面进行总结的基础上,得出启示与相关政策建议。

第一节　对外直接投资影响母公司
就业总量的机制分析

对外直接投资是跨国公司重要的战略选择之一,将对母公司的生存与发展产生多方面影响,引发就业总量的扩张与收缩:一方面,对外直接投资是企业在全球范围内配置资源的一种手段,涉及资金、技术、人员等要素的调整,将对跨国公司内部的员工安排产生直接影响;另一方面,由于海外经营的沉没成本和风险相对较高,且企业的海外投资和海外生产是企业的长期战略性选择,对跨国公司发展带来较大的外部风险和压力,因而海外经营过程中可能伴随着跨国公司的持续调整,对母公司就业规模和就业结构产生长期的间接影响。然而,对外直接投资究竟通过何种机制影响母公司就业规模,目前并未形成较为一致的理论机制分析(李磊等,2016)①。本章使用德赛等(2009)的模型设定方法,并结合我国企业对外直接投资的现实情况进行模型设定和分析。

假定只有两个国家(本国和外国)和一种生产要素(劳动)。跨国公司生产函数为 $Q(L, L^*)$,L 表示国内劳动要素投入,L^* 表示国外劳动要素投入,生产函数为凹函数。假定国内劳动要素成本为 w,国外劳动要素成本为 w^*,企业的收益函数为 $R(Q, y)$,满足 $\partial R/\partial Q > 0$ 和 $\partial^2 R/\partial Q^2 \leq 0$ 两个条件,y 表示影响国外市场对国内的跨国公司生产产品需求的因素,因此企业利润函数可以表示为:

$$\pi = R(Q, y) - wL - w^* L^* \tag{2-1}$$

企业利润最大化的一阶条件表示为:

$$(\partial \pi/\partial Q)(\partial Q/\partial L) = w \tag{2-2}$$

$$(\partial \pi/\partial Q)(\partial Q/\partial L^*) = w^* \tag{2-3}$$

从(2-3)式可以看到,国外要素成本的变化会影响对国外劳动要素的需求 $(\partial Q/\partial L^*)$,相应地也会影响跨国公司对国内劳动要素的需求 $(\partial Q/\partial L)$。

对(2-2)式求全微分得到(2-4)式:

---

① 李磊、白道欢、冼国明:《对外直接投资如何影响了母国就业?——基于中国微观企业数据的研究》,《经济研究》2016 年第 8 期。

$$dL = \cfrac{\left(\cfrac{\partial R}{\partial Q} \times \cfrac{\partial^2 Q}{\partial L \partial L^*} + \cfrac{\partial Q}{\partial L} \times \cfrac{\partial Q}{\partial L^*} \times \cfrac{\partial^2 R}{\partial Q^2}\right) dL^* + \cfrac{\partial Q}{\partial L} \times \cfrac{\partial^2 R}{\partial Q \partial y} dy}{-\left[\cfrac{\partial R}{\partial Q} \times \cfrac{\partial^2 Q}{\partial L^2} + \left(\cfrac{\partial Q}{\partial L}\right)^2 \cfrac{\partial^2 R}{\partial Q^2}\right]}$$

$$(2\text{-}4)$$

在(2-4)式中，dL 是国内劳动要素投入变动，dL^* 是国外劳动要素投入变动，由 $\partial R/\partial Q > 0$，$\partial^2 Q/\partial L^2 < 0$，$(\partial Q/\partial L)^2 > 0$，$\partial^2 R/\partial Q^2 \leqslant 0$ 可知分母大于 0，从分子来看，括号里面的第二项为负，若第一项 $\partial^2 Q/(\partial L \partial L^*) > 0$ 且足够大，分子的第一项才可能为正，即国外要素需求的增加导致母国劳动要素投入增加，国外劳动要素与国内劳动要素之间是互补关系，而这一关系主要受到对外直接投资与出口之间替代和互补关系的制约，我们将这一渠道定义为生产渠道；而从第二项来看，若 $\partial^2 R/(\partial Q \partial y) > 0$，国外对跨国公司生产产品的需求越大，国内劳动要素投入增多，说明对外直接投资对国内劳动要素需求也可以通过增加国外需求渠道发挥作用，而国外需求增加在一定程度上可体现为跨国公司出口或子公司在海外市场上销售额的增加。因此，无论从生产渠道，还是从需求渠道方面来看，对外直接投资对国内生产和劳动要素需求的影响可能最终是通过出口和技术进步两个因素发挥作用，因为出口和技术进步是影响国内企业生产规模和产品市场需求的重要因素。

从出口方面来看，康科尼等（Conconi 等，2016）、加萨诺（Gazaniol，2014）等发现，大部分企业在投资之前都具有出口经验，且企业更倾向于对其贸易伙伴国进行投资，因而对外直接投资可能会对母公司出口产生一定的影响。[1] 例如，对外直接投资能够增加对国外要素的相对需求，带动国内资本品、原材料、零部件、半成品的出口；对外直接投资还可以使企业通过获取和共享海外市场信息，或通过扩大在国际市场上的知名度而进一

---

① Conconi, P., Sapir, A., Zanardi, M., "The Internationalization Process of Firms: From Exports to FDI", *Journal of International Economics*, Vol. 99, No. 1, 2016, pp. 16 – 30. Gazaniol, A., "The Location Choices of Multinational Firms: The Role of Internationalization Experience and Group Affiliation", *World Economy*, Vol. 1, No. 4, 2014, pp. 409–418.

步促进母公司产品的出口(董会琳和黄少达,2001)。[1] 德赛等(2009)利用美国跨国公司数据、蒋冠宏和蒋殿春(2014b)、毛其淋和许家云(2014d)利用中国微观企业数据都发现对外直接投资促进了企业出口。[2] 而出口增加将直接影响企业生产规模,从生产渠道作用于国内劳动要素需求,促进一国(尤其是对劳动力丰富的出口导向型国家而言)就业增长,满足 $\partial^2 Q/(\partial L \partial L^*) > 0$ 的条件。对外直接投资导致的出口变动,将会对母公司就业产生重要影响,原因主要有两个:一是出口增加将直接带动母公司就业增长,同时出口和生产规模的扩大还可能使企业获取规模经济的好处,降低生产成本、获取更多利润,这也将使企业有能力为研发和新产品创新提供资金支持,提高企业生产率和市场竞争力,从而进一步扩大产出和就业。二是企业可以在出口过程中学习先进技术,即"出口中学",企业不仅可以从国外的购买商那里获取技术支持,格罗斯曼和赫尔普曼(Grossman 和 Helpman,1990)认为企业还可能获取改进制造业工艺、产品设计和质量等信息,从而不断提高企业的市场竞争力。[3] 另外,部分企业对外直接投资可能会导致生产工序的海外转移,替代母公司的部分生产和出口活动,若将生产的产品出口到母公司原先的第三国市场或返销回国内市场,则可能进一步减少母公司出口,产生就业替代效应。但研究也表明,即使企业在母国和东道国生产相同的最终品,海外生产替代了母公司的出口,对外直接投资仍可能会增加对国内或母公司总部服务人员及中间品的需求,企业的全球布局也有利于提高资源配置效率,降低生产成本,增加国内生产回报,从而刺激国内要素需求、增加国内产出

① 董会琳、黄少达:《浅析扩大对外投资对就业的影响》,《财经科学》2001 年第 S2 期。

② Desai,M.A.,Foley,C.F.,Hines,J.R.,"Domestic Effects of the Foreign Activities of U.S., Multinationals",*American Economic Journal:Economic Policy*,Vol. 1,No. 1,2009,pp. 181-203.蒋冠宏、蒋殿春:《中国企业对外直接投资的"出口效应"》,《经济研究》2014 年(b)第 5 期。毛其淋、许家云:《中国对外直接投资促进抑或抑制了企业出口》,《数量经济技术经济研究》2014 年(d)第 9 期。

③ Grossman, G. M., Helpman, E., " Trade, Knowledge Spillovers, and Growth ", *European Economic Review*,Vol. 35,No. 2-3,1990,pp. 517-526.

（德赛等，2005）。[1]

从技术进步方面来看，对外直接投资可能具有逆向技术溢出效应，通过母公司的技术变化对就业产生影响。关于对外直接投资逆向技术溢出效应的研究最早开始于 20 世纪 90 年代，主要研究的是日本跨国公司对美国、欧洲等发达国家或地区投资对母国的技术溢出效应，例如科格特和张（Kogut 和 Chang，1991）、山胁（Yamawaki，1994）、布兰施泰特（Branstetter，2000）等[2]。根据日本企业对外直接投资经验，并不拥有技术或专有资产优势的企业也可以对外直接投资，投资的重要目的是获取先进技术。近期的许多研究发现，对外直接投资可以促进母国或母公司生产率的提高，例如福奥斯福锐和莫塔（Fosfuri 和 Motta，1999）、波特里和利希滕山（Porterie 和 Lichtenberg，2001）、德里菲尔德和乐福（Driffield 和 Love，2003）、普拉丹和辛格（Pradhan 和 Singh，2008）、杨等（Yang 等，2012）、瓦特和玛索（Vahter 和 Masso，2006）[3]；国内大部分研究也表明，对外直接投资促进了母国或母公司的技术进步，如赵伟等（2006）、谢申祥

---

① Desai, M.A., Foley, C.F., Hines, J.R., "Foreign Direct Investment and the Domestic Capital Stock", *American Economic Review*, Vol. 95, No. 2, 2005, pp. 33–38.

② Kogut, B., Chang, S.J., "Technological Capabilities and Japanese Foreign Direct Investment in the United States", *The Review of Economics and Statistics*, Vol. 73, No. 3, 1991, pp. 401–413. Yamawaki, H., "International Competitiveness and the Choice of Entry Mode: Japanese Multinationals in U.S., and European Manufacturing Industries", *IUI Working Paper*, No. 424, 1994. Branstetter, L., "Is Foreign Direct Investment a Channel of Knowledge Spillovers? Evidence from Japan's FDI in the United States", *Journal of International Economics*, Vol. 68, No. 2, 2000, pp. 325–344.

③ Fosfuri, A., Motta, M., "Multinationals without Advantages", *The Scandinavian Journal of Economics*, Vol. 101, No. 4, 1999, pp. 617–630. Porterie, B.P., Lichtenberg, F., "Does Foreign Direct Investment Transfer Technology across Borders?", *The Review of Economics and Statistics*, Vol. 83, No. 3, 2001, pp. 490–497. Driffield, N., Love, J.H., "Foreign Direct Investment, Technology Sourcing and Reverse Spillovers", *Manchester School*, Vol. 71, No. 6, 2003, pp. 659–672. Pradhan, J.P., Singh, N., "Outward FDI and Knowledge Flows: A Study of the Indian Automotive Sector", *Mpra Paper*, No. 1, 2008, pp. 156–187. Yang, S.F., Chen, K.M., Huang, T.H., "Outward Foreign Direct Investment and Technical Efficiency: Evidence from Taiwan's Manufacturing Firms", *Journal of Asian Economics*, Vol. 27, No. 27, 2012, pp. 7–17. Vahter, P., Masso, J., "Home versus Host Country Effects of FDI: Searching for New Evidence of Productivity Spillovers", *William Davidson Institute Working Papers*, No. 820, 2006.

等(2009)、毛其淋和许家云(2014c)。[1] 而技术进步可以直接影响就业，或通过进一步影响企业竞争力、出口等而间接作用于就业。具体来看：一方面，部分学者发现技术进步可以直接引起企业的就业调整。对技术进步与就业关系的研究最早可以追溯到第一次工业革命时期，技术进步体现为大量机器设备的使用，这一时期的技术进步对劳动力就业的影响主要表现为对非熟练劳动力的需求增加。20世纪七八十年代以来，信息技术不断发展，发达国家(如美国、英国、澳大利亚、新西兰等)普遍出现了对高技能劳动力需求和收入增加的现象，格里利谢斯(Griliches,1969)、纳尔逊和菲尔普斯(Nelson和Phelps,1966)、韦尔奇(Welch,1970)、里昂惕夫(Leontief,1983)、卡茨和墨菲(Katz和Murphy,1992)、阿西莫格鲁(Acemoglu,1998、1999)等学者认为，技能偏向型技术进步是解释这一现象的重要因素。[2] 技术进步对就业的影响可能受到多种因素的制约，如维奈(Vinay,2002)构建了关于摩擦性失业的理论模型，发现技术进步在短期内对就业产生了正向影响，而在长期中对就业产生了负向影响[3]；克鲁塞尔等(Krusell等,2000)认为技术变化速度不同，资本体现式技术快速增加引发了对设备需求的增加，当机器设备与熟练劳动力存在互补关

---

① 赵伟、古广东、何元庆：《外向FDI与中国技术进步：机理分析与尝试性实证》，《管理世界》2006年第7期。谢申祥、王孝松、张宇：《对外直接投资、人力资本与我国技术水平的提升》，《世界经济研究》2009年第11期。毛其淋、许家云：《中国企业对外直接投资是否促进了企业创新》，《世界经济》2014年(c)第8期。

② Griliches, Z., "Capital-Skill Complementarity", *Review of Economics and Statistics*, Vol. 51, No. 4, 1969, pp. 465 – 468. Nelson, R. R., Phelps, E. S., "Investment in Humans, Technological Diffusion, and Economic Growth", *American Economic Review*, Vol. 56, No. 1/2, 1966, pp. 69 – 75. Welch, F., "Education in Production", *Journal of Political Economy*, Vol. 78, No. 1, 1970, pp. 35 – 59. Leontief, W., "Technological Advance, Economic Growth, and the Distribution of Income", *Population & Development Review*, Vol. 9, No. 3, 1983, pp. 403 – 410. Katz, L. F., Murphy, K. M., "Changes in Relative Wages, 1963–1987: Supply and Demand Factors", *Quarterly Journal of Economics*, Vol. 107, No. 1, 1992, pp. 35 – 78. Acemoglu, D., "Why Do New Technologies Complement Skills? Directed Technical Change and Wage Inequality", *Quarterly Journal of Economics*, Vol. 113, No. 4, 1998, pp. 1055– 1089. Acemoglu, D., "Changes in Unemployment and Wage Inequality: An Alternative Theory and Some Evidence", *American Economic Review*, No. 89, 1999, pp. 1259–1278.

③ Vinay, P. F., "The Dynamics of Technological Unemployment", *International Economic Review*, Vol. 43, No. 3, 2002, pp. 737–760.

系时,会增加对熟练劳动力的需求和收入[1];哈里森等(Harrison 等,2014)发现,创新(如产品创新、生产工艺创新等)是推动就业增长的重要力量[2];科拉德和德拉斯(Collard 和 Dellas,2007)构建理论模型发现,技术进步对就业产生了负向影响。[3] 另一方面,对外直接投资还可能通过技术进步间接作用于就业。对外直接投资使企业有机会接触到海外先进技术,与海外消费者、供应商、科研机构等交流来获得知识,且由于对外直接投资或出口企业往往是生产率相对较高的企业,具备了一定的学习和吸收先进技术的能力,能够较好地学习和吸收海外先进技术,因此,对外直接投资有助于促进跨国公司生产率或市场竞争力的提高,长期内将增加企业的产出,从而进一步扩大就业;同时,对外直接投资使母公司面临更加激烈的市场竞争,激励企业增加研发投入,提高产品质量,以满足部分海外市场对产品质量的较高需求,从而增加国外市场对跨国公司产品的相对需求,促进母公司出口或海外子公司在当地市场的销售增多,进而通过消费渠道作用于国内劳动要素需求,满足 $\partial^2 R/(\partial Q \partial y) > 0$ 的条件。

第二节 基于倾向得分匹配的双重差分法模型设定与数据说明

一、基于倾向得分匹配的双重差分法模型设定

由于对外直接投资并不是外生给定的,而是企业自发性活动,会受到大量的企业个体特征的影响,在回归中可能并不能完全控制这些因素。

---

① Krusell, P., Ohanian, Lee E., Ríos-Rull, J. V., Violante, Giovanni L., "Capital-Skill Complementarity and Inequality: A Macroeconomic Analysis", *Econometrica*, Vol. 68, No. 5, 2000, pp. 1029-1053.

② Harrison, R., Jaumandreu, J., Mairesse, J., Peters, B., "Does Innovation Stimulate Employment? A Firm-level Analysis Using Comparable Micro-data from Four European Countries", *International Journal of Industrial Organization*, Vol. 35, No. 8, 2014, pp. 29-43.

③ Collard, F., Dellas, H., "Technology Shocks and Employment", *The Economic Journal*, Vol. 117, No. 523, 2007, pp. 1436-1459.

此外,根据企业异质性理论,生产率更高的企业可以对外直接投资并获取更多利润,而生产率更高的企业往往规模更大、雇佣的熟练劳动力或高技能劳动力更多,对外直接投资也可能会对母公司产生逆向技术溢出效应,促进企业生产率水平的进一步提高。因此,为了克服可能存在的内生性问题和减少需要考虑的控制变量的个数,本章采用基于倾向得分匹配的双重差分法进行检验。

首先,构造企业是否对外直接投资虚拟变量 du_i,并将样本划分为两组。在样本期间内,若企业 i 发生过 OFDI,则被划分为实验组,$du_i = 1$,否则被划分为对照组,$du_i = 0$。其次,根据企业 OFDI 的时间,构造一个二元时间虚拟变量 dt,$dt = 1$ 表示对外直接投资当年及以后的时期,$dt = 0$ 表示对外直接投资发生前的年份。y_{it} 表示企业 i 在时期 t 的就业总量,Δy_i 表示企业 i 在 $dt = 1$ 和 $dt = 0$ 两个时期的就业总量变化,OFDI 企业在两个时期的就业总量变化记为 Δy_i^1,非 OFDI 企业就业总量变化记为 Δy_i^0。因此,OFDI 对企业就业总量的实际影响记为 γ,用(2-5)式表示:

$$\gamma = E(\gamma_i \mid du_i = 1) = E(\Delta y_i^1 \mid du_i = 1) - E(\Delta y_i^0 \mid du_i = 1) \quad (2-5)$$

在(2-5)式中,由于只能观测到 $E(\Delta y_i^1 \mid du_i = 1)$,而 $E(\Delta y_i^0 \mid du_i = 1)$ 是无法观测的"反事实",所以将样本期间内非 OFDI 企业的就业总量变化作为 OFDI 企业就业总量变化的反事实,即假定:$E(\Delta y_i^0 \mid du_i = 1) = E(\Delta y_i^0 \mid du_i = 0)$,从而可将(2-5)式转化为(2-6)式:

$$\gamma = E(\gamma_i \mid du_i = 1) = E(\Delta y_i^1 \mid du_i = 1) - E(\Delta y_i^0 \mid du_i = 0) \quad (2-6)$$

具体的估计方程设定为:

$$y_{it} = \beta_0 + \beta_1 du + \beta_2 dt + \gamma du \times dt + \varepsilon_{it} \quad (2-7)$$

考虑到可能存在的变量缺失问题,为了确保双重差分法估计结果的有效性,本章在(2-7)式中加入影响企业就业总量的其他控制变量 Z_{it} 等因素,(2-7)式可表示为(2-8)式:

$$y_{it} = \beta_0 + \beta_1 du + \beta_2 dt + \gamma du \times dt + \Phi Z_{it} + \varphi_t + \varphi_i + \varepsilon_{it} \quad (2-8)$$

在(2-8)式中,i 代表企业,t 代表时间,y_{it} 指企业 i 在时期 t 的就业总量,用企业全部从业人员年平均人数,并加 1 取对数表示。交互项 $(du \times dt)$ 是本章关注的核心解释变量,实验组企业就业总量变化为 $\beta_2 + \gamma$,对照组企业就业总量变化为 β_2,γ(交互项的系数)表示对外直接投资对母公司就业总量的真实影响,若 $\gamma > 0$,则意味着 $(y_{du=1,dt=1} - y_{du=1,dt=0}) - (y_{du=0,dt=1} - y_{du=0,dt=0}) > 0$,则说明对外直接投资前后企业就业总量的相对增加大于非对外直接投资企业就业总量的变化,即对外直接投资能够促进母公司就业总量增长,存在"就业效应"或"就业创造效应";若 $\gamma < 0$,说明对外直接投资前后企业就业总量的相对增加小于非对外直接投资企业就业总量的变化,即对外直接投资不能促进母公司就业总量增加,则不存在"就业效应"。Z_{it} 为其他控制变量,包括:(1)企业规模,用企业固定资产总额加 1 取对数表示;(2)企业资本密集度,用固定资产/员工总数加 1 取对数表示;(3)企业融资约束,用虚拟变量表示,若无利息支出,则证明存在融资约束,取为 1,否则为 0;(4)工资,用企业本年应付工资总额(贷方发生额)除以员工人数,并加 1 取对数表示;(5)企业年龄,用当年年份与企业成立年份的差值衡量。同时,为了克服可能存在的变量遗漏问题,本章在(2-8)式中也控制了企业固定效应($\varphi_i \varphi_i$)、年份固定效应($\varphi_t \varphi_t$),以检验结论更加稳健。

使用双重差分法估计对外直接投资对母公司就业总量的影响,还需要找到合适的对照组企业,确保对照组企业与实验组企业除了是否对外直接投资之外,其他特征都基本相同,满足条件 $E(\Delta y_i^0 \mid du_i = 1) = E(\Delta y_i^0 \mid du_i = 0)$。为了解决这一问题,本章采用了倾向得分匹配法挑选了合意的对照组企业。

二、相关数据来源及说明

2001 年我国政府提出了实施"走出去"战略并将其写入《中华人民共和国国民经济和社会发展第十个五年计划纲要》,此后,越来越多的国内企业开始"走出去",因此,本章所使用的数据样本期间设定为 2001—2007 年。

本章所使用的数据主要有三个来源:一是使用了国家统计局提供的

中国工业企业数据库,该数据库涵盖了全部国有企业及规模以上的非国有企业,包括了企业名称、所在地、成立时间、企业性质及企业财务信息等,且勃兰特等(Brandt 等,2012)发现数据库内所有企业的总产出代表了中国制造业总产出的约90%[1],而根据2004年工业普查数据可知,所有企业的就业总量占到整个制造业就业总量的约70%;二是使用了中国海关数据库,由中国海关总署提供,包含了企业进出口的时间、数量、价格、贸易额、贸易方式等信息;三是使用了商务部《境外投资企业(机构)名录》,包括了对外直接投资的母公司名称及所在省份、海外投资分支机构名称、投资东道国、核准日期、经营范围等信息。前两个数据库是国内研究中普遍采用的、涵盖内容丰富而翔实的两个大型微观数据库,而后一个数据库是目前国内关于对外直接投资活动方面记录比较详细的、重要的微观数据库。数据处理过程如下。

第一,参照勃兰特等(2012)方法对工业企业数据进行了处理,并按照余淼杰(2011)、谢千里等(2008)的做法剔除了以下异常值[2]:(1)删除企业总资产、固定资产净值、销售额或工业总产值数据缺失的样本;(2)删除员工人数缺失的样本;(3)剔除流动资产超过总资产、固定资产或固定资产净值超过总资产的样本;(4)删除企业年龄小于0的样本。

第二,根据中国海关数据库提供的企业出口产品层面的信息,删除企业名称、企业编码、出口地名称、出口额为0或缺失的样本,并计算出每个企业每年的出口总额,并根据中国统计年鉴(2008)中提供的人民币汇率(年平均价),将出口额的单位统一为人民币。

---

[1]　Brandt,L.,Van Biesebroeck,J.,Zhang,Y.,"Creative Accounting or Creative Destruction? Firm-level Productivity Growth in Chinese Manufacturing", *Journal of Development Economics*,No.97, 2012,pp.339−351.

[2]　Brandt,L.,Van Biesebroeck,J.,Zhang,Y.,"Creative Accounting or Creative Destruction? Firm-level Productivity Growth in Chinese Manufacturing", *Journal of Development Economics*,No.97, 2012,pp.339−351.余淼杰:《加工贸易、企业生产率和关税减免——来自中国产品面的证据》, 《经济学(季刊)》2011年第4期。谢千里、罗斯基、张轶凡:《中国工业生产率的增长与收敛》, 《经济学(季刊)》2008年第3期。

第三,将中国工业企业数据库与中国海关数据库进行匹配。由于中国工业企业数据库与中国海关数据库之间没有一致的表明公司身份的编码系统,本章采用余(Yu,2015)的方法,先按照企业名称和年份进行匹配,然后按照邮编和电话号码后 7 位进行匹配,最后剔除重复出现的样本。[①]

第四,对《境外投资企业(机构)名录》中的对外直接投资事件进行筛选。由于 2001 年及以前年份的对外直接投资企业数目非常少,因此本章选取了 2002—2007 年存在对外直接投资行为的企业为样本进行研究。同一企业在样本期间内可能存在多次对外直接投资活动,有的企业甚至在同一年内存在多次对外直接投资活动,本章仅保留样本期间内的第一次对外直接投资且在 2001 年没有对外直接投资的企业样本。然后,根据企业名称,将商务部提供的《境外投资企业(机构)名录》与中国工业企业数据库合并,得到样本期间内企业的对外直接投资信息。

第五,为了确保结论更加准确,我们在合并数据的基础上又进行了以下处理:(1)删除了工业销售产值、总资产和固定资产净值分别小于 0 的样本,删除员工人数、应付职工工资小于等于 0 或缺失的样本,删除 1949 年之前成立的企业样本及企业年龄小于 0 的样本,以及删除国家资本、集体资本、法人资本、个人资本、港澳台资本、外商资本全部缺失或实收资本为 0 的企业样本及关键解释变量缺失的样本;(2)只保留了连续存在三年及以上的制造业企业样本。

本章将样本划分为实验组和对照组两组,实验组企业指的是在 2001 年没有对外直接投资但在 2002—2007 年期间对外直接投资的企业,并仅保留样本期间首次对外直接投资的企业样本(共得到 1071 家),对照组企业指的是在 2001—2007 年期间始终没有对外直接投资的企业。

① Yu,M.,"Processing Trade,Tariff Reductions and Firm Productivity:Evidence from Chinese Firms",*The Economic Journal*,Vol. 125,No. 585,2015,pp. 943-988.

第三节　基于倾向得分匹配的双重差分法
估计结果及其他拓展性分析

一、PSM 结果及分析

本章采用了罗森鲍姆和鲁宾(Rosenbaum 和 Rubin,1983)的倾向得分匹配法[①],通过企业配对使对外投资事件发生以前对外直接投资的企业与非对外直接投资企业具有相似特征,解决对外直接投资的非随机性选择问题。倾向得分匹配的基本思想是:假定企业是否参与对外直接投资完全取决于匹配变量 x_i,当 x_i 包含多个变量时,可计算企业进入实验组的条件概率 $p(x_i) = p(du_i = 1 \mid x = x_i)$[或简记 $p(x)$]作为其倾向得分,以此作为距离函数进行匹配,在可忽略性假定成立的情况下,给定 $p(x)$ 时 y_i 独立于 du_i。

为了能够进行匹配,假定重叠假定成立。根据既有的理论和经验研究,选取的匹配变量 x_i 包括:(1)企业销售额,用企业销售额加 1 取对数表示,反映了企业的市场地位;(2)企业资本密集度,用固定资产/员工总数加 1 取对数表示;(3)企业年龄,用当年年份与企业成立年份的差值衡量;(4)企业所有权性质,国有企业是 1,其他企业是 0,本章根据企业实收资本划分国有企业和非国有企业,国有企业指的是国家资本和集体资本之和占实收资本比重大于其他类型资本占实收资本比重的企业,否则定义为非国有企业;(5)出口,采用虚拟变量表示,若企业存在出口活动则赋值为 1,否则为 0;(6)工资,用企业本年应付工资总额(贷方发生额)除以员工人数并加 1 取对数表示;(7)企业的全要素生产率,采用莱文森-彼得里尼(Levinsohn-Petrin,LP)半参方法计算;(8)就业总量,采用企业全部从业人员年平均人数加 1 并取对数表示。

---

① Rosenbaum,P.R.,Rubin,D.B.,"Assessing Sensitivity to an Unobserved Binary Covariate in an Observational Study with Binary Outcome",*Journal of the Royal Statistical Society*,Vol. 45,No. 2,1983,pp. 212–218.

另外,需要注意的是,根据国家相关法律法规,在海外设立子公司的国内企业需要在商务部登记备案,所以实验组企业都是以独立子公司形式进行 OFDI 的企业,海外子公司财务独立,因此实验组企业的财务数据是母公司的财务数据,并不包含海外子公司的财务数据。[①]

首先利用逻辑模型(Logit 模型)估计倾向得分,然后按最近邻匹配原则进行了配对,配对比例是 1∶3,由于剔除了部分重复配对的企业样本,实验组每个企业的配对企业可能低于 3 个。由于匹配的目的是找到企业没有对外直接投资时与其最具可比性的企业,因而本章按照企业对外直接投资前一年的特征变量对样本进行分年度、有放回匹配。

对样本的配对进行平衡性检验发现(见表 2-1),匹配之前,实验组与对照组企业确实在销售额、资本密集度、所有权性质、出口、工资、生产率、就业总量等方面存在较为显著的差异,相伴概率均低于 1%,且平均来看,实验组企业的特征变量基本上好于对照组企业,说明必须进行匹配以克服可能存在的样本选择性偏差。匹配之后,实验组与对照组企业在所有观测特征上均不存在显著差异,相伴概率均大于 10%,表明变量匹配后并不存在显著差异,匹配方法的选取是适当的。

表 2-1　倾向得分匹配的平衡性检验

匹配变量		均值		t 检验	
		实验组	对照组	t 值	$p > t$
销售额	匹配前	11.274	9.968	16.91	0.000
	匹配后	11.274	11.201	0.51	0.614
资本密集度	匹配前	3.830	3.538	3.76	0.000
	匹配后	3.830	3.763	0.60	0.549
企业年龄	匹配前	8.790	8.185	1.02	0.306
	匹配后	8.790	8.114	0.86	0.388

①　蒋冠宏:《我国企业对外直接投资的"就业效应"》,《统计研究》2016 年第 33 卷第 8 期。

续表

匹配变量		均值		t 检验	
		实验组	对照组	t 值	$p > t$
所有权性质	匹配前	0.077	0.138	-2.79	0.005
	匹配后	0.077	0.059	0.77	0.440
出口	匹配前	0.371	0.140	10.44	0.000
	匹配后	0.371	0.401	-0.68	0.500
工资	匹配前	9.471	9.290	5.33	0.000
	匹配后	9.471	9.462	0.20	0.844
生产率	匹配前	4.795	4.272	15.83	0.000
	匹配后	4.795	4.762	0.56	0.573
就业总量	匹配前	5.853	4.756	16.25	0.000
	匹配后	5.853	5.833	0.17	0.862

注:本章采用的是分年度逐年匹配的方法,在此仅列举其中一年的平衡性检验结果(即2005年对外直接投资企业的匹配结果,用2004年数据进行匹配),其他年份的匹配效果类似,不再逐一列举。

经过匹配后,由于剔除了部分重复配对的企业样本及不符合匹配条件的企业样本,获得了实验组企业881家、对照组企业2596家。

二、双重差分法(DID)初始检验结果及分析

根据(2-8)式,在匹配样本数据的基础上,本章采用了双重差分法进行估计,表2-2给出了对外直接投资影响母公司就业总量的初始检验结果。其中,交互项($du \times dt$)是本章重点关注的核心解释变量,交互项的系数反映了对外直接投资对母公司就业总量的真实影响。

见表2-2,我们可以发现:首先,在不控制任何其他因素(企业特征变量及各项固定效应)的前提下,发现第(1)列中交互项的系数显著为正,说明对外直接投资是母公司就业总量扩大的内在动力,即相对于没有对外直接投资的企业来说,对外直接投资促进了母公司就业总量的增长,二者存在因果关系;其次,在第(2)列中进一步加入了企业固定效应,发现交互项的系数变小,显著性明显提高(t 值变大),在第(3)列中进一步加

入了企业层面的控制变量,发现交互项的系数有所下降,但仍然在1%水平上显著为正,说明企业特征变量可以部分地解释母公司就业总量的大小,但并不影响本章的主要结论;最后,在第(4)列中进一步加入了年份固定效应,发现交互项的系数大小、符号和显著性均未发生明显的变化。这说明总体来看,对外直接投资并未对母公司产生明显的就业替代效应,而是产生了正向的就业效应,即对外直接投资促进了母公司的就业总量增长,与德赛等(2009)的研究结论基本一致。

表 2-2 初始检验结果(被解释变量:母公司就业总量)

解释变量	(1) 不控制其他因素	(2) 加入企业固定效应	(3) 加入企业层面控制变量	(4) 加入年份固定效应
交互项	0.089*	0.083***	0.043***	0.042***
	(1.92)	(5.68)	(4.55)	(4.46)
企业规模			0.601***	0.576***
			(136.62)	(128.95)
资本密集度			−0.589***	−0.581***
			(−124.54)	(−124.44)
融资约束			−0.004	−0.006
			(−0.66)	(−0.94)
员工平均收入			−0.036***	−0.074***
			(−7.11)	(−13.97)
企业年龄			0.003***	0.001***
			(6.41)	(2.91)
年份固定效应	否	否	否	是
企业固定效应	否	是	是	是
观测数	19175	19175	19175	19175
可决系数	0.001	0.913	0.964	0.965

注:括号内的值为 t 的值,***、** 和 * 分别表示在1%、5%和10%水平上显著,下同。

本书认为,对外直接投资之所以能够促进母公司就业总量的增长,原因可能有以下几个：

第一,对外直接投资具有"出口效应"(蒋冠宏和蒋殿春,2014a)①。在我国对外直接投资的企业中,有大部分属于商贸服务型投资,海外子公司的经营范围主要包括获取海外市场信息、联络客户、提供售后服务、从事进出口业务等,因而企业对外直接投资的主要动机是促进出口。通过对外直接投资,一方面,可以直接增加母公司对财务、管理、法律等总部服务型人才的需求,满足母公司加强对海外子公司管理的需求;另一方面,可以在跨国公司内部实现"信息共享",及时为海外市场的客户提供服务,促进母公司出口,产生"产业效应"和"规模经济"②,以带动国内生产和就业增长。

第二,对外直接投资具有"生产率效应"(蒋冠宏和蒋殿春,2013、2014b)③。根据新新贸易理论,只有生产率更高的企业才能对外直接投资,获得更高的利润,而对外直接投资可能进一步促进企业技术进步。一方面,对外直接投资使企业直接进入海外市场,学习或获取海外先进技术的渠道增多,企业能够学习到国外企业的技术诀窍、管理技能等,并将其传递回母公司,促进母公司生产率和在国内外市场上竞争力的提高;另一方面,进入海外市场使企业面临更高的经营风险,需要协调母公司及各个海外子公司或分支机构的运营活动,跨国公司经营管理难度增大,倒逼跨国公司不断加强研发和创新,提高企业生产率。

第三,对外直接投资具有"资源配置效应"。根据跨国公司对外直接投资理论,对外直接投资有助于跨国公司在全球范围内实现分工合作和专业化生产,根据国家间的要素价格差异,充分利用各个国家的生产要素资源,从而降低生产成本,提高跨国公司总体的资源配置效率,这在短期内可能会减少母公司的生产和出口,但在长期中由于资源配置效率的提

---

① 蒋冠宏、蒋殿春:《中国工业企业对外直接投资与企业生产率进步》,《世界经济》2014年(a)第9期。

② 蒋冠宏:《我国企业对外直接投资的"就业效应"》,《统计研究》2016年第33卷第8期。

③ 蒋冠宏、蒋殿春、蒋昕桐:《我国技术研发型外向FDI的"生产率效应"》,《管理世界》2013年第9期。蒋冠宏、蒋殿春:《中国企业对外直接投资的"出口效应"》,《经济研究》2014年(b)第5期。

高,母公司在国际和国内市场上的竞争力将不断提高,从而有助于促进母公司的就业增长。

另外,对外直接投资可以提高企业在国内市场的知名度和产品销量。一方面,对外直接投资可以提高企业的"声誉"。由于境外投资具有较高的风险和收益,企业对外直接投资向社会传递出其经营发展现状较好的信号,提高企业及其品牌的知名度和影响力,提高社会对企业长期发展的信心,如邵新建等(2012)发现,跨国并购使企业获得了市场的积极评价,产生了明显的财富效应①。另一方面,对外直接投资可以使母公司获取国外品牌、技术资源,满足国内消费者对国外品牌的"偏好"。随着国内人均收入水平的不断提高,国内消费者对产品质量的要求越来越高,对国外品牌表现出较为明显的"偏好"。而对外直接投资为企业满足国内消费者的需求提供了渠道,部分企业对外直接投资(尤其是跨国并购)的动机可能是获取海外品牌、技术资源并将其应用于在国内市场的销售和生产,从而扩大了母公司产品在国内市场上的销量,促进母公司生产规模和就业总量的扩大。

对于其他控制变量来说(见表2-2),企业规模对企业就业总量的影响显著为正,说明企业规模与劳动要素相对需求成正比;资本密集度对企业就业总量的影响显著为负,资本密集度高的企业可能更多地用资本去替代劳动要素,尤其是低成本、低技能的非熟练劳动力将会受到较大冲击;融资约束对企业就业总量的影响为负,但并不显著,由于融资约束是制约国内企业对外直接投资决策和投资规模的重要因素,甚至是影响企业生存发展的重要因素,因此本章没有剔除这一因素;员工平均收入对企业就业总量的影响为负,在企业经营绩效一定的情况下,企业为员工支付的工资越高,所能雇佣的员工数量越少;企业年龄对企业就业总量的影响显著为正,因为存活较长时间的企业积累经验多、社会信誉相对较高,能够吸引和雇佣更多的、技能水平更高的员工。

---

① 邵新建、巫和懋、肖立晟、杨骏、薛熠:《中国企业跨国并购的战略目标与经营绩效:基于A股市场的评价》,《世界经济》2012年第5期。

三、滞后效应检验结果及分析

对外直接投资是跨国公司的长期战略选择,因而能够在较长时间内对跨国公司的生产、经营、管理等产生持续性的影响,并影响母公司的就业总量。因而,本章进行了滞后效应检验,检验在滞后期1—3年内对外直接投资对母公司就业总量的影响,估计结果见表2-3。

通过表2-3可以发现:对外直接投资对母公司就业增长产生了持续性的影响,但影响程度随时间推移而呈现出先增长、后下降的动态变化趋势,即呈现倒"U"型特征。具体来看:滞后一年时,见第(1)列和第(2)列,交互项的系数显著为正,且大于投资当年的交互项系数,说明对外直接投资对母公司就业总量增长的影响增大;相对于滞后一年时的影响来说,滞后两年时,见第(3)列和第(4)列,交互项的系数仍然显著为正,但系数变小,说明对外直接投资对母公司就业总量增长的影响降低。滞后三年时,见第(5)列和第(6)列,交互项的系数为正,但不再显著,说明在较长的时期内,对外直接投资对母公司就业总量增长的影响可能会消失。总的来看,对外直接投资对母公司就业总量的影响存在滞后性,随着时间推移,对外直接投资对母公司就业总量增长的影响先增强,然后逐渐减弱,进而可能消失。其他变量的系数和显著性稳健,不再详述。

表 2-3　滞后效应检验(被解释变量:母公司就业总量)

解释变量	滞后一年		滞后两年		滞后三年	
	(1)加入企业固定效应	(2)加入企业特征变量及年份效应	(3)加入企业固定效应	(4)加入企业特征变量及年份效应	(5)加入企业固定效应	(6)加入企业特征变量及年份效应
交互项	0.109***	0.057***	0.078**	0.053**	0.043	0.061
	(4.76)	(4.00)	(2.35)	(2.56)	(0.55)	(1.25)
控制变量	否	是	否	是	否	是
年份固定效应	否	是	否	是	否	是

续表

解释变量	滞后一年		滞后两年		滞后三年	
	（1） 加入企业 固定效应	（2） 加入企业 特征变量 及年份效应	（3） 加入企业 固定效应	（4） 加入企业 特征变量 及年份效应	（5） 加入企业 固定效应	（6） 加入企业 特征变量 及年份效应
企业固定 效应	是	是	是	是	是	是
观测数	14494	14494	13378	13376	12484	12482
可决系数	0.910	0.965	0.908	0.965	0.917	0.968

四、基于动机、东道国、所有权性质的区分样本检验

从我国企业对外直接投资情况来看,跨国公司在投资动机、投资东道国、所有权性质等方面都存在差异,这也可能会对母公司的就业效应产生一定的影响。为了更加准确地衡量对外直接投资对母公司就业总量的影响,本章进行了区分样本检验,按照投资动机、投资东道国、所有权性质对样本进行分类检验,考察对外直接投资对母公司就业总量的异质性影响。

（一）基于投资动机的检验结果及分析

对外直接投资动机不同,对母公司产生的就业效应可能会存在差异。根据商务部统计,我国企业对外直接投资动机可以分为商贸服务型、当地生产和销售型、资源开发型和技术研发型（蒋冠宏和蒋殿春,2014b）。[①]由于商务部并未给出明确的投资动机划分方法,本书将经营范围中包含收集信息、售后服务、贸易、进出口、市场调研、宣传、联络工作、促销等字样的对外投资定义为商贸服务型投资;将包含矿、矿产资源、矿产品、石油、天然气、钢材、森林等字样的对外投资定义为资源开发型投资;将包含生产、加工、销售等字样的对外投资定义为当地生产和销售型投资;将包含技术、研发、设计、软件等字样的对外投资定义为技术研发型投资。对

---

① 蒋冠宏、蒋殿春:《中国企业对外直接投资的"出口效应"》,《经济研究》2014年（b）第5期。

于存在多种投资动机的,仅选择其中最主要的一种动机作为企业的投资动机。由于商贸服务型、当地生产和销售型都是为了开发和利用东道国市场而进行的投资,且根据企业海外经营范围来看,部分企业同时包含这两种投资动机而难以区分哪种投资动机是主要动机,因此,本章将这两种动机合并,定义为市场寻求型投资,将对外直接投资动机重新划分为市场寻求型、资源寻求型和技术寻求型三类。其中商贸服务型、当地生产和销售型划归为市场寻求型投资,资源开发型划归为资源寻求型投资,技术研发型划归为技术寻求型投资。

对外直接投资对母公司的就业效应受投资动机的影响。市场寻求型投资的目的是通过搜集海外市场风险和消费者偏好等信息、提供售后服务等方式,促进母公司出口,或通过对外直接投资来规避贸易壁垒、增加海外子公司在当地市场上的生产和销售。若投资动机是为了促进出口,则将促进母公司生产和就业增长;若投资动机是为了规避贸易壁垒、增加在海外市场的生产与销售,这可能会对母公司生产和出口产生替代作用,至少在短期内减少母公司的生产和就业,如果海外子公司的生产和销售需要母公司提供中间产品、总部服务等要素,则可以降低最终品出口下降对母公司生产和就业产生的不利影响,维持母公司生产和就业的稳定。资源寻求型投资的目的是获取和利用海外市场丰富而廉价的资源,在海外市场生产并出口到世界市场或运回母国进行深加工或消费,这种类型的投资往往需要母公司提供设备和技术指导,增加母公司的要素需求,投资主体大多是国有企业,投资时间长、投资交易成本高,且投资交易经常受到东道国政府的严格审查而难以达成,即使达成之后,也可能因为经营效率较低而对母公司就业增长产生不利影响。由于发展中国家的许多企业对外直接投资时可能并不具有“专有资产”优势,通过跨国并购或在海外建立研发中心等方式,获取海外先进的技术诀窍、管理技能等信息,利用海外人才、环境等资源从事研发活动,通过跨国公司内部转移回母公司进行消化、吸收和转化,提高母公司及海外子公司的生产率、产品质量和品牌知名度等,这类投资属于技术寻求型投资,短期内对母公司的生产及就业总量的影响相对较小,而在更长时期内将促进母公司就业增长。按照同样的方法,本章对(2-8)式进行了区分对外投资动机的检验,估计结果见表2-4。

表2-4　基于投资动机的检验(被解释变量:母公司就业总量)

解释变量	资源寻求型		技术寻求型		市场寻求型	
	(1)加入企业固定效应	(2)加入企业特征变量及年份效应	(3)加入企业固定效应	(4)加入企业特征变量及年份效应	(5)加入企业固定效应	(6)加入企业特征变量及年份效应
交互项	-0.072	-0.017	0.041	0.010	0.094***	0.048***
	(-0.85)	(-0.35)	(0.83)	(0.32)	(6.02)	(4.89)
控制变量	否	是	否	是	否	是
年份固定效应	否	是	否	是	否	是
企业固定效应	是	是	是	是	是	是
观测数	690	690	1474	1474	16967	16967
可决系数	0.937	0.981	0.916	0.966	0.910	0.964

见表2-4第(1)—(2)列,资源寻求型投资的交互项系数为正,但在10%的水平上不显著,说明资源寻求型投资对母公司就业增长的影响不明显,与李磊等(2016)研究结论较为一致[①]。原因可能是:一方面,具有资源寻求型动机的企业多属于国内支柱性行业,如煤炭、钢铁、石油等,由于投资成本高、投资金额大,这类投资往往由国有企业承担,而国有企业的经营绩效相对较低、所雇佣的员工人数较多,对母公司就业增长的影响不明显;另一方面,由于对外直接投资的目的是开发和利用海外的石油、天然气、矿产、森林等重要的自然资源,可能损害当地利益集团的利益,因而东道国对这些资源的保护力度高,且这类投资更加注重长期收益,短期内对母公司生产和就业增长的影响不明显。

---

① 李磊、白道欢、冼国明:《对外直接投资如何影响了母国就业? ——基于中国微观企业数据的研究》,《经济研究》2016年第8期。

见表 2-4 第(3)—(4)列,技术寻求型投资的交互项的系数为正,但并不显著,说明短期内,技术寻求型投资并未对母公司就业增长产生显著影响。原因可能有两个:一是从海外获取的先进技术的消化、吸收和转化需要一定的时间,在短期内并不能对母公司生产率产生明显的影响,且发达国家经常限制中国在高科技领域的投资,对我国企业获取海外先进技术设置障碍;二是虽然就业总量未发生变化,但企业内部可能存在着结构性的就业变动,增加对高技能员工的需求,减少对低技能员工的需求,或者增加对某些特定岗位的需求,降低对另一些岗位的需求。另外,由于资源寻求型和技术寻求型投资的企业数目并不多,对外直接投资对母公司就业增长的影响可能尚不明显。①

从《境外投资企业(机构)名录》中的企业海外经营范围来看,市场寻求型投资是我国企业对外直接投资的主要动机,即为了促进母公司出口或增加在海外市场上的生产与销售而进行的投资。见表 2-4 第(5)—(6)列,可以发现,市场寻求型投资的交互项系数显著为正,说明市场寻求型投资确实促进了母公司的就业总量增长,原因可能是:一方面,对外直接投资为企业了解海外市场信息提供了渠道,降低了企业的出口成本,通过宣传、提供完善的售后服务等方式提高企业的海外市场知名度,增加了母公司最终品或中间品的出口,促进了母公司生产和就业规模的扩大;另一方面,企业通过对外直接投资和出口等方式参与国际市场竞争,可以进一步促进母公司生产率的提高,提高母公司在国内外市场上的竞争力,在长期内将促进母公司就业总量的进一步增长。

总体来看,相对于市场寻求型投资来说,虽然技术寻求型投资和资源寻求型投资在短期内并未对母公司就业总量增长产生显著的影响,但可能引发了母公司内就业结构的变动,而且,从长期来看,技术寻求型投资和资源寻求型投资都是有利可图的,将成为推动中国经济发展不可或缺的重要力量。前者可以通过获取海外先进技术、管理经验等方式,在长期

----

① 蒋冠宏(2016)在研究我国对外直接投资的"就业效应"时,主要分析了商贸服务型和当地生产型两类投资的就业效应,而并未考虑资源和技术寻求型投资的就业效应。

内提高企业的生产率和竞争力,而后者可以满足国内市场的消费需求,减少对国际市场的依赖程度,实现国家能源资源的安全。

(二)基于东道国的检验结果及分析

根据"林德假说"理论,收入水平是决定一国产品生产、消费与贸易的重要因素。收入水平不同的东道国之间在市场规模、市场竞争程度、经营风险、法律、文化环境等方面都存在较大差异,因而,企业对不同收入水平的东道国投资可能会对母公司就业产生异质性影响。高收入国家的人均收入水平较高,居民消费能力强、市场潜力大,但高收入国家的消费者更加偏好高质量的产品,市场竞争也更加激烈,这可能要求对高收入国家投资的企业具有更高的生产率以克服高额的沉没成本和经营风险。中低收入国家居民的消费偏好与我国居民较为接近,我国企业生产的产品并不需要做较大的调整就能满足当地市场需求,产品在海外市场具有较强的竞争力,但部分中低收入国家的制度、法律尚不完善,甚至出现政权更迭、政策变动频繁的情况,企业面临较大的政治风险。另外,我国企业对外直接投资的一个显著特征是对中国港澳等传统避税地的投资较多,这类投资的主要动机是"避税或投机",即为了获得政策、税收等方面的优惠而进行投资,国内有大量企业是经过港澳中转再返回内地投资的"假外资",这类企业"真实"的投资动机和最终目的国无法确定,对母公司就业的影响也较为复杂。

因此,本章根据投资东道国的人均国民总收入(Gross National Income,GNI)水平划分样本,并单独将投资于中国香港、中国澳门、英属维尔京群岛、百慕大群岛、开曼群岛的企业样本归为一类,将东道国分为高收入国家、中低收入国家和中国港澳等避税地三类进行分样本检验,估计结果见表2-5。其中,第(1)—(2)列给出的是对高收入国家投资企业的就业效应,第(3)—(4)列给出的是对中低收入国家投资企业的就业效应,第(5)—(6)列给出的是对中国港澳等避税地投资企业的就业效应。可以发现:在高收入国家样本中,交互项的估计系数显著为正,说明对高收入国家投资的企业产生了正向的就业效应,促进了母公司就业增长。原因可能是:一方面,对高收入国家投资的企业生产率较高,且高收入国家的居民消费能力更强,使企业能够在海外市场竞争中占据一定的市场份额,带动国内的母公司中间品或最终品的出口和就业增长;另一方面,高收入国家的技术水平普遍高于其他国家,对外直接投资有利于企业接触和学习海外先进技术,利用发达国家良好的创新环境,促进母公司技术水平的提高,对母公司的就业和长期发展产生有益影响;此外,高收入国家对消费者的保护程度较高,需要母公司及时提供完善的售后服务和技术支持,对母公司总部服务人员的需求也相对较高。在中低收入国家样本中,交互项的估计系数显著为正,说明对中低收入国家投资也促进了母公司就业增长。原因在于:一方面,部分中低收入国家的要素价格更低,为了充分利用当地的要素禀赋资源、降低生产成本,企业可能将国内部分生产环节转移到海外市场,在短期内造成母公司生产和就业的萎缩,但海外子公司的生产可能需要母公司提供中间品、研发或机器设备等,在一定程度上减弱对母公司就业增长的不利影响,使企业在长期中获得资源配置效率提高带来的好处;另一方面,中低收入国家的消费能力和偏好与我国较为接近,企业仅需要做较小幅度的调整就可以满足东道国市场的需求,有利于母公司的出口和就业增长。中国港澳等避税地样本中交互项的系数为正,说明对外直接投资也促进了这类企业的母公司就业增长,因为对外直接投资可能使企业获得了良好的声誉和政策优惠。

表 2-5 基于投资东道国的检验(被解释变量:母公司就业总量)

解释变量	高收入国家		中低收入国家		中国港澳等避税地	
	(1)加入企业固定效应	(2)加入企业特征变量及年份效应	(3)加入企业固定效应	(4)加入企业特征变量及年份效应	(5)加入企业固定效应	(6)加入企业特征变量及年份效应
交互项	0.118***	0.051***	0.007	0.030*	0.128***	0.049**
	(5.74)	(3.91)	(0.28)	(1.87)	(3.67)	(2.15)
控制变量	否	是	否	是	否	是
年份固定效应	否	是	否	是	否	是
企业固定效应	是	是	是	是	是	是

续表

解释变量	高收入国家		中低收入国家		中国港澳等避税地	
	（1）加入企业固定效应	（2）加入企业特征变量及年份效应	（3）加入企业固定效应	（4）加入企业特征变量及年份效应	（5）加入企业固定效应	（6）加入企业特征变量及年份效应
观测数	9187	9187	6410	6410	3578	3578
可决系数	0.902	0.961	0.911	0.966	0.927	0.969

注:根据世界银行2007年高中低收入国家的划分标准,本章中的高收入国家指的是人均GNI高于11455美元的国家,中低收入国家指的是人均GNI低于11455美元的国家,见 https://datahelpdesk.worldbank.org/knowledgebase/articles/378834 – how – does – the – world – bank – classify – countries。其中,考虑到中国港澳等避税地的特殊性,本章将中国香港、中国澳门、英属维尔京群岛、百慕大群岛、开曼群岛单独归为一类。

另外,对比对不同国家投资的企业的就业效应可以发现,对高收入国家投资的企业对母公司就业增长产生了更大幅度的影响,说明若企业能够克服高额的沉没成本对高收入国家投资,不断满足高收入国家对产品质量的需求,学习和利用海外先进技术、管理经验等资源,不断加强研发创新投入以提高母公司的生产率水平,将对母公司就业和发展产生更加有利的影响,这也在一定程度上说明母公司的经营绩效在不断提高。

(三)基于所有权性质的检验结果及分析

我国的国有企业与民营企业在融资约束、市场化程度、经营绩效、投资规模、投资领域等方面存在较大差异,这决定了对外直接投资对母公司就业的影响可能具有异质性。国有企业能够较为容易地获取银行提供的低利率的贷款,长期享受国家优惠政策支持,基本上不存在融资约束问题,海外投资金额往往较大,投资的领域主要是战略资源、能源、技术等方面,而投资收益可能要在较长时期内才能显现。国有企业的所有权性质使其在进行海外投资时面临着东道国较为严格的约束,受到东道国的审查更加严格,投资交易较难达成。为了追求政绩,部分投资可能存在一定的盲目性。相对于国有企业而言,民营企业的生产规模小、行业分布广泛、经营管理灵活、市场化程度高,由于民营企业的社会信誉要低于国有企业,可抵押的资产规模相对较小,往往受到较严重的融资约束,制约了企业的发展和海外投资规模,促使投资企业在发展过程中更加注重提高生产经营效率,对外直接投资决策也更加谨慎。

表2-6给出了基于所有权性质的分样本检验结果,可以发现:国有企业的交互项系数并不显著,而民营企业的交互项系数在1%水平上显著为正,说明国有企业对外直接投资的母公司就业效应不明显,而民营企业对外直接投资显著促进了母公司就业增长。

表2-6　基于母公司所有制检验(被解释变量:母公司就业总量)

解释变量	国有企业			民营企业		
	（1）加入企业固定效应	（2）加入企业特征变量	（3）加入年份效应	（4）加入企业固定效应	（5）加入企业特征变量	（6）加入年份效应
交互项	−0.006	−0.002	−0.014	0.087***	0.046***	0.045***
	(−0.24)	(−0.11)	(−0.78)	(5.88)	(4.79)	(4.81)
控制变量	否	是	是	否	是	是
年份固定效应	否	否	是	否	否	是
企业固定效应	是	是	是	是	是	是
观测数	5461	5461	5461	18513	18513	18513
可决系数	0.923	0.967	0.968	0.910	0.963	0.964

注:国有企业指的是国有绝对控股企业,即国家资本和集体资本占实收资本的比例最高,其他企业视作"民营企业"。下同。

对外直接投资对国有企业和民营企业母公司就业总量增长产生了异质性影响,主要原因可能是:一方面,与民营企业的重点投资领域和投资目的不同,国有企业更加注重长期利益,国有企业对外直接投资以实现国家整体利益最大化为目标,投资重点领域更加集中于资源、能源、技术密集型行业,且这些行业存在一定的产能过剩情况,投资成本高、见效缓慢,而民营企业对外直接投资以实现利润最大化为目标,投资领域比较分散,但更多的是劳动密集型的优势行业,这使得国有企业与民营企业在投资成本、经营风险等方面存在较大的差异,因此对母公司就业的影响也不相同;另一方面,国有企业与民营企业本身在规模上存在明显差异,国有企业规模大,雇佣员工数量多,普遍存在机构臃肿现象,对外直接投资要求母公司生产规模扩大可能并不需要增加对新员工的雇佣就可以实现,而民营企业规模小,雇佣员工数量少,且多采用廉价的劳动要素,对外直接投资导致母公司生产规模扩大将主要依靠雇佣新员工来实现。

五、基于增长率、配对比例、样本期间的稳健性检验

(一)基于就业增长率的检验结果及分析

就业增长率是反映企业就业规模变动趋势的重要指标。就业增长率上升,说明企业的员工就业人数增加,反之,说明企业的员工就业人数减少。因此,本章进一步分析了对外直接投资对就业增长率的影响,在一定程度上可以反映对外直接投资对母公司就业的影响,从而验证本章结论的稳健性。

根据企业存续状态不同,对外直接投资导致母公司就业增长率变化可以分为两类:一类是存续企业对外直接投资导致母公司就业增长率变化,另一类是企业进入、退出市场引发的就业增长率变动。由于中国工业企业数据库统计的是所有国有企业及规模以上的非国有企业(主营业务收入超过500万元人民币),企业是否被包含在样本中与企业主营业务收入是否达到500万元有关,部分企业可能因为主营业务收入没有达到入库标准而导致某些年份数据缺失,并不意味着企业倒闭,若不考虑这部分企业,可能高估这部分企业的就业变动。因此,本章采用戴维斯和霍尔蒂万格(Davis 和 Haltiwanger,1992)的方法[1],计算了企业的就业增长率,见(2-9)式:

$$g_{et} = (e_t - e_{t-1}) / [(e_t + e_{t-1}) / 2] \qquad (2-9)$$

其中,g_{et} 表示企业 e 在 t 期的就业增长率,其等于企业 e 在 t 期的就业人数减去 $t-1$ 期的就业人数并除以两个时期就业人数之和的均值,g_{et}

---

① Davis, S. J., Haltiwanger, J., "Gross Job Creation, Gross Job Destruction, and Employment Reallocation", *Quarterly Journal of Economics*, Vol. 107, No. 3, 1992, pp. 819-863.

的取值范围位于$[-2,2]$，$g_{et}=2$意味着新企业的产生或者原先存在的企业在t期的主营业务收入达到500万元，$g_{et}=-2$意味着企业退出市场或退出中国工业企业数据库。为了排除因主营业务收入是否达到500万元而导致企业是否被包含在样本中产生的偏差，参考马弘等(2013)的方法，对增长率是2或-2的样本进行以下调整：首先，对于$t-1$期就业人数等于0而t期就业人数大于0，或者$t-1$期就业人数大于0而t期就业人数等于0的情况，不做调整；$t-1$期就业人数缺失而t期就业人数大于0的国有企业，t期的增长率赋值为2，对于t期时经营年限为1年或新成立的非国有企业，t期的增长率赋值为2，否则，赋值为0；$t-1$期就业人数大于0而t期就业人数缺失的国有企业，t期的增长率赋值为-2，对于$t-1$期处于运营状态的非国有企业，t期的增长率赋值为-2，否则，赋值为0。

按照同样的方法，本章将就业增长率作为被解释变量进行估计，估计结果见表2-7。首先不控制任何其他因素，发现第(1)列中核心解释变量(交互项)的系数显著为正，说明相对于没有对外直接投资的企业来说，对外直接投资企业的母公司就业增长率提高，证明对外直接投资促进了母公司的就业增长；第(2)列进一步控制了企业固定效应，核心解释变量(交互项)的系数大小及显著性提高；在第(3)—(4)列中逐步加入企业的特征变量、年份固定效应，发现核心解释变量(交互项)的系数都显著为正，说明相对于没有对外直接投资的企业来说，对外直接投资促进了母公司就业增长率的提高，这与前文用就业总量作为被解释变量的回归结果一致，说明结论具有一定的稳健性。

表2-7 稳健性检验：基于就业增长率的检验(被解释变量：就业增长率)

解释变量	(1) 不控制其他 因素	(2) 加入企业固定 效应	(3) 加入企业层面 控制变量	(4) 加入年份 固定效应
交互项	0.036**	0.056***	0.066***	0.067***
	(2.17)	(3.16)	(3.77)	(3.97)
控制变量	否	否	是	是
年份固定效应	否	否	否	是

续表

解释变量	（1） 不控制其他 因素	（2） 加入企业固定 效应	（3） 加入企业层面 控制变量	（4） 加入年份 固定效应
企业固定效应	否	是	是	是
观测数	19175	19175	19175	19173
可决系数	0.042	0.041	0.075	0.159

注：本章还对调整前的数据进行了检验，发现结论仍然稳健。

（二）基于配对比例的检验结果及分析

由于本书的估计结果建立在倾向的分匹配结果的基础之上，因此配对比例的设定很可能会影响对外直接投资母公司就业效应的结果。为了确保结论的稳健性，本书改变了倾向得分匹配的配对比例，按照 1∶1、1∶4、1∶5 进行重新配对并进行再估计，估计结果见表 2-8。其中，表 2-8 的第（1）—（2）列给出的是按照 1∶1 进行重新配对后进行再估计的结果，第（3）—（4）列给出的是按照 1∶4 进行重新配对后进行再估计的结果，第（5）—（6）列给出的是按照 1∶5 进行重新配对后进行再估计的结果。

表 2-8　稳健性检验：基于配对比例的检验（被解释变量：母公司就业总量）

解释变量	（1） 按 1∶1 配对 不控制其他 因素	（2） 按 1∶1 配对 加入企业 特征变量及 年份效应	（3） 按 1∶4 配对 不控制其他 因素	（4） 按 1∶4 配对 加入企业 特征变量及 年份效应	（5） 按 1∶5 配对 不控制其他 因素	（6） 按 1∶5 配对 加入企业 特征变量及 年份效应
交互项	0.130***	0.062***	0.084***	0.047***	0.087***	0.047***
	(6.87)	(5.19)	(5.97)	(5.15)	(6.30)	(5.25)
控制变量	否	是	否	是	否	是
年份固定效应	否	是	否	是	否	是
企业固定效应	是	是	是	是	是	是
观测数	9784	9784	23801	23801	28223	28223
可决系数	0.907	0.963	0.912	0.964	0.911	0.964

通过表 2-8 可以发现:无论采用哪种配对比例,核心解释变量(交互项)的系数大小、符号和显著性基本稳定,说明对外直接投资并未对母公司产生明显的就业替代效应,而是促进了母公司的就业总量增长,即对外直接投资产生了正向的就业效应,无论按照哪种比例进行匹配,均不影响本书结论的稳健性。

(三)基于样本期间的检验结果及分析

由于中国企业对外直接投资大致从 2004 年开始快速增长,为了确保结论的稳健性,本书重新选取 2004—2007 年对外直接投资且在 2003 年未对外直接投资的企业为实验组,在 2003—2007 年期间始终未对外直接投资的企业为对照组,按照相同的匹配方法和回归方法进行检验,考察样本期间设置对本书估计结果的影响,估计结果见表 2-9。

表 2-9 给出了基于样本期间的稳健性检验结果,可以发现:首先,第(1)列中控制了企业固定效应后不再控制其他因素,交互项的系数显著为正,说明对外直接投资促进了母公司就业总量增长,产生了正向的就业效应;其次,第(2)列中进一步加入企业层面控制变量,发现交互项的系数变小,但仍在 1% 水平上显著为正,说明结论具有一定的稳健性;再次,本章在第(3)列中进一步加入年份固定效应,发现交互项的系数都显著为正,说明对外直接投资促进了母公司就业总量的增长,是母公司就业规模扩大的内在动力,这一结论并不受到样本期间设定的影响。另外,相对于本章初始检验中的结果来说,其他控制变量的符号、大小和显著性基本不变,不再详述。

表 2-9 稳健性检验:基于样本期间的检验(被解释变量:母公司就业总量)

解释变量	(1) 不控制其他因素	(2) 加入企业层面控制变量	(3) 加入年份固定效应
交互项	0.049***	0.035***	0.035***
	(3.39)	(3.57)	(3.61)
企业规模		0.548***	0.529***
		(103.51)	(99.51)

续表

解释变量	（1） 不控制其他因素	（2） 加入企业层面控制变量	（3） 加入年份固定效应
资本密集度		−0.558***	−0.553***
		（−102.02）	（−102.58）
融资约束		−0.019***	−0.022***
		（−2.60）	（−3.03）
员工平均收入		−0.041***	−0.070***
		（−6.84）	（−11.38）
企业年龄		0.003***	0.000
		（4.12）	（0.53）
年份固定效应	否	否	是
企业固定效应	是	是	是
观测数	15320	15320	15320
可决系数	0.944	0.974	0.975

第四节　对外直接投资影响母公司就业总量的原因机制检验

经过上述的检验,本章发现对外直接投资促进了母公司就业增长。那么,对外直接投资通过何种途径影响母公司的就业增长?

根据对已有文献的整理,并结合我国对外直接投资的现实情况,本章认为出口和技术进步可能是其中重要的中介渠道。原因是:一方面,对外直接投资企业大多在投资前具有出口经验,且许多企业对外直接投资的动机是促进出口,因而对外直接投资可能会进一步影响企业的出口规模,而出口具有劳动力市场效应(张川川,2015)[1];另一方面,海外市场(尤其

---

　① 张川川:《出口对就业、工资和收入不平等的影响——基于微观数据的证据》,《经济学(季刊)》2015 年第 4 期。

是发达国家)拥有更加先进的技术资源、更激烈的市场竞争和较大的境外投资风险,对外直接投资可以使母公司获取新技术,或倒逼母公司加大研发创新投入,从而可能通过技术进步渠道改善母公司就业。

因此,本章构建了中介效应模型,分别从出口和技术进步两个渠道,对 OFDI 影响母公司就业总量的传导机制进行检验。中介效应模型的构建过程如下:首先,本章用因变量对基本自变量进行回归;其次,将中介变量作为因变量,对基本自变量进行回归;最后,将因变量同时对自变量和中介变量进行回归。

一、基于出口中介渠道的检验结果及分析

首先,本章引入出口这一中介变量来构建中介效应模型,以此考察 OFDI 引发母公司就业总量增长的传导机制,即检验出口中介效应的存在性。完整的中介效应模型由以下三个方程组成:

$$emp_{it} = \alpha_0 + \alpha_1 du + \alpha_2 dt + \alpha_3 dudt + \Phi Z_{it} + \varphi_t + \varphi_i + \varepsilon_{it} \quad (2\text{-}10)$$

$$lnexp_{it} = b_0 + b_1 du + b_2 dt + b_3 dudt + \Phi Z_{it} + \varphi_t + \varphi_i + \varepsilon_{it} \quad (2\text{-}11)$$

$$emp_{it} = d_0 + d_1 du + d_2 dt + d_3 dudt + \Phi Z_{it} + \delta lnexp_{it} + \varphi_t + \varphi_i + \varepsilon_{it}$$

$$(2\text{-}12)$$

其中,i 表示企业,t 表示年份,emp 指企业 i 在 t 年的就业总量,$lnexp$ 表示出口额,采用企业出口额加 1 取对数表示,其他变量的含义和设定方式同前。

表 2-10 给出了中介效应模型的估计结果。其中,第(1)列是对(2-10)式进行估计的结果,(2-10)式即为基准倍差法模型,因此,本章将表 2-2 第(4)列的回归结果直接复制到表 2-10 的第(1)列中,第(2)列是对(2-11)式进行估计的结果,第(4)列是对(2-12)式进行估计的结果。

从表 2-10 的第(2)列可以看出,交互项的估计系数显著为正,且通过了 1% 的显著性检验,说明对外直接投资促进了母公司出口。对外直接投资之所以能够促进母公司出口,主要原因在于:我国企业对外直接投资的一个重要目的是促进出口,投资动机以商贸服务型为主,通过对外直接投资,企业可以搜集东道国的信息(如经营风险、消费者偏好等信息)、

联络客户、提供售后服务,降低了企业的出口风险和成本,从而有助于扩大产品在海外市场上的销量,提高产品在海外市场上的知名度,促进母公司出口规模的扩大。表2-10的第(4)列报告了因变量对自变量和中介变量——出口额的回归结果,可以发现:中介变量(出口额)的估计系数显著为正,说明出口增加可以明显促进母公司就业总量的增长。这主要是因为母公司出口增加要求国内产出增加,直接带动劳动要素需求的增加。

另外,本章也发现(见表2-10),与第(1)列的回归结果相比,加入中介变量(出口额)之后,第(4)列中核心解释变量(交互项)的系数和显著性水平(t值)都有所下降,初步证明了出口中介效应的存在性。

表 2-10　原因机制的检验

解释变量	（1）被解释变量：就业总量	（2）被解释变量：出口额	（3）被解释变量：生产率	（4）被解释变量：就业总量（加入出口额变量）	（5）被解释变量：就业总量（加入生产率变量）	（6）被解释变量：就业总量（加入出口额变量和生产率变量）
交互项	0.042***	0.934***	0.019**	0.040***	0.038***	0.036***
	(4.46)	(5.82)	(2.08)	(4.34)	(4.19)	(4.04)
出口额				0.002***		0.001***
				(4.45)		(3.21)
生产率					0.228***	0.227***
					(29.35)	(29.18)
控制变量	是	是	是	是	是	是
年份固定效应	是	是	是	是	是	是
企业固定效应	是	是	是	是	是	是
观测数	19175	19175	19175	19175	19175	19175
可决系数	0.965	0.694	0.862	0.965	0.967	0.967

注:为了确保结论的稳健性,本章也采用是否出口的虚拟变量替代企业的出口额并作为中介因素进行检验,发现并不改变本章的结论。

二、基于技术进步渠道的检验结果及分析

技术进步是影响就业的重要因素,而生产率是企业技术进步的重要体现。借鉴邦托利拉和圣保罗(Bentolila 和 Saintpaul,2006)的方法①,本章也以全要素生产率表征企业的技术进步,研究生产率对 OFDI 影响母公司就业总量的中介作用。

根据日本企业对外直接投资经验可知,并不具有特定优势的企业也可以对外直接投资,对外直接投资的一个主要动机是学习和获取海外先进技术。当前,获取海外先进技术也是我国企业对外直接投资的一个重要动机,根据新新贸易理论可知,只有生产率更高的企业能够克服高额的沉没成本进行对外直接投资,而生产率更高的企业也同时具备了更强的学习和吸收能力,可以更好地学习和获取海外的先进技术资源,并将其传递回母公司进行消化、吸收、创新和转化,因此,对外直接投资可能会通过影响母公司的生产率,进而影响母公司的就业总量,即技术进步(全要素生产率或生产率)可能是 OFDI 影响母公司就业增长的重要中介因素。为了检验生产率这一中介变量的影响,本章构建中介效应模型如下:

$$tfp_{it} = c_0 + c_1 du + c_2 dt + c_3 dudt + \Phi Z_{it} + \varphi_t + \varphi_i + \varepsilon_{it} \qquad (2\text{-}13)$$

$$emp_{it} = d_0 + d_1 du + d_2 dt + d_3 dudt + \Phi Z_{it} + \rho\, tfp_{it} + \varphi_t + \varphi_i + \varepsilon_{it}$$

$$(2\text{-}14)$$

其中,tfp 表示企业的全要素生产率,采用 LP 半参方法计算,其他变量的含义和设定方法同前。采用同样的方法对中介效应模型进行估计,结果见表 2-10。

表 2-10 的第(3)列报告了对(2-13)式进行估计的结果,即以生产率为因变量回归的结果,可以发现交互项的系数在 5% 的水平上显著为正,这说明对外直接投资提高了母公司的生产率,与波特里和利希滕山

① Bentolila,S.,Saintpaul,G.,"Explaining Movements in the Labor Share",*Contributions in Macroeconomics*,Vol. 3,No. 1,2006,p. 1103.

（Porterie 和 Lichtenberg，2001）等的研究结论具有相似之处①。原因可能是：一方面，对外直接投资促进了母公司出口，在出口过程中企业可以学习先进技术（"出口中学"），即企业不仅可以从国外的采购商那里获取技术支持，还可能获取改进制造业工艺、产品设计和质量等信息（格罗斯曼和赫尔普曼，1990）②，同时，出口增加有助于产生规模经济效应，降低成本，获取更多利润，进而使企业有能力为研发和新产品创新提供资金支持，促进母公司技术进步；另一方面，对外直接投资使母公司面临更加激烈的市场竞争和较大的境外投资风险，企业需要不断增加研发创新等方面的投资以适应海外市场需求，且对外直接投资或出口企业往往是生产率相对较高的企业，具备较强的学习和吸收先进技术的能力，能够学习和吸收海外先进技术和资源，有助于促进生产率的进一步提高。

表 2-10 的第（5）列报告了对（2-14）式进行估计的结果，即因变量对自变量和生产率回归的结果，发现生产率的估计系数显著为正，说明生产率增加促进了母公司就业增长，因为生产率提高可能降低了企业的生产成本，增加产品销量，使企业获取超额利润，从而有能力进一步扩大生产和就业。与第（1）列的回归结果相比，交互项的系数大小和显著性（t 值）有所下降，初步证明了生产率中介效应的存在性。

另外，为了稳健起见，同时加入出口额和生产率这两个中介变量之后，发现交互项的系数仍然显著为正，但交互项的系数值和显著性水平（t 值）进一步下降，说明出口、技术进步是对外直接投资促进母公司就业增长的两个中介渠道，估计结果见表 2-10 的第（6）列。

---

① Porterie，B.P.，Lichtenberg，F.，"Does Foreign Direct Investment Transfer Technology across Borders?"，*The Review of Economics and Statistics*，Vol. 83，No. 3，2001，pp. 490-497.

② Grossman，G. M.，Helpman，E.，"Trade，Knowledge Spillovers，and Growth"，*European Economic Review*，Vol. 35，No. 2-3，1990，pp. 517-526.

第五节　对外直接投资影响母公司就业总量
研究的不足及启示

就业是民生之本,维持就业稳定、促进就业增长是各国政府面临的重要任务,对人口较多的发展中国家来说这一任务显得尤为艰巨。长期以来,我国依靠廉价的劳动力、土地和优惠的外资政策吸引了大量外资流入,将中国作为出口平台发展出口贸易,这在促进中国经济迅速增长和贸易规模迅速扩大的同时,也解决了国内大量劳动力的就业问题,促进了社会的稳定。然而,2008 年金融危机以来,随着国外市场需求的萎缩和国内要素成本的上涨,国内 FDI 流入量开始出现下降趋势,国内企业出口增速放缓,倒闭风险加大,导致国内就业压力不断增加。而与之形成鲜明对比的是,我国企业对外直接投资的步伐不断加快,2015 年对外直接投资更是首次超过外资流入量,实现了资本项下的净输出。那么,快速增长的对外直接投资对国内就业有何影响,对外直接投资导致的资金外流是否会减少国内的生产与就业,进一步加剧国内的就业压力?

本章利用微观企业数据,考察了对外直接投资对母公司就业总量的影响,并从研究视角和研究方法等方面对已有文献进行了一些改进。研究发现:总体来看,相对于没有对外直接投资的企业来说,对外直接投资促进了母公司就业总量增长,并未对母公司产生明显的就业替代现象。通过滞后效应检验发现,对外直接投资对母公司就业总量的影响具有滞后性,能够持续对母公司就业产生正向影响,呈现倒"U"型特征。进一步区分样本检验发现:从投资动机来看,市场寻求型投资促进了母公司就业总量增长,技术寻求型投资和资源寻求型投资并未对母公司就业总量产生显著的影响;从东道国来看,无论是对高收入国家投资,还是对中低收入国家、中国港澳等避税地投资,母公司就业总量都出现了明显的增长;从所有权性质来看,国有企业对外直接投资并没有显著地促进母公司就业总量增长,而民营企业对外直接投资促进了母公司就业总量增长。另外,本章还采用三种方法进行了稳健性检验:一是采用替换变量的方法,将被解释变量替换为母公司就业增长率,以考察对外直接投资对母公司就业增长趋势的影响,发现对外直接投资促进了母公司就业增长率的提高,印证了对外直接投资促进母公司就业总量增长这一基本结论;二是改变了配对比例,按照 1∶1、1∶4 和 1∶5 进行重新匹配,发现交互项($du \times dt$)的系数仍显著为正,说明本章的结论具有稳健性;三是根据中国对外直接投资在 2004 年开始快速增长的事实,本章将样本期间重新设定为 2003—2007 年,检验 2004—2007 年对外直接投资的母公司就业效应,发现结论依然具有稳健性。

对外直接投资通过什么渠道影响母公司的就业变动?已有文献并未对这一问题进行详细分析和相关实证检验,也并未形成统一的理论解释框架。本章根据已有研究和我国企业对外直接投资的现实情况,发现对外直接投资可以通过出口和技术进步(生产率)两个因素发挥中介作用,促进母公司就业总量的增长。对外直接投资与出口具有密切的关系,企业往往对其有进出口经验的东道国市场投资(Gazaniol,2014)①,因而对外直接投资可能会对企业出口产生一定的影响。经过中介模型检验发现,对外直接投资促进了母公司出口规模的扩大,从而增加了对国内劳动要素的需求。技术进步(生产率)也是对外直接投资促进母公司就业增长的一个中介因素,因为对外直接投资使企业面临更加激烈的市场竞争,要求企业不断增加自身的研发投入,提高生产率和市场竞争力,对外直接投资也有助于企业接触和获取海外先进的技术和管理经验,获取东道国的逆向技术溢出,推动母公司生产率的提高,从而可以在更长时期内促进母公司就业增长。

从对外直接投资与母公司就业总量的关系来看,对外直接投资促进了母公司就业增长,并未对母公司产生就业替代效应,说明在 2008 年金融危机之前,我国企业对外直接投资可能并没有促进母公司生产工序的

---

① Gazaniol, A., "The Location Choices of Multinational Firms: The Role of Internationalization Experience and Group Affiliation", *World Economy*, Vol. 1, No. 4, 2014, pp. 409-418.

大规模海外转移,对外直接投资可能仍然属于防御性投资(寻舸,
2002)①,因而并未对母公司就业总量产生明显的负向影响。但是,本章
的研究仍然提醒我们需要注意到以下几个方面的问题:一是受到数据的
限制,相对于对外直接投资企业总数来说,本章能够得到的对外直接投资
企业样本数量仍然较少,这只能在一定程度上说明对外直接投资对母公
司就业总量影响的规律性。二是相对于发达国家的对外直接投资规模来
说,样本期间内的我国对外直接投资仍然处于起步阶段,投资时间短、投
资规模较小,对外直接投资的目的可能大多是建立当地法人及出口产品
的当地销售网络,对外直接投资对母公司就业效应的负向影响还并未完
全显现。根据邓宁的投资发展阶段理论及国家对外直接投资政策变动趋
势来看,随着我国经济规模的扩大,我国对外直接投资规模也将会越来越
大,企业国际化发展也将进入全面国际化阶段,那么,届时更大规模的资
金外流(尤其是制造业行业)和国际化生产是否会引发国内产业结构变
化及企业对资本、劳动要素相对需求的调整,从而造成国内"产业空心
化"和大量员工失业的现象? 随着国内劳动要素和土地成本的不断上
涨,企业生产成本不断提高,我国发展加工贸易的优势是否会继续存在,
是否还会引发以对外直接投资为载体的国内边际产业的大量海外转移?
这些仍是值得继续关注的问题。三是本章的估计结果只能说明从平均意
义上来看,对外直接投资促进了母公司就业总量增长,但也可能在某些行
业、某些企业、某些岗位中存在就业替代效应,例如对外直接投资可能导
致母公司减少了部分就业岗位设置同时创造了更多新的就业岗位。因
此,下一章将从就业结构的视角探讨对外直接投资对母公司内不同技能
劳动力的影响,揭示对外直接投资对母公司就业结构的影响。

---

① 寻舸:《促进国内就业的新途径:扩大对外直接投资》,《财经研究》2002 年第 28 卷第
8 期。

第三章　对外直接投资与母公司就业结构研究

　　2015年5月,国务院发布了《中国制造2025》,将"结构优化"作为基本方针之一,政府对制造业结构问题的重视程度不断提高。其中,在就业结构方面,总体上表现为高技能人才短缺、高校毕业生与社会需求不匹配、部分行业产能过剩及传统行业转型升级导致就业机会转移或减少等多个方面。

　　从关于就业结构的相关研究来看:已有研究较多地从技能偏向型技术进步视角解释一国劳动力市场结构变化的原因,例如奥特尔等(Autor等,2003)[1],或从经济全球化与国际分工等视角解释一国劳动力市场结构变化的原因,例如奥尔登斯基(Oldenski,2014)[2],而从对外直接投资视角分析其对母国或母公司就业结构影响的研究则较为少见。具体从国内的相关研究来看:一方面,学者主要从产业或地区等中观或宏观视角出发,通过分析对外直接投资对三大产业或三大地区(东中西)劳动力就业比率或就业总量的影响来反映国内就业结构变动,仅有少量研究利用微观企业数据研究了对外直接投资对母公司就业结构的影响。由于企业是经济社会发展的微观组成部分,产业或地区就业增长和就业结构变动的背后是大量微观企业员工结构的调整。促进企业员工就业结构的优化,不仅是微观企业实现技术创新的基础,也是一国实现整体经

---

① Autor,D.H.,Levy,F.,Murnane,R.J.,"The Skill Content of Recent Technological Change: An Empirical Exploration",*Quarterly Journal of Economics*,Vol. 118,No. 4,2003,pp. 1279-1333.

② Oldenski,L.,"Offshoring and the Polarization of the US Labor Market",*Industrial and Labor Relations Review*,Vol. 67,No. 3S,2014,pp. 734-761.

济结构转型升级、构建创新型社会的人力资本保证,在维持企业就业总量稳定的情况下促进企业内部就业结构的调整和优化,对企业和国家的长远发展来说都具有十分重要的意义。另一方面,国内关于对外直接投资的研究与企业"走出去"的行业流向存在不一致情况。从我国对外直接投资流向来看,我国企业"走出去"主要流向了第三产业或服务业,投资流量占当年对外直接投资流量的比重始终在50%以上。然而,"由于服务业产品的特殊性以及全球服务领域统计数据的滞后性,不管是理论还是经验分析层面,对服务业企业对外直接投资的研究均落后于其发展,并且现有服务业对外直接投资的文献也大多集中于发达国家,与制造业领域相比,发展中国家的研究较少"①。因此,国内关于服务业对外直接投资的相关研究,尤其是基于微观企业数据的实证研究还需要进一步丰富和完善。基于以上两点,本章主要利用服务业(除农业、工业之外的其他所有产业部门)企业对外直接投资和员工就业结构数据,研究对外直接投资对母公司就业结构的影响。

对外直接投资是跨国公司在全球范围内配置资源的一种方式,是经营活动的海外转移和重新布局,涉及资金、劳动等要素的国际流动,因而必然带来劳动等生产要素在跨国公司内部的重新配置,不仅会影响母公司的就业总量,也可能对母公司不同类型员工就业产生异质性影响,导致母公司就业结构的调整。事实上,对外直接投资的母国就业效应不仅在于就业总量的增减,更重要的是就业结构的改进和就业质量的提高。那么,随着企业对外直接投资步伐的不断加快,对外直接投资将对母公司熟练劳动力、非熟练劳动力就业产生怎样的影响,是否有利于母公司就业结构的优化? 这些问题变得日益重要但尚无明确的答案。

为了回答这一问题,本章主要阐释以下几个方面的内容:第一,根据已有文献研究和中国对外直接投资的现实情况,分析了对外直接投资影响母公司就业结构的作用机制。第二,借鉴伯曼等(Berman 等,1994)的

---

① 李磊、蒋殿春、王小霞:《企业异质性与中国服务业对外直接投资》,《世界经济》2017年第11期。

劳动需求简约方程①,分析了对外直接投资影响母公司就业结构的理论机制,并以此为依据进行了模型设定及相关数据说明。第三,主要利用2008年全国经济普查数据中的服务业企业数据,采用多种方法并区分样本检验了对外直接投资对母公司就业结构的影响。为了确保结论的稳健性,本章还采用多种方法进行了稳健性检验:一是检验了对外直接投资对母公司员工职称结构的影响;二是基于内生性问题采用多种方法进行了稳健性检验;三是基于上市公司制造业企业进行了检验,使关于对外直接投资影响母公司就业结构的相关研究变得更加丰富,结论更具稳健性。第四,对外直接投资通过什么渠道影响母公司的就业结构,即对外直接投资影响母公司就业结构的作用机制是什么? 为了回答这一问题,本章构造了中介效应模型,分别从出口和技术进步两个渠道进行了检验。第五,对本章的研究结论进行了全面的总结,在此基础上得出了启示,并提出了相关建议。

第一节　对外直接投资影响母公司
就业结构的机制分析

从美国、日本等部分发达国家跨国公司对外直接投资的典型化事实来看:一方面,对外直接投资使跨国公司实现了全球范围内的战略布局,尤其是对发展中国家的投资,极大降低了跨国公司的生产成本,提高了母公司对熟练劳动力的相对需求,促进了母公司就业结构的优化。以美国为例,在对外直接投资的行业分布中制造业的占比相当高,且美国是熟练劳动力相对丰裕的国家,对外直接投资的结果是跨国公司的母公司主要集中于从事研发、创新等总部密集型活动,即创造跨国公司的"所有权优势",而将生产、加工等劳动密集型活动外包给了位于发展中国家的海外子公司或其他企业,导致母公司对技术人员、管理人员等熟练劳动力的相

---

① Berman,E.,Bound,J.,Griliches,Z.,"Changes in the Demand for Skilled Labor within U.S. Manufacturing:Evidence from the Annual Survey of Manufactures", *Quarterly Journal of Economics*, Vol. 109,No. 2,1994,pp. 367-397.

对需求提高,对生产人员等非熟练劳动力的相对需求下降。另一方面,对于作为东道国的发展中国家而言,由于南北国家在劳动力技能构成、技术水平等方面存在较大差异,美国等发达国家的部分低技能生产加工环节对发展中国家而言仍然属于高技能环节,因而对外直接投资也可能会同时提高发展中国家对熟练劳动力或高技能劳动力的相对需求,即对外直接投资将同时改善母国和东道国的就业结构。

然而,发展中国家与发达国家在比较优势、劳动力技能结构、投资东道国分布等方面存在较大差异,因此,与发达国家对外直接投资的母国就业效应相比,发展中国家对外直接投资对母公司就业结构的影响也可能会存在一定差异。具体来看:发展中国家大多是廉价的、非熟练劳动力相对丰富的国家,比较优势主要集中于劳动密集型产品,对外直接投资企业普遍缺乏"所有权优势",制造业也并不是投资企业海外公司分布的主要行业。以中国为例,每年流向制造业的投资仅占年度投资总流量的10%左右(2015年占比为13.7%,2016年占比为14.8%,2017年占比为18.6%),大部分投资流向了第三产业中的租赁和商务服务业、批发和零售业等,因此,对外直接投资对母公司就业结构的影响在第三产业中可能更为明显,本章也主要利用服务业企业样本进行了实证检验。

那么,对外直接投资主要通过何种渠道影响母公司的就业结构?结合相关的理论研究及我国对外直接投资的现实情况,我们认为对外直接投资可能通过以下两个渠道影响母公司的就业结构。

一是技术进步渠道。根据企业异质性理论,对外直接投资具有较高的沉没成本、投资风险,这要求对外直接投资企业(无论是制造业企业还是服务业企业)具有较高的生产率,以克服高额的沉没成本和投资风险,而生产率较高的企业中熟练劳动力的数量和对熟练劳动力的需求也相对更多,这使对外直接投资企业的就业结构本身可能就比较优化(尤其是对第三产业的企业而言),企业具有较强的学习和吸收能力。为了克服较高的海外经营风险并在激烈的海外市场竞争中取胜,跨国公司需要不断提高自身技术水平(生产率),这一方面依赖于其所能获取的外部技术,由于获取的外部技术往往与企业自有技术之间存在一定的技术距离,这将提高母公司对熟练劳动力的相对需求,以实现所获取技术的消化、吸收和转化;另一方面依赖于企业自身加强研发创新投入,雇佣更多熟练劳动力,因为熟练劳动力是企业充分利用先进技术、不断实现技术创新的基础。另外,由于熟练劳动力与非熟练劳动力在岗位、技能、学历、流动成本等方面特征存在较大差异,所受到的对外直接投资冲击的影响程度也不相同。对于熟练劳动力来说,其本身具有较高的学历和专业素养,学习能力和适应能力较强,可以更好地适应工作岗位变动、工作地点转换等问题,有利于缓解对外直接投资对其就业带来的负向影响;而对于非熟练劳动力来说,由于其技能和学历水平普遍较低,工作岗位转换的难度更大、成本更高,更容易受到对外直接投资的负向冲击。

二是出口渠道。大量国内学者利用制造业微观企业数据证明,对外直接投资具有出口效应,而出口使母公司能够吸纳更多的劳动力,是影响母公司员工就业总量的重要因素,但是否能够改善母公司的就业结构或提高母公司对熟练劳动力的相对需求,还需要与投资动机结合起来进行分析。市场寻求型投资主要包括商贸服务型和当地生产型投资,前者的主要目的是通过增进母公司对东道国市场的了解、提供售后服务等方式促进贸易的发展,从而可能增加对生产人员和技术人员的需求,而是否能够优化就业结构取决于企业的员工技能结构设置及生产需求,后者因将母公司的部分生产环节转移到东道国市场而对母公司就业总量增长造成了负向影响,若在东道国的生产需要母公司提供中间品及其他总部服务,则在一定程度上会抵消这种不利影响。资源寻求型投资是企业为了利用和获取海外生产要素(尤其是矿产、石油等自然资源)而进行的投资,若将生产加工工序转移至东道国市场,则可能减少国内相关生产人员就业、增加母公司的技术密集度,对就业结构优化产生正向影响,若所获取的资源需返回母国进一步加工,则有助于母公司扩大生产和就业。技术寻求型投资多采用跨国并购方式,以获取东道国的品牌、专利、技术等资源和实现技术进步为目标,可能会增大对熟练劳动力的需求,优化母公司的就业结构。

基于此,对外直接投资是否能够对母公司就业结构产生正向影响,以及主要通过何种渠道影响母公司就业结构,仍需要进一步的实证检验。

第二节　基于劳动需求简约方程的
模型设定与数据说明

一、基于劳动需求简约方程的模型设定方法

借鉴伯曼等(1994)的劳动需求简约方程[①],假定利润最大化的准固定成本函数具有超越对数形式,见(3-1)式:

$$lnC = \alpha_0 + \sum_{i=1}^{2} \alpha_1 ln\ w_i + \sum_{k=1}^{K} \beta_k ln\ x_k + \frac{1}{2}\left(\sum_{i=1}^{2}\sum_{j=1}^{2} r_{ij} ln\ w_i ln\ w_j + \sum_{k=1}^{K}\sum_{l=1}^{K} \delta_{k,l} ln\ x_k ln\ x_l\right) + \sum_{i=1}^{2}\sum_{k=1}^{K} \varphi_{i,k} ln\ w_i ln\ w_k$$

$$(3-1)$$

其中,w_i 为可变生产要素的价格,指的是不同类型劳动力的平均工资。根据已有文献,由于缺乏员工就业岗位数据,而学历水平与员工所从事的岗位具有密切关系,高学历员工往往从事研发创新、财务、管理等方面的工作,而低学历员工往往从事加工、生产等方面的工作,因而本章根据学历水平将员工划分为熟练劳动力和非熟练劳动力,熟练劳动力指的是学历水平在大专及以上的高学历人员($i = 1$),而非熟练劳动力指的是学历水平在高中及以下的中低学历人员($i = 2$)。x_k 为不变生产要素的投入量、人均产出水平(劳动生产率)、其他结构性参数。为了使分析更加简化,假定 $w_2 = 1$,则(3-1)式可以改写为(3-2)式:

$$lnC = \alpha_0 + \alpha_1 ln\ w_1 + \sum_{k=1}^{K} \beta_k ln\ x_k + \frac{1}{2}\sum_{k=1}^{K}\sum_{l=1}^{K} \delta_{k,l} ln\ x_k ln\ x_l + \sum_{k=1}^{K} \varphi_k ln\ w_1 ln\ x_k$$

$$(3-2)$$

---

① Berman, E., Bound, J., Griliches, Z., "Changes in the Demand for Skilled Labor within U.S. Manufacturing: Evidence from the Annual Survey of Manufactures", *Quarterly Journal of Economics*, Vol. 109, No. 2, 1994, pp. 367-397.

将(3-2)式对 $ln\,w_1$ 求偏导,可得到(3-3)式:

$$\partial lnC / \partial ln\,w_1 = \alpha_1 + \sum_{k=1}^{K} \varphi_k ln\,x_k \qquad (3-3)$$

由于 $\partial lnC / \partial ln\,w_1 = (\partial C / \partial w_1)(w_1 / C)$,根据谢泼德(Shephard)引理,$\partial C / \partial w_1$ 为企业对熟练劳动力的需求量 E_1 ,则 $\partial C / \partial lnw_1 = E_1(w_1 / C) = S$ 。(3-3)式可以转化为(3-4)式:

$$S = \alpha_1 + \sum_{k=1}^{K} \varphi_k ln\,x_k \qquad (3-4)$$

为了便于回归分析,本章参照斯特劳斯卡恩(Strauss-Kahnm,2002)等学者的做法[1],将(3-4)式左侧隐含的劳动力价格分离到右侧,得到(3-5)式:

$$SH = \alpha_1 + \sum_{k=1}^{K} \varphi_k ln\,x_k + \alpha_2 (w_1 / w_2) \qquad (3-5)$$

其中,S 和 SH 可以分别代表熟练劳动力的相对成本和相对要素需求,若企业内熟练劳动力占比提高,则说明企业的就业结构得到了优化或改善。结合贸易、外包和对外直接投资理论,本章构建以下计量模型:

$$SH_i = \alpha_0 + \alpha_1 OFDI_i + \beta X_i + \varphi_r + \varphi_j + \varepsilon_i \qquad (3-6)$$

其中,SH_i 是指企业内熟练劳动力在全部从业人员中所占的比重,用于表示企业的"就业结构"。α_0 是常数项,$OFDI_i$ 用虚拟变量表示,若企业 i 在样本期间内(2008)对外直接投资,则赋值为1,否则赋值为0,是本章关注的核心解释变量。X_i 是其他控制变量,包括:(1)进口,用虚拟变量表示,若企业 i 在样本期间内有进口活动,则赋值为1,否则赋值为0;(2)外资企业,用虚拟变量表示,若企业为外资企业[2],则赋值为1,否则赋值为0;(3)资本密集度,用固定资产原价/年末从业人数并加1取对数表示;

---

① Strauss-Kahnm V., "The Impact of Globalization through Vertical Specialization on the Labor Market:The French Case", *Soviet Physics Uspekhi*, Vol. 33, No. 10, 2002, pp. 865-867.

② 参考方明月等(2010)、李磊等(2015)的做法,根据登记注册类型,将企业划分为国有企业、集体企业、私营企业、港澳台资企业、外资企业及其余企业,本书所说的外资企业指的是港澳台资企业和外资企业,前者包括合资经营企业(港澳台资)、合作经营企业(港澳台资)、港澳台独资企业和港澳台商投资股份有限公司,后者包括中外合资经营企业、中外合作经营企业、外资(独资)企业、外商投资股份有限公司。

(4)相对工资水平,指的是熟练劳动力与非熟练劳动力的相对工资水平。另外,为了克服可能存在的变量遗漏问题,本章还控制了企业所在地区(2分位)固定效应(φ_r)和企业所在行业(2分位)固定效应(φ_j), ε_i 为误差项。

由于全国经济普查数据并没有提供每个企业不同类别员工的平均工资水平,导致无法直接计算出每个企业内部不同类型员工之间的相对工资。为了得到员工之间的相对工资,本章借鉴陈等(Chen 等,2014)的做法[1],测算了熟练劳动力与非熟练劳动力的相对工资水平,计算过程为:

假定行业 j 中企业 i 的熟练劳动力($i=1$)平均工资为 $w_{ij}^1 = w_j^1 + \varepsilon_{ij}^1$,非熟练劳动力($i=2$)平均工资为 $w_{ij}^2 = w_j^2 + \varepsilon_{ij}^2$,则企业 i 内两类员工的工资差距可以表示为(3-7)式:

$$wgap_{ij} = w_{ij}^1 - w_{ij}^2 = (w_j^1 + \varepsilon_{ij}^1) - (w_j^2 + \varepsilon_{ij}^2)$$
$$= (w_j^1 - w_j^2) + (\varepsilon_{ij}^1 - \varepsilon_{ij}^2) \tag{3-7}$$

根据艾德林顿等(Ederington 等,2009)的研究[2],可以将两类员工工资残差的偏离项表示成企业利润率的函数,即 $\varepsilon_{ij}^1 - \varepsilon_{ij}^2 = \beta_j \pi_{ij}$, π_{ij} 指的是企业利润率,用营业利润/销售收入表示,则(3-7)式可以进一步表示为(3-8)式:

$$wgap_{ij} = \alpha_j + \beta_j \pi_{ij} \tag{3-8}$$

假定企业内部熟练劳动力($i=1$)的占比为 θ_{ij} ,用熟练劳动力($i=1$)的人数除以企业年末从业人数表示,则 j 行业中企业 i 的平均工资可表示为:

$$\bar{w}_{ij} = \theta_{ij} w_{ij}^1 + (1 - \theta_{ij}) w_{ij}^2 \tag{3-9}$$

将 w_{ij}^1 、 w_{ij}^2 及工资残差偏离项的公式代入(3-9)式,可以得到(3-10)式:

$$\bar{w}_{ij} = w_j^2 + \alpha_j \theta_{ij} + \beta_j(\theta_{ij} \pi_{ij}) + \varepsilon_{ij}^2 \tag{3-10}$$

由于本章是在行业层面上对参数进行估计, w_j^2 是随着行业变化的变

---

① Chen, B., Yu, M., Yu, Z., "Measured Wage Inequality and Input Trade Liberalization: Evidence from Chinese Firms", *FREIT Working Paper*, 2014.

② Ederington, J., Minier, J., Troske, K., "Where the Girls Are: Trade and Labor Market Segregation in Colombia", *Institute for the Study of Labor Discussion Papers*, No. 4131, 2009.

量,因此我们借鉴毛其淋和许家云(2014a)的方法①,将 w_j^2 视为常数项,对(3-10)式进行估计,得到 $\hat{\alpha}_j$ 和 $\hat{\beta}_j$,从而可以得到企业层面的员工工资差距,见(3-11)式:

$$\widehat{wgap}_{ij} = \hat{\alpha}_j + \hat{\beta}_j \pi_{ij} \tag{3-11}$$

进一步地,假定 $\widehat{wgap}_{ij} = w_{ij}^1 - w_{ij}^2$,则根据(3-7)式、(3-9)式可得(3-12)式:

$$\frac{w_{ij}^1}{w_{ij}^2} = \frac{\overline{w}_{ij} + (1 - \theta_{ij}) \widehat{wgap}_{ij}}{\overline{w}_{ij} - \theta_{ij} \widehat{wgap}_{ij}} = 1 + \frac{\overline{\widehat{wgap}_{ij}}}{\overline{w}_{ij} - \theta_{ij} \widehat{wgap}_{ij}} \tag{3-12}$$

由于全国经济普查数据大部分行业中的企业都报告了职工工资和福利费,该指标既包含了工资也包含了福利费,但是存在部分行业(如"限额以上批发和零售业""限额以上住宿业和餐饮业")分开汇报本年应付工资总额和应付福利费总额的情况。为了进行统一,借鉴李磊等(2015)的处理方法②,我们删除了本年应付工资总额缺失的样本,将本年应付工资总额与应付福利费总额进行加总,然后除以年末从业人数得到平均工资。

二、相关数据来源及说明

本章使用的数据来源主要有三个:一是 2008 年全国经济普查数据,由国家统计局提供,包含了 31 个省(自治区、直辖市)、95 个行业、1100 多万条企业信息,涉及企业名称、地址、法人代码、法定代表人、不同类型员工人数及企业财务数据等。二是使用了 2008 年中国海关数据库,由中国海关总署提供,包含了企业进出口的时间、数量、价格、贸易额、贸易方式等信息。三是使用了商务部的《境外投资企业(机构)名录》,包括了对外直接投资的母公司名称及所在省份、海外投资分支机构名称、投资东道

---

① 毛其淋、许家云:《中国企业对外直接投资如何影响了员工收入?》,《产业经济研究》2014 年(a)第 6 期。

② 李磊、王小洁、蒋殿春:《外资进入对中国服务业性别就业及工资差距的影响》,《世界经济》2015 年第 10 期。

国、核准日期、经营范围等信息。数据处理过程如下:

首先,对《境外投资企业(机构)名录》中的对外直接投资事件进行筛选,保留 2008 年的对外直接投资事件,对于同一年中多次对外直接投资的企业,只保留第一次对外直接投资信息。

其次,本章根据中国海关数据库提供的企业进出口产品层面的信息,删除企业名称、企业编码、进出口地名称、进出口额为 0 或缺失的样本,并计算出每个企业每年的进出口总额,仅保留 2008 年的企业进出口信息。

再次,根据企业名称,将全国经济普查数据分别与《境外投资企业(机构)名录》和海关数据合并,得到企业对外直接投资和进出口信息。

最后,删除员工人数及员工分类人数缺失或小于 0、员工分类人数之和不等于员工总人数、关键变量缺失及企业年龄小于 0 的样本,得到 2008 年对外直接投资的企业 278 家,主要位于服务业部门。

第三节　初始检验、其他拓展性检验结果及分析

一、初始检验结果及分析

本章首先对(3-6)式进行基准回归,检验了对外直接投资对母公司就业结构的影响,并使用了稳健标准误差(Robust Standard Error)以消除可能存在的异方差问题,检验结果见表 3-1。

表 3-1 的第(1)列不控制其他因素,检验对外直接投资对母公司就业结构的影响,发现核心解释变量(对外直接投资)的系数在 1% 的水平上显著为正,说明对外直接投资与母公司对熟练劳动力的相对需求之间存在明显的正相关关系,对外直接投资对母公司就业结构产生了显著的正向影响。在第(2)—(4)列中逐步加入企业层面控制变量、行业固定效应和地区固定效应,发现对外直接投资变量显著性水平不变,但系数有所下降,说明企业对外直接投资提高了母公司对熟练劳动力的相对需求,从而对母公司的就业结构产生正向影响,这一结论具有稳健性。

表 3-1　初始检验结果:基于 OLS 的检验(被解释变量:母公司就业结构)

解释变量	(1) 不控制其他因素	(2) 加入企业层面控制变量	(3) 加入行业固定效应	(4) 加入地区固定效应	(5) 匹配后不控制其他因素	(6) 匹配后加入企业层面控制变量及行业、地区固定效应
对外直接投资	0.295***	0.182***	0.141***	0.133***	0.124***	0.092***
	(15.14)	(8.87)	(8.50)	(8.16)	(5.38)	(4.61)
进口		0.297***	0.282***	0.282***		0.214***
		(109.64)	(103.25)	(102.96)		(10.52)
外资企业		0.268***	0.213***	0.200***		0.106***
		(85.43)	(79.24)	(75.36)		(2.68)
资本密集度		0.002***	0.001***	0.001***		0.015***
		(6.90)	(3.76)	(4.33)		(2.65)
相对工资		0.00001***	0.00001***	0.00001***		0.001**
		(2.60)	(3.27)	(3.34)		(2.38)
行业固定效应	否	否	是	是	否	是
地区固定效应	否	否	否	是	否	是
观测数	949634	949634	949634	949634	1105	1105
可决系数	0.000	0.022	0.204	0.220	0.024	0.388

注:1.OLS 指的是 Ordinary Least Squares,最小二乘法(又称最小平方方法);

2.括号内的值为 t 值,***、** 和 * 分别表示在 1%、5% 和 10% 水平上显著,下同。

对外直接投资提高了母公司对熟练劳动力的相对需求(Feenstra 和 Hanson,1996)[1],这一结论虽然与发达国家的研究结论相似,但在研究对象及原因机制方面却存在差异。

首先,从研究对象来看:发达国家主要基于制造业企业得出了对外直

———————

[1]　Feenstra,R.C.,Hanson,G.H.,"Globalization,Outsourcing,and Wage Inequality",*American Economic Review*,Vol.86,No.2,1996,pp.240-245.

接投资影响母公司就业结构的研究结论,而本书的研究主要是基于我国对外直接投资的服务业企业,制造业与服务业企业在产品属性、员工技能构成等方面都存在较大差异。

其次,从原因机制来看:根据美国等发达国家的要素禀赋和比较优势,跨国公司通过对外直接投资将劳动密集型的生产加工环节转移到生产成本更加低廉的国家,而母公司集中从事研发等总部密集型活动来获取超额利润,从而增加了对熟练劳动力的相对需求。

对我国而言,根据李磊等(2016)的研究①,我国对外直接投资并未导致国内产业的大量海外转移、产业空心化或国内就业的大量流失,因而,对外直接投资对母公司就业结构产生正向影响的原因可能并不是国内生产加工环节的大量海外转移导致对非熟练劳动力相对需求的下降,而是可能来自以下四个方面。

一是对外直接投资促使母公司增加了对总部服务人员的相对需求,为海外子公司提供监督、管理、营销等辅助性服务(Blomström 等,1997)②,提供这部分服务的员工大多从事的是财务、创新、管理、法律等方面的工作,属于高学历、高技能的熟练劳动力。

二是企业对外直接投资面临较高风险、需要支付较高的沉没成本,这要求投资企业具备较高的生产率和不断研发创新的能力。对于服务业企业来说,虽然并不需要像制造业企业那样支付投资厂房等方面的固定成本,但是同样需要支付租金、设备、海外人员工资等成本(李磊等,2017)③。而且,服务业企业的主要业务是向东道国提供服务,人力资本是影响企业竞争力的重要因素,这要求母公司积极获取海外先进技术,加强研发创新,海外投资所接触和获取的海外先进技术也需要进一步地消化、吸收和

---

①　李磊、白道欢、冼国明:《对外直接投资如何影响了母国就业?——基于中国微观企业数据的研究》,《经济研究》2016 年第 8 期。

②　Blomström, M., Fors, G., Lipsey, R. E., "Foreign Direct Investment and Employment: Home Country Experience in the United States and Sweden", *The Economic Journal*, Vol. 107, No. 445, 1997, pp. 1787-1797.

③　李磊、蒋殿春、王小霞:《企业异质性与中国服务业对外直接投资》,《世界经济》2017 年第 11 期。

转化,这些都将增加对熟练劳动力的需求。

三是从服务业企业内部的员工技能构成方面来看,由于母公司内部熟练劳动力占比相对较高,对外直接投资对母公司就业的促进作用可能更多地表现为对熟练劳动力相对需求的提高,因而对外直接投资对熟练劳动力就业的影响可能更加明显。

四是从不同技能劳动力的风险抵御能力方面来看,由于熟练劳动力与非熟练劳动力在技能、学历、工作岗位、流动成本等方面存在一定的差异,导致熟练劳动力和非熟练劳动力具有不同的风险抵御能力。其中,高技能的熟练劳动力具有较高的风险抵御能力,从而能够较好地适应工作岗位、工作地址等方面的转换,降低对外直接投资冲击的负向影响;而非熟练劳动力的风险抵御能力较弱,实现再就业较为困难,更容易受到对外直接投资冲击的负向影响。

另外,从本章所使用的数据特征来看,对外直接投资企业与非对外直接投资企业数量存在较大的差异,前者在总样本中所占比重偏低。因此,为了确保结论的稳健性,本章也采用先匹配(按照最近邻匹配原则,配对比例为1:3,下同)选择合适的对照组企业,然后再基于匹配样本进行回归,所选取的匹配变量包括对外直接投资、进口、外资企业、资本密集度和相对工资五个变量[1],回归结果见表3-1的第(5)—(6)列,发现核心解释变量(对外直接投资)的系数仍然显著为正,说明在剔除了实验组和对照组企业初始观测特征方面的差异因素之后,对外直接投资促使母公司提高对熟练劳动力的相对需求,对母公司就业结构产生显著的正向影响,说明本章的结论具有一定的稳健性。

对于其他控制变量来说:进口对就业结构产生了正向的影响,因为进口中间品一般代表了更高的质量水平(马述忠和吴国杰,2016)[2],往往需要与高技能的熟练劳动力相结合;外资企业的系数为正,说明外资进入促

---

① 由于本章的研究对象是母公司就业结构,且所采用的数据仅是2008年的全国经济普查数据,因此在选择匹配变量时并未加入就业结构变量,匹配变量的含义和设定方法同前。

② 马述忠、吴国杰:《中间品进口、贸易类型与企业出口产品质量——基于中国企业微观数据的研究》,《数量经济技术经济研究》2016年第11期。

进了企业中熟练劳动力占比的提高,即外商直接投资对企业就业结构的优化产生了正向影响,符合国际外包理论中关于资本流入对发展中国家就业结构影响的基本判断,与唐东波(2011)的结论一致①;资本密集度对就业结构的影响为正,说明资本密集度越高的企业中熟练劳动力占比也更高,资本与熟练劳动力之间可能存在互补关系;相对工资的系数较小,但在1%的水平上显著为正,由于服务业企业中熟练劳动力占比及相对需求都较高,相对工资越高,企业更容易吸引和雇佣高技能的熟练劳动力(高级技术人员、管理人才等),从而对就业结构产生正向影响,但相对工资对母公司就业结构的影响程度相对较小。

从就业结构的数据特征方面来看,由于被解释变量(企业内部熟练劳动力的占比)位于0到1之间,且部分企业样本存在极端值情况,如部分企业熟练劳动力占比为0,少量企业的熟练劳动力占比为1,可能使OLS估计结果产生偏差。为了确保结论的稳健性,本章进一步采用适用于分析被解释变量位于[0,1]的分数响应模型(Fractional Response Model,FRM)和托宾(Tobit)模型进行检验,估计结果分别见表3-2和表3-3。具体来看:

表3-2给出了分数响应模型的估计结果。其中,第(1)列不控制其他因素,发现核心解释变量(对外直接投资)的系数在1%的水平上显著为正。在第(2)—(4)列中逐步加入企业层面控制变量、行业固定效应、地区固定效应,发现核心解释变量(对外直接投资)的系数减小,但仍然在1%的水平上显著,说明对外直接投资对母公司就业结构产生了正向影响,结论具有一定的稳健性。第(5)—(6)列给出了基于对外直接投资企业及匹配成功的对照组企业的回归结果,发现核心解释变量(对外直接投资)的系数仍然在1%的水平上显著为正,对比OLS估计结果发现,核心解释变量(对外直接投资)的系数大小和显著性基本不变,说明结论具有稳健性。

---

① 唐东波:《全球化对中国就业结构的影响》,《世界经济》2011年第9期。

表3-2　初始检验结果:基于分数响应模型的检验(被解释变量:母公司就业结构)

解释变量	(1) 不控制 其他因素	(2) 加入企业 层面控制 变量	(3) 加入行业 固定效应	(4) 加入地区 固定效应	(5) 匹配后 不控制 其他因素	(6) 匹配后 加入企业 层面控制 变量
对外投直接资	0.273***	0.172***	0.139***	0.133***	0.123***	0.116***
	(14.84)	(8.66)	(8.71)	(8.47)	(5.37)	(5.23)
进口		0.275***	0.242***	0.241***		0.248***
		(107.53)	(100.60)	(100.31)		(14.18)
外资企业		0.248***	0.202***	0.191***		0.142***
		(85.30)	(79.30)	(75.45)		(2.96)
资本密集度		0.002***	0.001***	0.001***		0.019***
		(6.90)	(5.57)	(5.35)		(3.28)
相对工资		0.00001**	0.00001***	0.00001***		0.005**
		(2.44)	(3.19)	(3.24)		(2.40)
行业固定效应	否	否	是	是	否	否
地区固定效应	否	否	否	是	否	否
观测数	949634	949634	949634	949634	1105	1105
伪可决系数	0.000	0.008	0.079	0.085	0.008	0.062
似然函数值	−598695.00	−594152.17	−551599.11	−547759.67	−757.82	−716.39

注:1.本表汇报的是所有解释变量的平均边际效应,括号中汇报的是z统计量;
　　2.由于配对后观测值数量较少,无法估计加入行业、地区固定效应后的回归结果,因此在第(6)列给出的是加入企业层面控制变量后的估计结果。

表3-3给出了Tobit模型的估计结果。其中,第(1)列中不控制其他因素,发现核心解释变量(对外直接投资)的系数在1%的水平上显著为正;在第(2)—(4)列中逐步加入企业层面控制变量、行业固定效应、地区固定效应,发现核心解释变量(对外直接投资)的系数减小,但仍在1%的水平上显著,且与OLS、分数响应模型估计的系数大小和显著性相似,说

明对外直接投资与母公司熟练劳动力占比存在正相关关系,对外直接投资对母公司就业结构产生了正向影响,结论具有一定的稳健性。

表3-3　初始检验结果:基于 Tobit 模型的检验(被解释变量:母公司就业结构)

解释变量	(1) 不控制其他因素	(2) 加入企业层面控制变量	(3) 加入行业固定效应	(4) 加入地区固定效应	(5) 匹配后不控制其他因素	(6) 匹配后加入企业层面控制变量及行业、地区固定效应
对外直接投资	0.367***	0.223***	0.169***	0.160***	0.150***	0.107***
	(13.90)	(8.55)	(7.18)	(6.85)	(5.00)	(4.18)
进口		0.376***	0.348***	0.345***		0.242***
		(96.32)	(98.46)	(98.47)		(9.97)
外资企业		0.355***	0.286***	0.270***		0.155***
		(91.48)	(81.39)	(77.09)		(2.91)
资本密集度		0.001***	0.001**	0.001***		0.018***
		(4.34)	(2.27)	(2.64)		(2.63)
相对工资		0.00001***	0.00001***	0.00001***		0.005***
		(5.19)	(5.40)	(5.75)		(3.16)
行业固定效应	否	否	是	是	否	是
地区固定效应	否	否	否	是	否	是
观测数	949634	949634	949634	949634	1105	1105
伪可决系数	0.000	0.014	0.143	0.156	0.016	0.324
似然函数值	-677315.90	-668017.98	-580840.31	-571509.90	-755.85	-519.71

注:Tobit 模型左归并点设为 0,右归并点设为 1。

另外,表3-3的第(5)—(6)列给出了基于对外直接投资企业及匹配成功的对照组企业样本的回归结果,发现核心解释变量(对外直接投资)的系数仍然在1%的水平上显著为正,说明对外直接投资对母公司熟练劳动力的相对需求或就业结构产生了正向影响,这一结论并不受到所采用的研究方法和研究样本的影响。

总之,通过初始检验可以发现:对外直接投资与母公司内熟练劳动力占比存在正相关关系,即对外直接投资对母公司就业结构产生了正向影响。

然而,这种正向影响与母公司内熟练劳动力、非熟练劳动力人数变动有何关系,即这种正向影响来源于对外直接投资对母公司内熟练劳动力产生了正向影响而对非熟练劳动力产生负向影响,还是源于对母公司内熟练劳动力和非熟练劳动力都产生了正向影响但对前者的影响程度更大?后文的分样本检验部分对这一问题进行了更加深入而详细的研究和论证。

二、基于倾向得分的 ATT 检验结果及分析

根据企业异质性理论,由于对外直接投资需要企业支付更高的沉没成本,只有生产率更高的企业才可能对外直接投资,而生产率高的企业中熟练劳动力数量也相对更多,导致估计结果出现偏差。因此,本章进一步采用了多种方法进行倾向得分匹配,为对外直接投资企业找到了合意的"对照组"企业,并进行了基于倾向得分匹配的平均处理效应检验(Average Treatment Effect on the Treated,ATT 或 ATET),以克服可能存在的样本选择性偏差和内生性问题。

倾向得分匹配的基本过程是:首先,利用 Logit 模型估计企业对外直接投资的概率(即倾向得分);其次,将对照组企业对外直接投资概率与实验组企业对外直接投资概率进行匹配,并根据匹配比例挑选对照组企业。为了确保结论的稳健性,本章采用多种匹配比例和匹配方法进行检验。根据已有的理论和经验研究,本章选取的匹配变量包括:(1)出口,用虚拟变量表示,若企业 i 在样本期间内从事了出口活动,则赋值为 1,否则赋值为 0;(2)进口,用虚拟变量表示,若企业 i 在样本期间内从事了进口活动,则赋值为 1,否则赋值为 0;(3)外资企业,用虚拟变量表示,若企业为外资企业,则赋值为 1,否则赋值为 0;(4)资本密集度,用固定资产原

价/年末从业人数并加 1 取对数表示;(5)劳动生产率,用企业 i 的总产
出/年末从业人数,并采用加 1 取对数的形式;(6)相对工资水平,指的是
熟练劳动力与非熟练劳动力的相对工资。倾向得分匹配的平衡性检验结
果见表3-4。

表3-4　倾向得分匹配的平衡性检验

匹配变量		均值		偏差	t 检验	
		实验组	对照组		t 值	p>t
出口	匹配前	0.295	0.011	85.6	44.87	0.000
	匹配后	0.295	0.259	10.9	0.95	0.344
进口	匹配前	0.363	0.013	99.9	50.52	0.000
	匹配后	0.363	0.353	3.1	0.26	0.791
外资企业	匹配前	0.043	0.014	17.7	4.20	0.000
	匹配后	0.043	0.040	2.2	0.21	0.832
资本密集度	匹配前	4.363	3.594	49.3	8.38	0.000
	匹配后	4.363	4.387	−1.5	−0.17	0.862
劳动生产率	匹配前	7.082	5.287	109.5	21.90	0.000
	匹配后	7.082	7.191	−6.7	−0.69	0.494
相对工资	匹配前	2.868	4.301	−0.7	−0.08	0.935
	匹配后	2.868	5.145	−1.1	−1.05	0.294

注:本表汇报了最近邻匹配(1:1)的平衡性检验结果,其他匹配方法的平衡性检验结果基本相同。

见表3-4,可以发现:匹配前实验组企业与对照组企业在出口、进口、
外资企业、资本密集度、劳动生产率等方面存在明显的差异,且实验组企
业的特征变量大多好于对照组企业;匹配后各匹配变量的标准偏差基本
上都小于10%,对照组与实验组企业在所有观测特征上均不存在显著差
异性,说明所采用的匹配变量及方法的选取是适当的。

在倾向得分匹配的基础上,本章进一步检验了不同配对比例下企业是否
对外直接投资对母公司就业结构的影响,即平均处理效应,结果见表3-5。

表 3-5　基于倾向得分匹配的 ATT 检验结果

匹配方法及比例		实验组	对照组	平均处理效应	t 统计量
最近邻一对一匹配	匹配前	0.620024	0.324805	0.295219221	15.13
	匹配后	0.620024	0.495841	0.124182770	5.40
最近邻一对三匹配	匹配前	0.620024	0.324805	0.295219221	15.13
	匹配后	0.620024	0.495841	0.124182770	5.40
最近邻一对四匹配	匹配前	0.620024	0.324805	0.295219221	15.13
	匹配后	0.620024	0.504046	0.115978329	5.22
卡尺内一对四匹配	匹配前	0.620024	0.324805	0.295219221	15.13
	匹配后	0.620024	0.504046	0.115978329	5.22

注:1.卡尺匹配(也称为半径匹配)的半径设定为 0.01,由于卡尺内一对四匹配与简单的一对四匹配的结果相同,说明大多数一对四匹配均发生在该半径范围内,下同;

2.匹配变量基本上通过了平衡性检验,下同。

见表 3-5,可以发现:采用不同配对比例及方法进行检验,ATT 的大小基本位于 0.116—0.124 之间,而显著性水平基本维持在 1% 左右,说明对外直接投资与母公司熟练劳动力占比存在正相关关系,即对外直接投资对母公司就业结构产生了正向影响,这一结论具有一定的稳健性。具体来看:将实验组与对照组企业按照最近邻匹配(1∶1),ATT 约为 0.1242(t 值为 5.4),且在 1% 的水平上显著,说明相对于非对外直接投资企业而言,对外直接投资对母公司熟练劳动力相对需求产生了促进作用,即对外直接投资对母公司就业结构产生了显著的正向影响;按照最近邻匹配,匹配比例分别选择 1∶3、1∶4,发现 ATT 分别为 0.124 和 0.116,且都在 1% 的水平上显著,说明对外直接投资对母公司就业结构产生了正向影响,这一结论并未受到配对比例的影响,结论具有一定的稳健性;采用卡尺匹配方法(1∶4)进行检验,发现 ATT 不变(仍为 0.116),且在 1% 的水平上显著,说明对外直接投资对母公司就业结构产生了正向影响,这一结论并未受到所采用的配对方法的影响,结论具有稳健性。

另外,为了确保结论的稳健性,除了采用倾向得分匹配法外,本章还采用了回归调整法(Regression Adjustment,RA)、逆概率加权法(Inverse Probability Weights,IPW)估计 ATT,前者在估计企业对外直接投资概率时采用的是 Logit 模型,而后者在估计企业对外直接投资概率时采用了概率单位法(Probability Unit,简称为 Probit 模型),结果见表 3-6。可以发现:ATT 分别为 0.1298 和 0.1239,且都在 1%的水平上显著,与倾向得分匹配法的结论相似,说明对外直接投资对母公司熟练劳动力相对需求产生了促进作用,即对外直接投资对母公司就业结构产生了正向影响,结论具有稳健性。

表 3-6　基于回归调整和逆概率加权法的 ATT 检验结果

ATT 的估计方法	OFDI	稳健标准误差	z	P>z
回归调整法	0.129833	0.019590	6.63	0.00
逆概率加权法	0.123850	0.019476	6.36	0.00

三、基于员工类型、所有权、动机、东道国的区分样本检验

(一)基于员工类型的区分样本检验结果及分析

通过上述检验发现,对外直接投资对母公司熟练劳动力的相对需求产生了促进作用,从而对母公司就业结构产生了正向影响。那么,对外直接投资对不同技能水平的劳动力——熟练劳动力和非熟练劳动力员工就业产生了怎样的影响? 即对外直接投资对母公司就业结构的正向影响,是因为对非熟练劳动力就业产生了负向影响、对熟练劳动力就业产生了正向影响,还是因为对非熟练劳动力和熟练劳动力就业都产生了正向影响,但对后者的正向影响程度更大?

为了回答这一问题,本章继续采用基于倾向得分匹配的 ATT 检验法,分别估计了对外直接投资对母公司内熟练劳动力和非熟练劳动力就业总量的影响,估计结果见表 3-7。可以发现:首先,无论对于熟练劳动力还是非熟练劳动力来说,ATT 都显著为正,说明对外直接投资对母公司

熟练劳动力和非熟练劳动力就业都产生了正向影响,对外直接投资并没有对这两类员工就业产生明显的替代效应;其次,对比对外直接投资对不同类型员工就业的影响(ATT)发现,熟练劳动力的 ATT 相对更大,说明对外直接投资对熟练劳动力就业的正向影响更加明显,即对外直接投资对母公司熟练劳动力的相对需求产生了促进作用,从而对母公司就业结构产生了正向影响,这一影响主要来源于对外直接投资对母公司内熟练劳动力和非熟练劳动力就业都产生了正向影响,但对前者的影响更加明显。

表 3-7 不同类型员工就业变动的检验

匹配方法及比例	熟练劳动力		非熟练劳动力	
	ATT	t 统计量	ATT	t 统计量
最近邻一对一匹配	1.728450	12.13	1.010261	5.66
最近邻一对三匹配	1.751012	14.06	1.040660	6.32
最近邻一对四匹配	1.736631	14.21	1.073950	6.59
卡尺内一对四匹配	1.736631	14.21	1.073950	6.59

(二)基于所有权性质的区分样本检验结果及分析

根据所有权性质,我们将国内企业划分为国有企业和民营企业两大类。[1] 由于国有企业与民营企业在对外直接投资起步时间、投资动机、享受的优惠政策、融资约束等方面存在差异,这种因所有制带来的差异可能会影响企业是否对外直接投资及对外直接投资绩效,从而对母公司就业结构产生异质性影响。因此,本章进一步分析了所有权差异对对外直接投资的母公司就业结构效应的异质性影响。

---

[1] 参考方明月等(2010)、李磊等(2015)的做法,根据登记注册类型,将企业划分为国有企业、集体企业、私营企业、港澳台资企业、外资企业及其余企业。在此基础上,本书将企业进一步划分为国有企业和民营企业,前者包括国有企业和集体企业,具体包括国有企业、国有独资企业、国有联营企业、国有与集体联营企业、集体企业、集体联营企业、股份合作企业;后者包括私营企业、港澳台资企业、外资企业及其余企业,其中私营企业包括私营独资企业、私营合伙企业、私营有限责任公司、私营股份有限公司,其余企业包括其他联营企业、其他有限责任公司、股份有限公司和其他企业,港澳台资企业和外资企业所涉及的企业在前文已有表述,此处不再详述。

基于倾向得分匹配方法计算了 ATT,估计结果见表 3-8。可以发现:采用不同配对比例及方法进行检验,国有企业的 ATT 的大小基本位于0.101—0.158,民营企业的 ATT 的大小基本位于 0.144—0.150,大部分在 1% 的水平上显著,说明无论对国有企业还是对民营企业来说,对外直接投资都对母公司熟练劳动力的相对需求产生了促进作用,从而对母公司的就业结构产生了正向影响,这一结论并不受到匹配方法及匹配比例的影响。另外,结合上一章的研究结论可以发现,对于国有企业而言,虽然对外直接投资并没有促进母公司就业总量的增长,但是根据本章的研究可知,对外直接投资仍能够通过影响就业结构的方式影响母公司就业。即对外直接投资不能为母国创造更多的就业机会,但仍会对母公司就业结构产生正向影响,这对于促进母公司的创新和长期可持续发展来说都是极为有利的。

表 3-8　企业所有权的检验

匹配方法及比例	国有企业		民营企业	
	ATT	t 统计量	ATT	t 统计量
最近邻一对一匹配	0.100503	1.61	0.150020	4.68
最近邻一对三匹配	0.157587	3.19	0.149347	5.79
最近邻一对四匹配	0.145002	3.02	0.144347	5.78
卡尺内一对四匹配	0.145002	3.02	0.144347	5.78

注:为了研究对外直接投资对不同所有权性质企业就业结构的影响,匹配变量中去掉了外资企业变量。

(三)基于投资动机的区分样本检验结果及分析

投资动机可能会导致对外直接投资对母公司就业结构的影响存在差异性。为了检验投资动机对对外直接投资的母公司就业结构效应的影响,本章仍然基于倾向得分匹配法计算了 ATT。

表 3-9 给出了基于投资动机的检验结果,可以发现:一是具有市场寻求型和技术寻求型投资动机的企业 ATT 显著为正、具有资源寻求型投资动机的企业 ATT 并不显著,说明市场寻求型和技术寻求型投资促使母

公司提高了对熟练劳动力的相对需求,对母公司的就业结构产生了正向影响;二是从处理效应的大小来看,技术寻求型投资企业的 ATT 要明显高于其他两类企业,且 t 统计量更大,说明技术寻求型投资对母公司就业结构的正向促进作用相对更大。这在一定程度上也可以说明,对外直接投资较大程度上提高了技术寻求型企业的母公司的创新意识,促使母公司不断增加了研发创新投入、提高对高素质人才的需求,且技术寻求型投资企业内所需要及雇佣的熟练劳动力占比本身就更高,因此,对外直接投资对母公司就业结构产生了较为明显的正向影响。

表3-9　基于投资动机的检验

匹配方法及比例	市场寻求型		资源寻求型		技术寻求型	
	ATT	t 统计量	ATT	t 统计量	ATT	t 统计量
最近邻一对一匹配	0.094781	3.08	0.078943	0.70	0.51909	8.25
最近邻一对三匹配	0.105559	4.23	-0.015511	-0.18	0.52721	9.33
最近邻一对四匹配	0.112701	4.69	0.003665	0.04	0.50146	9.18
卡尺内一对四匹配	0.112701	4.69	0.003665	0.04	0.50146	9.18

(四)基于投资东道国的区分样本检验结果及分析

投资东道国的经济、政治、法律、文化环境影响企业的投资东道国决策,也可能影响着企业的投资风险与绩效,导致对不同东道国投资的跨国公司的就业结构效应可能存在异质性。

为了检验东道国因素对对外直接投资就业结构效应的影响是否存在异质性,本章采用相同的方法估计 ATT,估计结果见表3-10。可以发现:首先,尽管企业海外投资的东道国存在较大的差异性,总体来看,对外直接投资对母公司就业结构产生了一定的正向影响;其次,对高收入国家投资的企业就业结构变化更为明显,ATT 的大小和显著性水平都更高。原因可能是,对高收入国家投资的企业面临较为激烈的市场竞争,这激励母公司在海外经营过程中不断增加研发创新投资和提高熟练劳动力的比重;高收入国家的技术、管理等更加先进、更加科学,对外直接投资使企业能够接触和学习先进的技术和管理经验等,需要将其转移回母公司进行消化、吸收和转化,从而增加对熟练劳动力的相对需求;对高收入国家投资的企业生产率水平可能更高,母公司内熟练劳动力占比更高,对熟练劳动力的相对需求也更高。因此,对外直接投资可能对该类跨国企业的母公司就业结构产生显著影响。

表 3-10　基于投资东道国的检验

匹配方法及比例	港澳等避税地		高收入国家		中低收入国家	
	ATT	t 统计量	ATT	t 统计量	ATT	t 统计量
最近邻一对一匹配	0.095223	1.72	0.2365731	4.96	0.06459	1.39
最近邻一对三匹配	0.116652	2.74	0.2063159	5.10	0.07862	2.18
最近邻一对四匹配	0.124979	3.05	0.2023194	5.17	0.08228	2.36
卡尺内一对四匹配	0.124979	3.05	0.2023194	5.17	0.08228	2.36

注:东道国的划分方法同前一章。

四、基于职称结构、内生性问题及上市公司的稳健性检验

为了确保结论的稳健性,本章采用了三种方法进行稳健性检验:一是替换被解释变量,将学历结构改为职称结构,检验对外直接投资对母公司职称结构的影响;二是为了消除可能存在的内生性问题,本章采用了两种方法进行检验,一种是考察了企业 2005 年、2006 年和 2007 年对外直接投资对母公司就业结构的影响,另一种是将核心解释变量(对外直接投资)替换为企业截止到 2008 年累计对外直接投资次数并重新进行检验;三是考虑到制造业与服务业企业在就业结构方面的差异性及研究结论的完整性,本章又利用上市公司制造业企业数据,检验了对外直接投资对母公司就业结构的影响,发现对于制造业企业而言,对外直接投资并没有改善母公司的就业结构,说明对外直接投资的母公司就业结构效应因企业所在行业不同而存在差异。

(一)基于职称结构的检验结果及分析

职称水平往往与员工的技能水平、学历水平存在正相关关系,都是企业就业结构的表现。因此,对外直接投资不仅可能影响母公司员工的学历结构,也可能对员工的职称结构产生一定的影响。为了确保结论的稳健性,本章借鉴唐东波(2011)的分类方法[1],按照职称结构对员工进行分类,分析对外直接投资对母公司职称结构的影响。本章按照职称水平,将劳动力划分为高职称劳动力和中低职称劳动力两类,高职称劳动力指的是具有高级技术职称和中级技术职称的人员,低技术职称人员及其他人员被划分为低职称劳动力(用企业年末从业人数减去高职称劳动力人数)。

本章继续采用基于倾向得分的 ATT 检验方法[2],研究对外直接投资对母公司高职称员工占比的影响,估计结果见表 3-11,发现 ATT 位于0.042 到 0.045 之间,在 1% 的水平上显著,说明对外直接投资与母公司高职称劳动力占比存在正相关关系,即对外直接投资对母公司职称结构产生了正向影响,这在一定程度上可以证明,对外直接投资对母公司就业结构产生了正向影响,采用多种配对比例及匹配方法仍然不改变本章的结论,结论具有稳健性。

表 3-11　基于倾向得分匹配的 ATT 检验结果:职称

匹配方法及比例	实验组	对照组	ATT	t 统计量
最近邻一对一匹配	0.130664	0.088318	0.042346	2.95
最近邻一对三匹配	0.130664	0.088103	0.042561	3.48
最近邻一对四匹配	0.130664	0.085648	0.045016	3.80
卡尺内一对四匹配	0.130664	0.085648	0.045016	3.80

(二)基于内生性问题的检验结果及分析

对外直接投资对母公司就业结构的影响可能具有内生性,即对外直

---

[1]　唐东波:《全球化对中国就业结构的影响》,《世界经济》2011 年第 9 期。
[2]　为了确保匹配结果的合理性,本书将匹配变量中熟练劳动力与非熟练劳动力的相对工资水平替换为高职称员工与中低职称员工的相对工资水平,其他匹配变量保持不变。

接投资企业熟练劳动力占比可能本身就高于非对外直接投资企业,就业结构更加优化的企业可能更倾向于对外直接投资。为了排除可能存在的双向因果关系,本章采用两种方法进行稳健性检验。

一是将对外直接投资年份滞后一年到三年,分别考察企业 2005—2007 年的对外直接投资对母公司就业结构的影响。具体方法是:首先,按照企业名称,将 2005—2007 年对外直接投资企业分别与 2008 年全国经济普查数据进行匹配,得到 2005—2007 年对外直接投资的企业数目分别为 136、212、210;其次,若企业在 2005 年对外直接投资,核心解释变量(对外直接投资)赋值为 1,否则赋值为 0,检验 2005 年(滞后三年)对外直接投资对母公司就业结构(2008 年)的影响,其他年份的检验方法类似,估计结果见表 3-12。

表 3-12　基于 2005—2007 年对外直接投资样本的检验
(被解释变量:母公司就业结构)

解释变量	滞后三年（2005 年）		滞后两年（2006 年）		滞后一年（2007 年）	
	（1）	（2）	（3）	（4）	（5）	（6）
对外直接投资	0.314***	0.149***	0.300***	0.135***	0.274***	0.099***
	(11.61)	(6.71)	(12.76)	(6.63)	(11.21)	(4.30)
进口		0.282***		0.282***		0.282***
		(103.19)		(103.09)		(103.06)
外资企业		0.200***		0.200***		0.200***
		(75.36)		(75.36)		(75.37)
资本密集度		0.001***		0.001***		0.001***
		(4.35)		(4.35)		(4.37)
相对工资		0.000***		0.000***		0.000***
		(3.34)		(3.34)		(3.34)
行业固定效应	否	是	否	是	否	是
地区固定效应	否	是	否	是	否	是

续表

解释变量	滞后三年(2005年)		滞后两年(2006年)		滞后一年(2007年)	
	(1)	(2)	(3)	(4)	(5)	(6)
观测数	949634	949634	949634	949634	949634	949634
可决系数	0.000	0.220	0.000	0.220	0.000	0.220

见表3-12,第(1)—(2)列给出的是2005年(滞后三年)对外直接投资对母公司就业结构的影响,第(3)—(4)列给出的是2006年(滞后两年)对外直接投资对母公司就业结构的影响,第(5)—(6)列给出的是2007年(滞后一年)对外直接投资对母公司就业结构的影响。可以发现:核心解释变量(对外直接投资)的系数都显著为正,2005年对外直接投资对母公司就业结构的正向影响程度最大,其次是2006年和2007年,说明对外直接投资对母公司就业结构产生了正向影响,且对外直接投资对母公司就业结构的影响具有长期性,即能够在较长时间内对母公司就业结构产生正向的促进作用。如果企业能够克服经营风险、实现长期持续经营,对外直接投资将对母公司就业结构产生更为明显的影响,结论具有稳健性。

二是将核心解释变量(对外直接投资)替换为企业截止到2008年累计对外直接投资次数,考察了对外直接投资次数对母公司就业结构的影响,估计结果见表3-13。具体来看:见表3-13,第(1)列不控制其他因素,核心解释变量(对外直接投资次数)的系数在1%的水平上显著为正,说明对外直接投资次数与母公司内熟练劳动力占比存在正相关关系;第(2)列中进一步控制企业的特征变量,核心解释变量(对外直接投资次数)系数大小和显著性都有所下降,说明这些特征变量在一定程度上可以影响母公司内熟练劳动力占比,但并不改变本章的核心结论,在第(3)—(4)列中进一步控制企业所在的行业和地区因素,核心解释变量(对外直接投资次数)系数仍然在1%的水平上显著为正,这说明即使考虑了内生性问题后,本章的结论仍然具有一定的稳健性。

表 3-13 基于对外直接投资次数的检验(被解释变量:母公司就业结构)

解释变量	(1) 不控制 其他因素	(2) 加入企业层面 控制变量	(3) 加入行业 固定效应	(4) 加入地区 固定效应
对外直接投资次数	0.124 ***	0.071 ***	0.057 ***	0.053 ***
	(10.16)	(7.53)	(7.86)	(7.40)
进口		0.296 ***	0.281 ***	0.281 ***
		(108.93)	(102.71)	(102.45)
外资企业		0.268 ***	0.213 ***	0.200 ***
		(85.44)	(79.24)	(75.37)
资本密集度		0.001 ***	0.001 ***	0.001 ***
		(6.82)	(3.69)	(4.26)
相对工资		0.000 ***	0.000 ***	0.000 ***
		(2.60)	(3.27)	(3.34)
行业固定效应	否	否	是	是
地区固定效应	否	否	否	是
观测数	949634	949634	949634	949634
可决系数	0.000	0.022	0.204	0.220

(三)基于上市公司的检验结果及分析

受数据限制,本章利用 2008 年全国经济普查数据和商务部《境外投资企业(机构)名录》构建了主要包含服务业企业对外直接投资和就业结构的微观数据集,考察企业对外直接投资对母公司就业结构的影响,但无法考察对外直接投资对母公司就业结构的长期持续性影响。为了确保结论的完整性,以及了解制造业企业对外直接投资对母公司就业结构影响的差异性,本章继续利用制造业内的上市公司数据对这一问题进行再检验。

在研究方法上,为了克服可能存在的样本选择偏差和内生性问题,如果直接采用 OLS 回归将可能导致估计结果的偏差,为此我们采用了倾向得分匹配和双重差分法进行检验,模型设定如下:

$$y_{it} = \beta_0 + \beta_1 du + \beta_2 dt + \gamma du \times dt + \theta Z_{it} + \varphi_j + \varphi_r + \varphi_t + \varepsilon_{it} \quad (3-13)$$

在(3-13)式中,下标 i、j、t、r 分别指企业、行业、年份和地区,被解释变量 y_{it} 指的是企业内熟练劳动力占比,即拥有大专及以上学历的员工在总员工中所占比重,与前文中的变量设定方法相同;$du = 1$ 表示企业 i 是对外直接投资的实验组样本企业,$du = 0$ 表示企业 i 是非对外直接投资的对照组样本企业。dt 是二元时间虚拟变量,$dt = 1$ 表示对外直接投资当年及以后的年份,$dt = 0$ 表示对外直接投资前的年份。交互项($du \times dt$)仍然是我们关注的核心解释变量。φ_j、φ_r、φ_t 分别表示行业、地区和年份固定效应。

另外,为了解决变量缺失问题,本书采用的方法是在(3-13)式中加入影响企业的其他控制变量 Z_{it}。根据以往的经验研究(毛其淋和许家云,2014b)[1],选取的变量包括[2]:(1)企业资本密集度,用固定资产/员工总数并取对数表示;(2)企业总资产,用企业总资产取对数表示;(3)企业年龄,用当年年份与企业成立年份的差值衡量;(4)海外业务收入,采用虚拟变量表示,存在海外业务收入的样本为1,其他为0,罗长远和季心宇(2015)指出如果发生了境外业务收入就认为企业有出口活动[3],因此本书用此指标来近似地反映企业对外经营情况;(5)员工平均工资,用支付给职工及为职工支付的现金除以员工总数后取对数表示。

所使用的数据来源主要有两个:一是万德(Wind)上市公司数据库,包括财务数据、公司资料(企业设立时间、上市时间、员工人数、学历构成、岗位分类等)和跨国并购交易信息(首次公开披露时间、标的企业名称、交易价值、收购方企业、咨询顾问、交易货币类型、交易状态等)等。二是商务部《境外投资企业(机构)名录》,包括了对外直接投资的母公司名称及所在省份、海外投资分支机构名称、投资东道国、核准日期、经营范围等信息。其中,跨国并购是指收购方为中国 A 股上市公司、被收购方

① 毛其淋、许家云:《中国外向型 FDI 对企业职工工资报酬的影响:基于倾向得分匹配的经验分析》,《国际贸易问题》2014 年(b)第 11 期。
② 由于研究对象和采用的统计数据不同,采用与服务业企业为研究对象时相同的控制变量较为困难,因此我们仅根据以往相关文献中的常用做法选择了合意的控制变量。
③ 罗长远、季心宇:《融资约束下的企业出口和研发:"鱼"与"熊掌"不可得兼?》,《金融研究》2015 年第 9 期。

为国外企业的并购行为,满足如下标准:(1)并购交易已实际完成;(2)一次或连续多次并购同一家企业,收购方拥有标的企业的股权比例达30%及以上(王艳和阚铄,2014)①;(3)对于同一企业在同一年完成多起并购交易的事件,仅保留公司在当年完成的第一起并购;(4)样本期间内不同年份多次发生的并购交易,仅保留初次并购交易信息;(5)仅保留制造业上市公司②。

数据处理过程如下:首先,根据万德数据库(Wind)提供的跨国并购交易信息,按照跨国并购标准,仅保留制造业企业样本,筛选得到跨国并购企业103家;其次,利用Wind提供的上市公司名称与《境外投资企业(机构)名录》中2012—2015年所有进行对外投资企业匹配得到已上市的对外直接投资企业,然后从中剔除跨国并购企业样本,并删掉不符合条件的样本③,得到进行绿地投资的上市公司511家,最后,得到2012—2015年期间进行对外直接投资的制造业企业614家。

为了找到合适的对照组企业,确保对照组企业与实验组企业除了是否参与对外直接投资外其他特征都基本相同,我们首先采用了倾向得分匹配法,挑选了合意的对照组企业,选取的匹配变量包括:(1)企业总资产,用企业的资产总额并取对数表示;(2)企业资本密集度,用固定资产/员工总数并取对数表示;(3)企业年龄,用当年年份与企业成立年份的差值衡量;(4)企业性质,国有企业是1,其他企业是0;(5)生产率,采用LP半参方法计算的生产率表示;(6)海外业务收入,采用虚拟变量表示,存在海外业务收入的样本为1,其他为0;(7)员工总数,用企业的年末员工总人数并取对数表示。

利用Logit模型估计倾向得分,按最近邻匹配原则、分年度进行了有放回配对,配对比例为1:3,匹配结果见表3-14。由于匹配的目的是找

---

① 王艳、阚铄:《企业文化与并购绩效》,《管理世界》2014年第11期。

② 按照证监会行业分类方法进行筛选,为了确保企业员工结构的一致性,删掉了银行、证券、保险等企业样本,只保留制造业样本。

③ 删掉了被ST、S等处理的企业,以及无法确定投资东道国信息的6个企业,分别是中色股份、飞天诚信、瑞康医药、山东威达、君正集团、兆欣科技,并删掉了其他关键变量信息缺失的企业。

到没有进行对外直接投资时与投资企业最具可比性的企业,因而我们按照对外直接投资前一期企业特征变量对样本进行分年度匹配。由于剔除了部分重复配对的企业样本,获得对照组企业595家。其中,2011年168家、2012年136家、2013年124家、2014年167家。由于剔除了不在共同取值范围内的企业,匹配后,实验组企业变为377家。

见表3-14,可以发现:匹配前实验组企业的总资产、生产率、海外业务收入、员工总数等指标普遍优于对照组企业,而匹配后每年度各匹配变量的标准偏差都小于10%,且对照组与实验组企业在所有观测特征上均不存在显著的差异性,说明匹配变量及方法的选取是适当的。

表3-14 倾向得分匹配的平衡性检验

匹配变量		均值		偏差	t 检验	
		实验组	对照组		t 值	p>t
总资产	匹配前	21.863	21.610	21.6	2.41	0.016
	匹配后	21.863	21.889	-2.2	-0.18	0.860
资本密集度	匹配前	12.451	12.556	-11.9	-1.37	0.170
	匹配后	12.451	12.411	4.5	0.36	0.719
企业年龄	匹配前	15.935	16.312	-6.8	-0.85	0.394
	匹配后	15.935	16.206	-4.9	-0.40	0.689
企业性质	匹配前	0.165	0.294	-30.9	-3.19	0.001
	匹配后	0.165	0.187	-5.2	-0.47	0.638
生产率	匹配前	12.408	12.225	26.7	2.93	0.003
	匹配后	12.408	12.418	-1.5	-0.12	0.901
海外业务收入	匹配前	0.849	0.640	49.2	4.94	0.000
	匹配后	0.849	0.856	-1.7	-0.17	0.866
员工总数	匹配前	7.696	7.490	17.6	2.00	0.045
	匹配后	7.696	7.757	-5.2	-0.42	0.673

注:本表报告的是利用2014年数据进行倾向得分匹配的平衡性检验结果,2011—2013年企业倾向得分匹配的平衡性检验结果与之类似,限于篇幅并未汇报。

表3-15报告了对外直接投资对制造业企业(上市公司)就业结构的影响。基于固定效应模型,第(1)列中核心解释变量(交互项)的系数为负且不显著,说明制造业企业对外直接投资并未提高母公司对熟练劳动力的相对需求,并没有促进母公司就业结构的优化,可能的原因在于:由于我国制造业企业的比较优势仍然集中于劳动密集型的加工生产环节,且根据蒋冠宏和蒋殿春(2014b)等对投资动机的分类检验发现,仅商贸服务型样本就占总样本的一半以上,说明我国企业对外投资的动机可能以市场寻求型为主。[1] 因此,对外直接投资导致了母公司出口增多,更大程度地促进了母公司对低技能、低成本的非熟练劳动力相对需求的增长,导致母公司的人力资本水平无法得到明显提高。而且,上市公司是国内生产率水平更高、管理更加科学的企业,雇佣的高学历、高技能的熟练劳动力相对更多,员工技能结构更加优化,因而对外直接投资对这类企业产生的边际效应可能相对较小。

表3-15　基于上市公司的检验(被解释变量:母公司就业结构)

解释变量	(1) 投资当年	(2) 滞后一年	(3) 滞后两年	(4) 滞后三年
交互项	−0.014	−0.007	−0.018	−0.024
	(−1.42)	(−0.50)	(−0.96)	(−0.94)
资本密集度	−0.023***	−0.026***	−0.036***	−0.036***
	(−6.52)	(−5.36)	(−5.51)	(−3.88)
总资产	0.003	0.000	−0.001	0.006
	(1.44)	(0.12)	(−0.22)	(1.05)
企业年龄	−0.001***	−0.001	−0.001	0.000
	(−2.82)	(−1.42)	(−1.40)	(−0.29)
海外业务收入	−0.040***	−0.042***	−0.029**	−0.042**
	(−5.95)	(−4.68)	(−2.25)	(−2.52)

---

[1]　蒋冠宏、蒋殿春:《中国企业对外直接投资的"出口效应"》,《经济研究》2014 年(b)第 5 期。

解释变量	（1）投资当年	（2）滞后一年	（3）滞后两年	（4）滞后三年
员工平均工资	0.207***	0.200***	0.203***	0.177***
	(31.63)	(22.50)	(17.42)	(11.35)
行业固定效应	是	是	是	是
地区固定效应	是	是	是	是
年份效应	是	是	是	是
观测数	5333	3062	1811	1014
可决系数	0.314	0.303	0.291	0.343

另外,由于企业的海外经营具有长期性,对外直接投资对企业就业结构的影响可能存在滞后作用。因此,按照同样的方法,加入控制变量、行业、地区、年份固定效应,进行滞后效应检验,关注核心解释变量（交互项）的系数,估计结果见表3-15第（2）—（4）列。可以发现,相对于投资当年来说,滞后一年、两年、三年,核心解释变量（交互项）的系数为负且绝对值先下降后上升,但都在10%的水平上不显著,说明即使在较长时间内,制造业企业对外直接投资并没有显著地提高母公司对熟练劳动力的相对需求,即对外直接投资并未促进母公司就业结构的改善或优化,与服务业企业对外直接投资的母公司就业结构效应存在较大差异。

第四节　对外直接投资影响母公司就业结构的原因机制检验

根据前文中的影响机制分析可知,对外直接投资影响母公司就业结构可能主要通过出口和技术进步两个渠道。因此,本章继续采用中介效应模型,分别检验出口、技术进步两个因素对对外直接投资的母公司就业结构效应产生的中介作用。

一、基于出口中介渠道的检验结果及分析

中介效应模型是检验变量之间影响的过程和机制的重要方法,目前已得到了十分广泛的应用。根据中介效应模型的构建方法,本章首先对出口(采用虚拟变量表示,若企业存在出口,则赋值为 1,否则为 0)这一中介变量进行检验,构建的中介效应模型由以下三个方程组成:

$$SH_i = a_0 + a_1 OFDI_i + \Psi X_i + \varphi_r + \varphi_j + \varepsilon_i \qquad (3-14)$$

$$exp_i = b_0 + b_1 OFDI_i + \Psi X_i + \varphi_r + \varphi_j + \varepsilon_i \qquad (3-15)$$

$$SH_i = d_0 + d_1 OFDI_i + \Psi X_i + \delta exp_i + \varphi_r + \varphi_j + \varepsilon_i \qquad (3-16)$$

其中,变量含义和设定方法同前。表 3-16 给出了出口的中介效应模型的检验结果,第(1)列是对(3-14)式的估计结果,第(2)列是对(3-15)式的估计结果,第(5)列是对(3-16)式的估计结果。另外,为了确保结论的稳健性,本章还将出口虚拟变量替换为出口密集度(采用出口额/产出并加 1 取对数表示)和出口额(采用出口额加 1 取对数表示)进行检验,估计结果见表 3-16 的第(3)—(4)列和第(6)—(7)列。

表 3-16　原因机制检验:出口渠道

解释变量	(1) 被解释变量: 母公司就业结构	(2) 被解释变量: 出口虚拟变量	(3) 被解释变量: 出口密集度	(4) 被解释变量: 出口额	(5) 被解释变量: 母公司就业结构(加入出口虚拟变量)	(6) 被解释变量: 母公司就业结构(加入出口密集度变量)	(7) 被解释变量: 母公司就业结构(加入出口额变量)
对外直接投资	0.133***	0.103***	0.566***	2.074***	0.116***	0.118***	0.109***
	(8.16)	(4.55)	(3.79)	(5.18)	(7.10)	(7.17)	(6.67)
出口虚拟变量					0.175***		
					(48.50)		

续表

解释变量	（1）被解释变量：母公司就业结构	（2）被解释变量：出口虚拟变量	（3）被解释变量：出口密集度	（4）被解释变量：出口额	（5）被解释变量：母公司就业结构（加入出口虚拟变量）	（6）被解释变量：母公司就业结构（加入出口密集度变量）	（7）被解释变量：母公司就业结构（加入出口额变量）
出口密集度						0.027***	
						(37.72)	
出口额							0.012***
							(49.24)
控制变量	是	是	是	是	是	是	是
行业固定效应	是	是	是	是	是	是	是
地区固定效应	是	是	是	是	是	是	是
观测数	949634	949634	949634	949634	949634	949634	949634
可决系数	0.220	0.321	0.203	0.302	0.222	0.221	0.222

注：本表汇报的是 OLS 的估计结果，采用的是稳健标准误差。

　　具体来看：表3-16第（2）列报告了以出口虚拟变量为因变量的估计结果，可以发现：核心解释变量（对外直接投资）的系数在1%的水平上显著为正，说明对外直接投资对母公司的出口概率产生了正向影响。将因变量替换为出口密集度和出口额，见第（3）—（4）列，发现核心解释变量（对外直接投资）的系数仍显著为正，即对外直接投资对母公司的出口规模产生了正向影响，与蒋冠宏和蒋殿春（2014b）等的研究结论一致[1]。从

----

[1]　蒋冠宏、蒋殿春：《中国企业对外直接投资的"出口效应"》，《经济研究》2014年（b）第5期。

本章所使用的样本数据来看,大约有一半的企业名称中包含"进出口""贸易"等关键词,这部分企业可能是贸易中间商,还有一部分是批发业、商务服务业、建筑业等行业的企业,这说明对于服务业企业(尤其是为制造业服务的服务业企业)而言,对外直接投资也能够通过促进母公司出口增长而对国内就业产生积极作用,由于这部分企业与制造业企业间具有密切关系,服务业企业对外直接投资还可能会对制造业企业出口产生联动效应。

表3-16第(5)列报告了因变量对自变量和中介变量(出口虚拟变量)的回归结果,发现中介变量(出口虚拟变量)的估计系数显著为正,说明出口对母公司的就业结构产生了正向影响,将中介变量(出口虚拟变量)替换为出口密集度和出口额分别进行检验,估计结果见表3-16第(6)—(7)列,发现出口密集度和出口额的系数都在1%的水平上显著为正,且核心解释变量(对外直接投资)的系数大小和显著性基本不变,说明对外直接投资对出口产生的正向影响将进一步作用于母公司的就业结构,结论具有稳健性。

另外,与表3-16第(1)列的回归结果相比,分别加入中介变量出口虚拟变量、出口密集度和出口额之后,核心解释变量(对外直接投资)的系数和显著性水平都有所下降,初步证明了出口 exp 中介效应的存在性,说明出口可能是对外直接投资影响母公司就业结构的中介因素。

二、基于技术进步渠道的检验结果及分析

与上一章中原因机制部分的研究方法相同,本章仍然以生产率表征技术进步,采用中介效应模型,研究技术进步(生产率)这一中介变量的影响。由于2008年缺失中间投入和工业增加值数据,本章采用劳动生产率来衡量企业的生产率。

为了确保结论的稳健性,本章还借鉴白重恩等(2006)的做法,分别采用人均利润和人均销售额来衡量企业的劳动生产率,前者用企业营业利润除以年末就业人数表示,后者用企业销售收入除以年末从业人数表

示,都采用加 1 取对数形式[①]。完整的中介效应模型由以下三个方程组成:

$$SH_i = \theta_0 + \theta_1 OFDI_i + \rho X_i + \varphi_r + \varphi_j + \varepsilon_i \qquad (3-17)$$

$$lp_i = \vartheta_0 + \vartheta_1 OFDI_i + \rho X_i + \varphi_r + \varphi_j + \varepsilon_i \qquad (3-18)$$

$$SH_i = \mu_0 + \mu_1 OFDI_i + \rho X_i + \sigma lp_i + \varphi_r + \varphi_j + \varepsilon_i \qquad (3-19)$$

其中,变量的含义和设定方法同前。按照同样的方法,对中介效应模型进行估计,估计结果见表 3-17。表 3-17 第(1)列是对(3-17)式的估计结果,第(2)列是对(3-18)式的估计结果,第(5)列是对(3-19)式的估计结果。具体来看:表 3-17 的第(2)列给出了以劳动生产率为因变量的估计结果,可以发现核心解释变量(对外直接投资)的系数在 1% 的水平上显著为正,即对外直接投资对母公司的生产率产生了正向影响,与蒋冠宏和蒋殿春(2014a)、毛其淋和许家云(2014c)等的研究结论一致[②]。进一步将因变量替换为人均利润和人均销售额进行估计,估计结果见第(3)—(4)列,发现人均利润和人均销售额的系数都在 1% 的水平上显著为正,而核心解释变量(对外直接投资)的系数大小和显著性并未发生明显的变化,说明结论具有一定的稳健性。表 3-17 的第(5)列给出了因变量对自变量和劳动生产率的估计结果,发现劳动生产率的系数显著为正,说明对外直接投资对母公司的就业结构产生了正向影响,而技术进步在其中发挥了重要的中介作用。将因变量对自变量、人均利润和人均销售额分别进行回归发现,结果见第(6)—(7)列,发现人均利润和人均销售额的系数均显著为正,而核心解释变量(对外直接投资)的系数也在 1% 的水平上显著为正,说明结论是稳健的。

---

① 白重恩、路江涌、陶志刚:《国有企业改制效果的实证研究》,《经济研究》2006 年第 8 期。

② 蒋冠宏、蒋殿春:《中国工业企业对外直接投资与企业生产率进步》,《世界经济》2014 年(a)第 9 期。毛其淋、许家云:《中国企业对外直接投资是否促进了企业创新》,《世界经济》2014 年(c)第 8 期。

表 3-17　原因机制检验：技术进步渠道

解释变量	（1）被解释变量：母公司就业结构	（2）被解释变量：劳动生产率	（3）被解释变量：人均利润	（4）被解释变量：人均销售额	（5）被解释变量：母公司就业结构（加入劳动生产率变量）	（6）被解释变量：母公司就业结构（加入人均利润变量）	（7）被解释变量：母公司就业结构（加入人均销售额变量）
对外直接投资	0.133***	0.856***	0.581***	0.845***	0.094***	0.129***	0.095***
	(8.16)	(10.40)	(5.41)	(10.15)	(6.09)	(7.96)	(6.15)
劳动生产率					0.046***		
					(164.39)		
人均利润						0.009***	
						(38.93)	
人均销售额							0.046***
							(162.58)
控制变量	是	是	是	是	是	是	是
行业固定效应	是	是	是	是	是	是	是
地区固定效应	是	是	是	是	是	是	是
观测数	949634	949634	949634	949634	949634	949634	949634
可决系数	0.220	0.384	0.200	0.381	0.243	0.221	0.243

　　另外，本章也发现，与第（1）列的回归结果相比，在分别加入了中介变量劳动生产率、人均利润和人均销售额之后，核心解释变量（对外直接投资）的系数下降幅度较为明显，证明了技术进步（劳动生产率）中介效应的存在性。

三、基于 FRM、Tobit 模型的稳健性检验结果及分析

　　考虑到样本数据的特征，本章还采用了分数响应模型（FRM）和 Tobit 模型对中介效应模型进行重新估计，以确保研究结论的稳健性。

出口中介效应模型的估计结果见表 3-18,其中,第(1)—(2)列给出的是对(3-14)式进行估计的结果,将表 3-2 和表 3-3 中第(4)列的估计结果分别复制到表 3-18 的第(2)列和第(1)列。第(3)列给出的是对(3-15)式的估计结果,第(4)—(5)列给出的是(3-16)式的回归结果。具体来看:

表 3-18 的第(1)列给出的是采用 Tobit 模型的估计结果,第(2)列是采用分数响应模型的估计结果,发现核心解释变量(对外直接投资)的系数都在 1% 的水平上显著为正,说明对外直接投资会促使母公司提高对熟练劳动力的相对需求,从而对母公司的就业结构产生正向影响,这一结论并不受到所选择的估计方法的影响。第(3)列给出的是以出口虚拟变量为因变量的估计结果,采用 Probit 模型进行估计,发现核心解释变量(对外直接投资)的系数显著为正,说明对外直接投资对母公司的出口概率产生了正向影响。第(4)—(5)列给出了因变量对自变量和中介变量(出口虚拟变量)的估计结果,发现无论是采用 Tobit 模型还是分数响应模型进行估计,核心解释变量(对外直接投资)的系数仍然在 1% 的水平上显著为正,同时,与第(1)—(2)列的估计结果相比,对外直接投资变量的系数大小和显著性均下降,证明出口中介效应的存在性。

表 3-18　稳健性检验:出口渠道

解释变量	(1) 被解释变量:母公司就业结构(Tobit)	(2) 被解释变量:母公司就业结构(FRM)	(3) 被解释变量:出口虚拟变量(Probit)	(4) 被解释变量:母公司就业结构(Tobit,加入出口虚拟变量)	(5) 被解释变量:母公司就业结构(FRM,加入出口虚拟变量)
对外直接投资	0.160***	0.133***	0.825***	0.138***	0.117***
	(6.85)	(8.47)	(7.94)	(5.91)	(7.39)
出口虚拟变量				0.211***	0.153***
				(45.99)	(47.90)
控制变量	是	是	是	是	是

续表

解释变量	（1） 被解释变量： 母公司就业 结构（Tobit）	（2） 被解释变量： 母公司就业 结构（FRM）	（3） 被解释变量： 出口虚拟 变量（Probit）	（4） 被解释变量： 母公司就业 结构（Tobit， 加入出口 虚拟变量）	（5） 被解释变量： 母公司就业 结构（FRM， 加入出口 虚拟变量）
行业固定效应	是	是	是	是	是
地区固定效应	是	是	是	是	是
观测数	949634	949634	948557	949634	949634
伪可决系数	0.156	0.085	0.496	0.158	0.086
似然函数值	−571509.901	−5447759.670	−29559.065	−570450.754	−547284.400

注：1. 分数响应模型汇报的是平均边际效应，括号中汇报的是 z 统计量；

2. 以出口虚拟变量作为因变量对自变量回归时，由于出口采用虚拟变量表示，因而采用 Probit 模型进行估计，汇报的是平均边际效应，括号中汇报的是 z 统计量。

总体来看，研究方法的选择（无论采用分数响应模型，还是 Tobit 模型）并不能够影响出口中介效应的存在性，即对外直接投资可以通过影响母公司出口来影响母公司的就业结构，结论具有一定的稳健性。另外，我们也将出口虚拟变量替换为出口密集度和出口额分别进行类似的检验，发现仍不改变这一结论，限于篇幅并未汇报这部分内容。

技术进步（劳动生产率）渠道的估计结果见表 3-19。第（1）—（2）列给出的是对（3-17）式的估计结果，将表 3-2 和表 3-3 中第（4）列的估计结果分别复制到表 3-19 的第（2）列和第（1）列，第（3）列给出的是对（3-18）式的估计结果，第（4）—（5）列给出的是对（3-19）式的估计结果。具体来看：

表 3-19 的第（1）列是 Tobit 模型的估计结果，第（2）列是分数响应模型的估计结果，可以发现核心解释变量（对外直接投资）的系数都显著为正，说明对外直接投资会促使母公司提高对熟练劳动力的相对需求，从而对母公司就业结构产生显著的正向影响，本章的结论并不受所采用的估计方法的影响。第（3）列给出的是以劳动生产率为因变量的估计结果，采用 OLS 方法进行估计，发现对外直接投资对母公司的劳动生产率产生

了正向的促进作用,会促进母公司的技术进步。第(4)—(5)列给出的是因变量对自变量和劳动生产率的回归结果,发现无论是采用 Tobit 模型还是分数响应模型进行估计,核心解释变量(对外直接投资)的系数仍然在1%的水平上显著为正,与第(1)—(2)列的估计结果相比,核心解释变量(对外直接投资)的系数大小和显著性均有所下降,证明技术进步(劳动生产率)中介效应的存在性。

表 3-19　稳健性检验:技术进步渠道

解释变量	(1) 被解释变量: 母公司就业 结构(Tobit)	(2) 被解释变量: 母公司就业 结构(FRM)	(3) 被解释变量: 劳动生产率 (OLS)	(4) 被解释变量: 母公司就业 结构(Tobit, 加入劳动生 产率变量)	(5) 被解释变量: 母公司就业 结构(FRM, 加入劳动生 产率变量)
对外直接投资	0.160***	0.133***	0.856***	0.109***	0.095***
	(6.85)	(8.47)	(10.40)	(4.75)	(6.38)
劳动生产率				0.060***	0.044***
				(161.33)	(162.69)
控制变量	是	是	是	是	是
行业固定效应	是	是	是	是	是
地区固定效应	是	是	是	是	是
观测数	949634	949634	949634	949634	949634
可决系数			0.384		
伪可决系数	0.156	0.085		0.175	0.095
似然函数值	−571509.901	−547759.670	−1413716.379	−558600.394	−542097.940

注:1.分数响应模型汇报的是平均边际效应,括号中汇报的是 z 统计量;
　　2.以生产率作为因变量对自变量回归时,采用的是 OLS 方法进行估计。

总体来看,研究方法的选择并不影响技术进步(劳动生产率)中介效应的存在性,即对外直接投资通过影响母公司的技术进步进而影响母公司对熟练劳动力的相对需求,促进母公司就业结构的调整,结论具有一定的稳健性。另外,本章也将劳动生产率替换为人均利润和人均销售额重新进行估计,发现结论仍然具有稳健性。

第五节 对外直接投资影响母公司就业结构的启示与建议

随着中国经济逐渐步入减速换挡期,总量增长带来的边际效应不断下降,而结构性调整和优化带来的边际效应不断扩大。员工结构的合理性、科学性是企业不断提高生产率的基础,也是促进产业结构转型升级的人力资本保障。因此,本章继续从企业员工的就业结构视角出发,分析对外直接投资对母公司就业的影响。

从部分发达国家的对外直接投资经验来看,跨国公司对外直接投资和外包对母国和母公司的就业结构产生了较大冲击,导致熟练劳动力的相对需求和收入不断增加,而非熟练劳动力的相对需求和收入不断下降。而作为世界上重要的发展中国家之一,我国在政治、经济、文化、制度环境及对外直接投资发展阶段等方面与发达国家之间存在较大的差异,我国企业对外直接投资对母公司就业结构影响的规律性与发达国家相比可能存在一定的差异性。

本章主要利用服务业企业对外直接投资和就业结构数据进行了理论和实证研究,并得出了以下几个结论:总体来看,对外直接投资与母公司熟练劳动力占比存在正相关关系,即对外直接投资对母公司熟练劳动力的相对需求产生了正向影响,从而对母公司就业结构产生了正向影响,这一结论并不受到所采用的研究方法的影响。进一步来看,对外直接投资对母公司就业结构的正向影响来自对外直接投资对母公司熟练劳动力就业产生了正向影响而对非熟练劳动力就业产生了负向影响,还是对母公司熟练劳动力和非熟练劳动力就业都产生了正向影响但对前者的影响程度更大?为了回答这一问题,我们继续检验了对外直接投资对母公司熟练劳动力和非熟练劳动力就业总量的影响,发现对外直接投资对母公司熟练劳动力和非熟练劳动力就业总量都产生了正向的影响,且对前者的影响程度更大,间接证明了对外直接投资对母公司就业结构产生了正向影响这一基本结论。区分样本检验发现:按照企业所有权性质将企业分为国有企业和民营企业,发现无论是国有企业还是民营企业,对外直接投资都对母公司就业结构产生了正向影响;将企业依据投资动机划分为市场寻求型、资源寻求型和技术寻求型三类,发现市场寻求型和技术寻求型企业对外直接投资对母公司就业结构产生了正向影响,而资源寻求型投资对母公司就业结构并未产生显著的影响;根据投资东道国不同将样本划分为对中国港澳等避税地投资、对高收入国家和对中低收入国家投资三类企业,发现对外直接投资都对母公司的就业结构产生了正向影响,其中对高收入国家投资的企业对就业结构的正向影响程度相对更大。为了确保结论的稳健性,本章还采用了三种方法进行稳健性检验,一是基于职称结构与学历结构的正相关关系,本章研究了对外直接投资对母公司职称结构的影响,发现对外直接投资与母公司内高职称劳动力占比存在正相关关系,即对外直接投资对母公司高职称劳动力的相对需求或对母公司的职称结构产生了正向影响,间接证明了对外直接投资能够对母公司就业结构产生正向影响的基本结论。二是为了克服可能存在的内生性问题,本章采用两种方法进行检验:一种是将对外直接投资的年份滞后一年到三年,即检验了2005—2007年对外直接投资对母公司就业结构(2008年)的影响,发现对外直接投资能够在较长时间内持续对母公司就业结构产生正向影响,若企业在对外直接投资后仍能够长期经营,对外直接投资将对母公司的就业结构产生更大程度的正向影响。另一种是将核心解释变量(对外直接投资)替换为企业截止到2008年累计对外直接投资次数,发现对外直接投资次数对母公司就业结构产生了正向影响,即企业对外直接投资越频繁,越能够促使母公司提高对熟练劳动力的相对需求,结论具有一定的稳健性。三是为了确保结论的完整性和从长期内考察对外直接投资对母公司就业结构的影响,我们还研究了制造业企业对外直接投资对母公司就业结构的影响,发现制造业企业对外直接投资并未促使母公司提高对熟练劳动力的相对需求,从而无法促进母公司就业结构的优化,与服务业企业对外直接投资的母公司就业结构效应形成了鲜明对比,这可能与制造业企业的生产技术、产品特征、投资动机及我国的要素禀赋和比较优势等因素有关,从而加深了我们对对外直接投资的母公司就业结构效应这一问题的认识。最后,本章通过构建中介效应模型,对出口和技术进步两个渠道进行了检验,发现对外直接投资通过影响母公司出口和技术进步两个渠道对母公司熟练劳动力的相对需求产生了正向影响,即对母公司就业结构产生了正向影响。

根据本章的研究可知:对外直接投资对母公司就业结构产生了正向影响,这为企业的长远发展和国内产业结构的优化升级奠定了坚实的微观基础。因此,在当前全球化程度不断加深的背景下,国内生产率较高、竞争力较强的企业不应该仅局限于国内市场,而应该根据自身发展需求,响应国家"走出去"战略的号召,积极开展对外直接投资活动,更深层次地融入全球产业链、价值链、供应链、创新链,更加充分地在全球范围内利用和配置资源,获取更多超额利润。在海外经营过程中,要主动接触和获取海外先进的技术、人才、管理方式等资源,并将获取的资源转移回母公司进行消化、吸收和利用,推动母公司的技术进步,从而在国内外市场上获取更大的竞争优势。另外,由于境外投资风险和沉没成本相对更高,企业在对外直接投资前一定要做好前期的调研工作,壮大企业的人才队伍,避免盲目投资;在海外经营过程中也要更加谨慎,通过建立健全风险预警机制、借助各种信用保险工具和中介机构等方式,降低潜在风险,依靠法律武器维护海外利益;积极履行东道国的法律法规,保护好东道国的生态环境,在东道国打造具有国际影响力的民生工程,在国际社会中树立良好的中国企业形象。

对外直接投资对母公司的就业结构产生了正向影响,但这并不意味着每个企业对外直接投资都会对母公司就业结构产生正向的促进作用。根据企业异质性理论,对外直接投资需要高额的沉没成本,海外市场环境复杂多变,市场竞争也更加激烈,对外直接投资使企业面临较高的风险,因而企业对外直接投资对母公司就业结构的影响可能也存在较大差异,如仍然存在部分企业因前期缺乏调研,导致盲目投资给企业带来损失,部分企业因缺乏长期发展战略规划、对东道国经营环境及风险不了解等,导致海外经营不善,企业在海外经营多年仍无法回收成本,最后从海外撤资的情况;也存在部分企业因投资目标或并购目标相同而产生同质化竞争、无序竞争,降低海外投资收益的情况,这些都将影响企业"走出去"的实施效果,也会对母公司就业总量增长和就业结构优化产生负向影响。

因此,对外直接投资虽然是企业自主决策、自负盈亏的自发性活动,但由于企业的海外经营成败关系到国内经济发展和就业稳定等问题,因而政府应该针对目前我国对外直接投资过程中存在的问题,加强对企业"走出去"的引导,发挥好政府的服务和监管作用,一方面帮助企业降低投资成本以获取更多的改革开放红利;另一方面也要及时解决因对外直接投资引发的国内就业结构变动,尤其是解决好非熟练劳动力的就业和再就业问题,防范就业风险。具体来看:第一,鼓励和支持国内有条件的企业"走出去"。政府要不断加强企业"走出去"的融资平台建设,探索多种专项基金扶持方式,为"大、好、高"项目的对外投资提供融资支持,鼓励具有较强竞争力的企业"走出去",为企业"走出去"提供良好的融资环境;加大对国内人才的培养力度,通过高校、科研机构、专业的中介机构等,加强对企业"走出去"规律的研究,通过提供学历教育和培训等方式,为企业创新和"走出去"培养高素质的管理人员、财务人员、法律人才等,满足企业不断提高对高素质的、熟练劳动力的需求,为企业"走出去"提供良好的人才支撑;通过加强我国政府与东道国政府间的合作,为企业在东道国投资搭建良好的合作平台,维护我国企业的海外利益;政府及相关部门应该及时为企业"走出去"提供综合信息服务,帮助企业加深对东道国的投资环境、法律环境、文化环境和市场运行环境的了解,规范国内企业对外直接投资秩序,加强对企业投资行业、地区的指导和监管,尤其是对敏感行业、敏感国家或地区投资的企业实施核准管理,帮助企业避开高风险的东道国和投资项目,确保企业的海外投资利益不受侵害。第二,解决对外直接投资对国内部分企业就业结构甚至就业总量可能产生的负向影响。由于对外直接投资影响母公司的就业结构,对熟练劳动力和非熟练劳动力就业产生不同的影响,部分企业甚至可能因投资效益较低而对母公司就业总量增长产生负向的影响,这些都是对外直接投资引发的国内就业资源重新配置对经济发展产生的"阵痛",这一方面要求政府做好就业保障工作,不断完善国内的就业保障体系,及时制定政策缓解国内就业压力,维持国内就业稳定;另一方面,由于熟练劳动力所受到的负向冲击相对较小,我国经济发展和转型对熟练劳动力的需求越来越高,这要求政府制定相关政策,鼓励非熟练劳动力不断提高技能、学历水平,为企业发展培养更多的、具备更高技能和学历的熟练劳动力。另外,稳健性检验部分的研究结论表明,不同行业的企业对外直接投资对母公司就业结构的影响存在差异性,制造业企业对外直接投资并未促进母公司就业结构的最优化,而服务业企业对外直接投资对母公司熟练劳动力的相对需求或母公司就业结构产生正向影响,产生这一现象的本质原因在于两个行业在行业特点、生产技术、产品特征、员工构成等方面存在差异。同时,这在一定程度上表明:我国制造业企业的成本优势仍然存在,对外直接投资可能促进了母公司生产和出口规模的扩大,从而促使母公司提高了对非熟练劳动力的相对需求,无法促进就业结构的优化,但是从制造业企业的长远发展和国内产业转型升级的角度来看,应该鼓励制造业企业在维持就业稳定的基础上积极吸纳高技能的熟练劳动力,构建企业不断创新和应对风险的人力资本支撑,实现就业结构的优化升级,通过生产率的不断提高来获取更多超额利润;服务业企业对外直接投资的主要目的可能是获取技术、为当地市场提供更加优质的服务,对企业自身人力资本水平的要求相对较高,这促使跨国公司进一步提高对高技能熟练劳动力的相对需求来提高自身的国际竞争力,从而对母公司的就业结构产生了正向影响。然而,由于服务业构成较为复杂,部分行业对外直接投资风险较高,尤其是房地产、酒店、影城、娱乐业、体育俱乐部等领域的投资已经表现出了较为明显的非理性倾向,需要相关主管部门加强核准管理和政策引导,帮助企业规避可能存在的一些投资风险,实现理性投资,从而确保国家利益和财产安全。

第四章　对外直接投资与行业内就业变动研究

　　对外直接投资可能导致跨国公司所在行业内的企业就业变动,即对外直接投资具有"行业就业效应"。由于在同一个行业中,既包含了从事对外直接投资的跨国公司,也包含了未对外直接投资的非跨国公司。因此,对外直接投资的"行业就业效应"也可以分成两个部分进行理解:一部分是行业内跨国公司或对外直接投资企业的就业变动[①];另一部分是行业内非跨国公司或非对外直接投资企业的就业变动,即对外直接投资将对跨国公司所在行业内的非对外投资企业产生外部效应。

　　与本章研究较为相似的国内文献主要有:罗良文(2007)、罗丽英和黄娜(2008)、贾媛(2015)等,这些文献主要研究了对外直接投资对不同产业(如三大产业或更加细分的行业)就业总量的影响,从行业层面揭示了对外直接投资对就业影响的行业差异性[②]。而廖庆梅和刘海云(2018)进一步对我国制造业对外直接投资进行了细分,发现中国制造业双梯度

――――――――

　　① 在同一行业内,跨国公司的就业变动可能受到两方面的影响:一方面,跨国公司将受到自身投资战略选择的影响。对外直接投资是跨国公司的长期战略选择,将通过出口、技术进步渠道对母公司就业总量和就业结构产生影响,这一方面在上述两章中已经进行了较为深入的研究,不再详述。另一方面,跨国公司将受到外部效应的影响。随着行业内对外直接投资企业的增多和投资规模的扩大,跨国公司所在行业内的资源配置效率扭曲问题将得到一定程度的修正,从而通过外部行业环境的改善而作用于其他跨国公司的生产经营活动及员工就业规模的调整。

　　② 罗良文:《对外直接投资的就业效应:理论及中国实证研究》,《中南财经政法大学学报》2007年第5期。罗丽英、黄娜:《我国对外直接投资对国内就业影响的实证分析》,《上海经济研究》2008年第8期。贾媛:《对外直接投资的就业结构和国民收入效应研究——基于省际面板数据的分析》,《改革与战略》2015年第2期。

对外直接投资对国内就业均有拉动作用,但不同技术层次制造业结果存在差异。[1] 这些研究都与本章研究在中观层面上相呼应。然而,无论是母国总体的就业变动,还是个别行业的就业变动,归根到底是由企业的就业变动构成,即对外直接投资将直接影响行业内微观企业的就业变动,继而在中观层面上表现为行业整体的就业变动。研究对外直接投资对跨国公司所在行业内企业就业的影响,有助于我们进一步理解行业内部员工就业的结构性变动,揭示对外直接投资对行业内不同企业就业变动的异质性影响,避免可能存在的加总谬误。然而,基于这一思路的研究在国内外文献中却很少涉及。基于此,本章借鉴企业异质性理论和产业经济学的基本理论,研究了对外直接投资对跨国公司所在行业内企业就业变动的影响及异质性影响。通过将企业对外直接数据加总到行业层面,可以使研究具有较好的微观基础和可信度,更加有利于揭示对外直接投资作用于国内就业市场的新机制——对外直接投资将导致同行业内的企业就业变动,即对外直接投资的行业就业效应。

本章的主要内容如下:第一,分析了对外直接投资如何影响跨国公司所在行业内企业的就业变动,即对外直接投资产生行业就业效应的作用机制。第二,借鉴奥特尔等(Autor 等,2013)的研究方法进行了模型设定和数据说明[2]。第三,实证部分检验了对外直接投资行业就业效应的存在性,同时,为了确保研究的完整性和结论的稳健性,本章进行了区分样本检验,分别从集约边际、扩展边际两个视角进行了分析,并检验了企业异质性(生产率)对对外直接投资行业就业效应的影响。第四,为了确保结论的稳健性,本章采用三种方法进行了稳健性检验:一是改变行业分类方法,即采用更加细化的行业分类方法,检验了对外直接投资对跨国公司所在行业内企业就业变动的影响;二是利用行业投资金额数据,检验了对

---

[1]　廖庆梅、刘海云:《基于二元梯度和边际的中国制造业 OFDI 母国就业效应》,《国际贸易问题》2018 年第 6 期。

[2]　Autor,D.H.,Dorn,D.,Hanson,G.H.,"The China Syndrome:Local Labor Market Effects of Import Competition in the United States", *American Economic Review*, Vol. 103, No. 6, 2013, pp. 2121–2168.

外直接投资对跨国公司所在行业内的企业就业变动的影响;三是剔除跨国公司样本,检验了对外直接投资对跨国公司所在行业内的非对外直接投资企业就业变动的影响,进一步验证了对外直接投资外部效应的存在性。第五,基于本章的研究结论,得到了相关启示并提出了政策建议。

第一节　对外直接投资行业就业
效应的作用机制分析

　　根据已有的理论和经验研究,对外直接投资产生行业就业效应,主要可通过以下两种机制予以解释。

　　一是从企业异质性视角进行解释,即对外直接投资能够通过影响企业进入退出行为作用于行业内微观企业的就业变动。根据企业异质性理论,梅里兹(Melitz,2003)发现,生产率是影响企业利润的决定性因素,生产率更高的企业从事出口活动获得超额利润,而生产率最低的企业将因"入不敷出"而退出市场,从而提高了行业整体的生产率水平。[1] 而赫尔普曼等(Helpman 等,2004)进一步发现,行业内生产率低的企业服务本国市场,生产率高的企业服务海外市场,其中,生产率最高的企业对外直接投资获得更多超额利润,其他高生产率企业通过出口服务海外市场,导致行业内资源配置效率的提高。[2] 二者都从行业生产率的视角,研究了出口、对外直接投资对行业内资源配置效率的影响。由于生产率及进入退出都与企业所能雇佣或需求的员工数目和就业结构密切相关,因此对外直接投资也可能会引发跨国公司所在行业内企业的就业变动,高生产率企业超额利润的增多和低生产率企业的萎缩或退出市场将同时影响行业内不同企业的就业规模。同时,从动态视角来看,在其他条件不变的情况下,高生产率的企业在获得更多的超额利润之后可能会雇佣更多的劳动

---

[1]　Melitz,M.J.,"The Impact of Trade on Intra-Industry Reallocations and Aggregate Industry Productivity",*Econometrica*,Vol. 71,No. 6,2003,pp. 1695-1725.

[2]　Helpman,E.,Melitz,M.J.,Yeaple,S.R.,"Export versus FDI with Heterogeneous Firms",*American Economic Review*,Vol. 94,No. 1,2004,pp. 300-316.

力(吸收行业内其他非对外直接投资企业或非出口企业释放的劳动力)以扩大生产规模,获取规模经济效益,但也可能会进一步采用机器设备或先进的生产技术替代劳动力,从而创造较少的就业机会。因此,从这一角度来看,对外直接投资对行业内微观企业就业变动的总体影响仍然需要进行实证检验。

二是从产业经济学和外部性的视角进行解释,即对外直接投资具有外部效应,影响同行业内其他企业的经营投资决策及相关就业变动。由于我国的市场经济体制尚不完善,政府干预在一定程度上对行业资源再配置产生了较大的影响,而对外直接投资是倒逼经济体制改革以降低政府干预、改善行业资源配置效率的重要因素,因此,对外直接投资可能通过改善资源配置效率渠道影响同行业内其他企业的就业变动。而且,同一行业内部及不同行业之间的企业往往存在关联性,企业的生产投资决策易受到其他企业(竞争对手及上下游合作企业)的影响。具体来看:

首先,对外直接投资为生产要素在全球范围内的优化配置提供了有效渠道(赵伟等,2006)①,有利于提高国内资源配置效率,引发企业的就业变动。随着市场经济体制改革的不断深入,国内市场扭曲不断减少,但由于我国仍然处于特殊的体制转轨阶段,市场经济体制尚不完善,市场调节机制具有一定的局限性,市场扭曲并未完全消除,资源配置效率较低。谢和克莱诺(Hsieh 和 Klenow,2009)发现,我国行业内部仍然存在着资源错配现象,工业领域普遍存在非市场化特征。② 例如,地方政府出于政绩考虑,常常保护现有的非效率企业(如"僵尸企业"),将过多的资源配置到生产率低的企业中并阻止新企业的进入,致使资源无法配置到生产率更高的潜在进入者手中(韩剑和郑秋玲,2014)③,制造业行业内部仍然存

---

① 赵伟、古广东、何元庆:《外向 FDI 与中国技术进步:机理分析与尝试性实证》,《管理世界》2006 年第 7 期。

② Hsieh,C.T.,Klenow,P.J.," Misallocation and Manufacturing TFP in China and India", *Quarterly Journal of Economics*, Vol. 124,No. 4,2009,pp. 1403-1448.

③ 韩剑、郑秋玲:《政府干预如何导致地区资源错配——基于行业内和行业间错配的分解》,《中国工业经济》2014 年第 11 期。

在较为严重的资源错配现象(*Hsieh* 和 *Klenow*,2009)①。与此同时,中国正在经历大规模的产能过剩②,经济发展进入新常态,部分行业的供给严重饱和,而新兴产业却存在供给不足情况,进一步增加了提高资源配置效率的难度,短期内仅靠国内自上而下的制度改革无法解决这一困境。在中国经济结构转型调整的关键时期,对外直接投资成为突破部分行业内部行政垄断、转移行业内过剩产能的一个合理选择,为行业内的闲置资金和劳动要素追求利润最大化提供了渠道,而在全球投资环境不断优化、企业竞争力不断增强及政府政策的有力推动下,国内企业也正好具有对外直接投资的内在动力。虽然对外直接投资在短期内可能导致国内资本存量的下降,对同行业内部分企业生产经营造成较大冲击,甚至可能对部分员工的就业产生不利影响,但是在较长时期内,随着行业内部经济环境的逐步优化,必将促进国内企业的进一步发展和产业的转型升级,引发国内企业就业总量或就业结构的调整。

其次,跨国公司的行业集聚能够产生集聚效应、示范效应和辐射带动效应,影响同行业及上下游关联企业的生产、出口和创新,进而引发企业的就业变动。具体来看:(1)企业的对外直接投资行为可能受到同行业、地理距离较近或联系较为密切的其他企业的影响。由于对外直接投资可以拓宽产品的销售范围,使企业获得更多利润,这可能会引发同行业内其他企业竞相模仿和跟随,产生"示范效应"或"羊群效应",促进对外直接投资企业数目不断增多,从而对对外直接投资企业的母公司就业总量产生一定的影响。(2)随着同行业内对外直接投资企业数目的不断增多,跨国公司之间可以通过相互竞争、共享信息集等方式产生技术外溢效应,促使对外直接投资企业不断创新,从而提高行业整体的生产率水平,在行业内部产生集聚效应。(3)对外直接投资有助于增加母公司出口,

---

① Hsieh,C.T.,Klenow,P.J.,"Misallocation and Manufacturing TFP in China and India", *Quarterly Journal of Economics*,Vol. 124,No. 4,2009,pp. 1403–1448.

② 根据卢锋(2010)的研究,我国先后经历了三次大规模的产能过剩,第一次大规模产能过剩发生在 1998—2001 年,第二次大规模产能过剩发生在 2003—2006 年,第三次大规模产能过剩发生在 2009 年至今。

带动上下游的相关配套企业的生产和出口,对其他企业产生辐射带动效应,促进企业就业增长。从相关的理论和经验研究方面来看,由于我国正处于对外直接投资发展的初期阶段(尤其是在样本期间范围内),通过对外直接投资等方式促进出口可能是我国企业对外直接投资的主要动机。从我国企业对外直接投资的现实情况来看,具有商贸服务型和当地生产型投资动机的企业数目约占总投资企业数目的70%[1],因此对外直接投资可能对我国出口产生较大影响,进而影响母公司的就业总量和就业结构,并可能带动与母公司相关的上下游关联企业的生产和出口,引发相关企业的就业变动。

最后,对外直接投资加剧了行业内部竞争(白俊红和刘宇英,2018)[2],导致行业内部投资企业和非投资企业间市场竞争力的变动,进而引发企业的就业变动。最明显的一个特征是,自上市公司对外直接投资事件宣布开始,资本市场会在短期内快速作出反应。顾露露和里德(Reed)(2011)发现,上市公司的跨国并购总体上都获得了市场的积极评价,产生了较为显著的股东财富效应。[3] 同时,对外直接投资将在更长时期内引发同行业内不同企业之间市场竞争格局的变化,因为对外直接投资使投资企业面临更大的风险和更加激烈的竞争,迫使对外直接投资企业不断提高风险意识和竞争意识,通过加强研发创新投入、雇佣更多高素质的研发创新人员、提高管理水平等方式不断提高生产率,从而在国内外的市场竞争中处于优势地位,并对同行业内的其他企业产生影响。一方面,跨国公司市场竞争力的增强将挤占同行业内其他企业的市场份额,对其生存和发展产生外部压力,逼迫同行业内部分企业也增加研发创新投入,引进海内外先进技术和管理人才,以应对日益激烈的市场竞争格局;另一方面,市场竞争程度的加剧将进一步强化优胜劣汰机制,促使低效率的企业退出市场,释放劳动和资本要素资源,将生产要素资源配置到具有

---

① 根据商务部《境外投资企业(机构)名录》计算所得。
② 白俊红、刘宇英:《对外直接投资能否改善中国的资源错配》,《中国工业经济》2018年第1期。
③ 顾露露、Robert Reed:《中国企业海外并购失败了吗?》,《经济研究》2011年第7期。

更高生产率的企业中,在同一行业内的不同企业之间同时产生就业创造和就业破坏现象。

第二节 对外直接投资行业就业效应的模型设定与数据说明

一、对外直接投资行业就业效应的模型设定

本章主要考察了对外直接投资对行业内的企业就业变动的影响,即对外直接投资的行业就业效应。借鉴奥特尔等(2013)的研究方法[1],本章建立模型如下:

$$\Delta Y_{it} = \beta_0 + \beta_1 \Delta OFDI_{jt} + \rho X_{it} + \varphi_i + \varphi_j + \varphi_r + \varepsilon_{it} \qquad (4-1)$$

其中,下标 i 表示企业,下标 j 表示行业,下标 t 表示年份。根据考察对象的不同,因变量 ΔY_{it} 可分别表示企业就业变动(Δemp_{it})、就业创造(emp_creat_{it})、就业破坏($emp\_destruct_{it}$)和就业净增长(emp_net_{it})[2],以及企业的市场退出概率($exit_{it}$)。借鉴格罗伊萨德等(Groizard 等,2015)学者的做法,企业就业变动表示为 $\Delta emp_{it} = emp_{it} - emp_{it-1}$,其中,$emp_{it}$ 表示企业 i 在时期 t 所雇佣的员工总量,用企业全部从业人员年平均人数,并取对数表示[3];就业创造效应表示为:$emp\_creat_{it} = max(\Delta emp_{it}, 0)$,就业破坏效应表示为:$emp\_destruct_{it} = max(-\Delta emp_{it}, 0)$、就业净增长效应表示为:$emp\_net_{it} = \Delta emp_{it} = emp\_creat_{it} - emp\_destruct_{it}$;企业的市场退出概率采用虚拟变量表示,按照毛其淋和许家云(2016)的做法,若企业 i 在 t 与 $t+1$ 期间退出,则企业

① Autor, D.H., Dorn, D., Hanson, G.H., "The China Syndrome: Local Labor Market Effects of Import Competition in the United States", *American Economic Review*, Vol. 103, No. 6, 2013, pp. 2121-2168.

② 企业就业变动是基于行业内所有企业的就业变动的测算,包括新进入企业、存续企业和退出企业。而就业创造、就业破坏和就业净增长效应仅是针对存续企业而言的。

③ Groizard, J.L., Ranjan, P., Rodriguez-Lopez, A., "Trade Costs and Job Flows: Evidence from Establishment-level Data", *Economic Inquiry*, Vol. 53, No. 1, 2015, pp. 173-204.

退出概率($exit_{it}$)取 1,否则取 0[①]。

$\Delta OFDI$ 是本章关注的核心解释变量,表示行业层面的对外直接投资变动(以下简称"行业对外直接投资变动")。由于《境外投资企业(机构)名录》只提供了企业每年是否对外直接投资的信息,并未提供企业对外直接投资金额信息和细分行业层面的投资金额信息,因此,本章借鉴王自锋和白玥明(2017)的做法,将中国工业企业数据库与《境外投资企业(机构)名录》匹配,计算得到细分行业(2 分位)的对外直接投资企业总数[②]。然后,用行业层面的对外直接投资企业数目变动表示行业对外直接投资变动,计算公式为: $\Delta OFDI_{jt} = OFDI_{jt} - OFDI_{jt-1}$, $OFDI_{jt}$ 指的是 t 时期 j 行业中的对外直接投资企业总数。

X_{it} 指的是企业层面的控制变量,包括:(1)企业规模,用企业固定资产总额加 1 取对数表示;(2)企业资本密集度,用固定资产/员工总数加 1 取对数表示;(3)融资约束,采用虚拟变量表示,若企业存在利息支出,则认为不存在融资约束,赋值为 0,否则赋值为 1;(4)出口,采用虚拟变量表示,若企业存在出口活动则赋值为 1,否则赋值为 0;(5)员工工资增长,用企业 i 在 t 时期的员工工资减去 $t-1$ 期的员工工资,员工工资用企业本年应付工资总额(贷方发生额)除以员工人数,并加 1 取对数表示。

同时,为了解决可能存在的变量遗漏问题,本章进一步加入了行业(2 分位)固定效应(φ_j)和地区(2 分位)固定效应(φ_r),并控制了企业固定效应(φ_i)。

另外,由于本章中对外直接投资变动是基于行业层面计算得来,在一定程度上降低了与企业就业变动之间可能存在的内生性问题。

二、相关数据来源及说明

与前文分析一致,本章使用的数据样本期间仍然设定为 2001—2007

---

① 毛其淋、许家云:《中间品贸易自由化与制造业就业变动——来自中国加入 WTO 的微观证据》,《经济研究》2016 年第 1 期。

② 王自锋、白玥明:《产能过剩引致对外直接投资吗?——2005—2007 年中国的经验研究》,《管理世界》2017 年第 8 期。

年。本章所使用的数据主要有三个来源:一是使用了国家统计局提供的中国工业企业数据库;二是使用了由中国海关总署提供的中国海关数据库;三是商务部的《境外投资企业(机构)名录》。另外,在稳健性检验部分,本章还使用了商务部、国家统计局、国家外汇管理局联合发布的历年《对外直接投资统计公报》中的部分数据。

数据处理过程如下:第一,本章参照勃兰特等(Brandt 等,2012)方法对工业企业数据进行了处理[①],并按照余淼杰(2011)的做法剔除了以下异常值[②]:(1)剔除企业总资产、固定资产净值、销售额或工业总产值数据缺失的样本;(2)剔除员工人数缺失的样本;(3)剔除流动资产超过总资产、固定资产或固定资产净值超过总资产的样本;(4)剔除企业年龄小于0的样本。

第二,本章根据中国海关数据库提供的企业出口产品层面的信息,剔除企业名称、企业编码、出口地名称、出口额为0或缺失的样本,计算出企业每年的出口总额,并根据《中国统计年鉴(2008 年)》中提供的人民币汇率(年平均价),将出口额的单位统一为人民币。

第三,本章将中国工业企业数据库与中国海关数据库进行匹配。由于中国工业企业数据库与中国海关数据库之间没有一致的表明公司身份的编码系统,本章采用余(2015)的方法,先按照企业名称和年份进行匹配,然后按照邮编和电话号码后 7 位进行匹配,最后剔除重复出现的样本[③]。

第四,根据企业名称和年份,将《境外投资企业(机构)名录》与工业企业数据库匹配,得到每个行业中的对外直接投资企业信息,并计算行业层面的对外直接投资企业总数。

[①] Brandt,L.,Van Biesebroeck,J.,Zhang,Y.,"Creative Accounting or Creative Destruction? Firm-level Productivity Growth in Chinese Manufacturing",*Journal of Development Economics*,No. 97,2012,pp. 339-351.

[②] 余淼杰:《加工贸易、企业生产率和关税减免——来自中国产品面的证据》,《经济学(季刊)》2011 年第 4 期。

[③] Yu,M.,"Processing Trade,Tariff Reductions and Firm Productivity:Evidence from Chinese Firms",*The Economic Journal*,Vol. 125,No. 585,2015,pp. 943-988.

第五,为了确保结论更加准确,本章在合并数据的基础上又进行了以下处理:剔除了工业销售产值、总资产和固定资产净值分别小于 0 的样本,剔除员工人数、应付职工工资小于等于 0 或缺失的样本,剔除 1949 年之前成立的企业样本及企业年龄小于 0 的样本,以及剔除国家资本、集体资本、法人资本、个人资本、港澳台资本、外商资本全部缺失或实收资本为 0 的企业样本及关键解释变量缺失的样本。

最终,根据商务部《境外投资企业(机构)名录》统计,2001—2007 年对外直接投资企业总数为 4320 家①,而本章将两个数据库合并之后,得到 2001—2007 年对外直接投资企业数目为 1164 家,匹配比例达到了 26.94%。

第三节　对外直接投资行业就业效应的初始检验结果及其他拓展性分析

一、对外直接投资行业就业效应的初始检验结果及分析

本章首先检验了对外直接投资的行业就业效应。根据(4-1)式进行估计,估计结果见表 4-1。可以发现:第(1)列不控制其他因素,核心解释变量(行业对外直接投资变动)的系数在 1% 的水平上显著为正,说明从平均意义上来看,随着行业内对外直接投资企业数目的增加,对外直接投资规模不断扩大,跨国公司所在行业内的企业就业不断增长,即对外直接投资对跨国公司所在行业内的企业就业增长产生了较为微弱但正向的影响。同时这也说明,尽管高生产率的企业可能用机器设备等替代或节约部分劳动力,但仍然可能对劳动力就业产生吸纳作用,在一定程度上从就业方面呼应了梅里兹(2003)和赫尔普曼等(2004)提出的贸易、对外直接

① 由于本章计算的是每年、每个行业对外直接投资变动对企业就业变动的影响,因而重复对外直接投资的企业也被计算在内。剔除重复计算的企业之后,将得到 2001—2007 年对外直接投资企业总数为 3385 家,将两个数据库合并之后,得到 2001—2007 年对外直接投资企业总数为 1077 家,匹配比例约为 31.82%。

投资能够提高行业整体生产率水平的观点。原因可能是:一方面,对外直接投资通过进入退出机制引发了行业内部的就业资源再配置。根据梅里兹(2003)和赫尔普曼等(2004)的研究,行业内低生产率的企业退出市场,释放出劳动等生产要素,高生产率企业利用出口、对外直接投资等方式获得更多的超额利润而增加就业,并未大量采用机器设备或先进技术来替代或节约劳动力。另一方面,对外直接投资具有外部效应,可以通过改变同行业内资源配置效率及产生集聚效应、示范效应、辐射带动效应、竞争效应等方式进一步影响母公司及其他企业的生产与就业,最终产生了正向的净效应。具体来说,随着行业内对外直接投资企业数目的增加及投资规模的扩大,国内部分要素资源实现了在全球范围内的重新配置,优化了跨国公司所在行业内企业发展的外部经济环境,促进了行业内企业经营效率的提高。与此同时,跨国公司在行业内的集聚也有利于发挥集聚效应,通过相互之间的信息共享和技术外溢等促进跨国公司群体的发展。而且,对外直接投资规模的不断扩大也将对其他企业投资产生示范效应和辐射带动效应,对行业内非对外直接投资企业的就业增长产生正向的外部效应①。另外,对外直接投资企业的增多和投资规模的扩大,也可能会加剧市场竞争,造成部分企业的就业波动,但这种负向效应最终被集聚效应等正向效应所抵消。基于固定效应模型,见表4-1,第(2)列中核心解释变量(行业对外直接投资变动)的系数仍然在1%的水平上显著为正,在第(3)—(5)列中逐步加入企业层面控制变量、行业固定效应、地区固定效应,发现核心解释变量(行业对外直接投资变动)的系数大小和显著性基本稳定,说明对外直接投资产生了正向的行业就业效应,即对外直接投资促进了跨国公司所在行业内企业的就业增长,结论具有稳健性②。

对于其他控制变量而言:企业规模对就业的影响显著为正,说明企

① 对于这一观点,将在本章第四节的稳健性检验部分予以证明。
② 另外,本书也采用替换变量的方法进行了稳健性检验,将行业层面对外直接投资规模变动替换为行业层面的对外直接投资规模,将企业就业变动替换为企业的就业总量进行检验,发现核心解释变量及其他控制变量的符号及显著性不变,限于篇幅并未汇报回归结果。

业规模与对劳动力的相对需求成正比,即随着企业规模的扩大,所需要的劳动力数量往往也会增长。资本密集度对就业的影响显著为负,说明对制造业企业来说,资本要素与劳动要素之间可能存在一定的替代作用,即企业可能会用机器设备或先进技术来替代或节约部分劳动力。融资约束对就业的影响为负,说明融资约束限制了企业发展和就业增长。出口对就业的影响为正,但在10%的水平上不显著。虽然我国的出口产品中已经存在部分高技术产品,但我国对出口产品的贡献或产品附加值更多集中在劳动密集型的生产加工环节,出口的增多可能会提高对劳动力的相对需求。员工工资增长对就业的影响为负,说明在企业经营绩效等一定的情况下,增加员工工资可能会限制企业就业规模的增长。

表 4-1 初始检验结果(被解释变量:企业的就业变动)

解释变量	(1) 不控制其他因素	(2) 加入企业固定效应	(3) 加入企业层面控制变量	(4) 加入行业固定效应	(5) 加入地区固定效应
行业对外直接投资变动	0.001***	0.003***	0.002***	0.002***	0.002***
	(12.77)	(28.58)	(24.00)	(24.24)	(24.23)
企业规模			0.318***	0.318***	0.318***
			(222.82)	(222.87)	(222.86)
资本密集度			-0.455***	-0.455***	-0.455***
			(-316.91)	(-316.89)	(-316.88)
融资约束			-0.011***	-0.011***	-0.011***
			(-6.12)	(-6.11)	(-6.11)
出口			0.005	0.005	0.005
			(1.43)	(1.44)	(1.44)
员工工资增长			-0.146***	-0.146***	-0.146***
			(-137.53)	(-137.51)	(-137.51)
行业固定效应	否	否	否	是	是

续表

解释变量	（1） 不控制其他因素	（2） 加入企业固定效应	（3） 加入企业层面控制变量	（4） 加入行业固定效应	（5） 加入地区固定效应
地区固定效应	否	否	否	否	是
企业固定效应	否	是	是	是	是
观测数	682391	682391	682391	682391	682380
可决系数	0.0002	0.4060	0.5550	0.5550	0.5550

注:括号内的值为 t 值, *** 、** 和 * 分别表示在 1%、5% 和 10% 水平上显著,下同。

二、基于行业层面集约和广延边际的检验结果及分析

（一）就业的集约边际变动

借鉴戴维斯和霍尔蒂万格(Davis 和 Haltiwanger,1992)的做法,本章进一步从就业创造、就业破坏和就业净增长三个方面分析对外直接投资的行业就业效应[①]。根据毛其淋和许家云(2016)的研究,由于就业创造、就业破坏和就业净增长的测算是针对存续企业(在样本期间内持续存在的企业,下同)而言的,因此将这三个方面都视作就业的集约边际变动。[②]

1.就业创造

表4-2 报告了对外直接投资的行业就业创造效应,可以发现:基于固定效应模型,第(1)列加入企业固定效应,核心解释变量(行业对外直接投资变动)的系数在 1% 的水平上显著为正,说明对外直接投资在跨国公司所在行业内产生了正向的就业创造效应,随着行业内对外直接投资企业数目的增加,对外直接投资规模将不断增大,行业内存续企业的就业规模也不断增长。在第(2)列中进一步加入企业层面控制变量,并在第(3)—(4)列中逐步加入行业、地区固定效应,发现核心解释变量(行业对

[①] Davis,S.J.,Haltiwanger,J.,"Gross Job Creation, Gross Job Destruction, and Employment Reallocation", *Quarterly Journal of Economics*, Vol. 107, No. 3, 1992, pp. 819-863.

[②] 毛其淋、许家云:《中间品贸易自由化与制造业就业变动——来自中国加入 WTO 的微观证据》,《经济研究》2016 年第 1 期。

外直接投资变动)的系数大小和显著性基本稳定,说明对外直接投资促进了跨国公司所在行业的存续企业就业增长,产生了正向的就业创造效应,结论具有一定的稳健性。

　　对外直接投资促进了行业内存续企业的就业增长,原因可能是:一方面,对外直接投资的高生产率企业因获得更多超额利润而存续下来,部分低生产率企业因亏损而退出市场,并释放出劳动等要素,被配置到了生产率水平相对较高的存续企业中,促进了存续企业的就业增长;另一方面,对外直接投资企业的集聚和投资规模的扩大在同行业内产生了正向的净外部效应,随着对外直接投资企业数目的增多,对外直接投资规模不断扩大,对外直接投资企业所在的行业经济环境逐步改善,对行业内企业的经营产生了有利影响,且跨国公司的行业集聚可以较好地发挥集聚效应、示范效应、辐射带动效应等,促进存续企业的就业增长。

表4-2　就业的集约边际变动:就业创造(被解释变量:就业创造)

解释变量	(1) 加入企业 固定效应	(2) 加入企业 层面控制变量	(3) 加入行业 固定效应	(4) 加入地区 固定效应
行业对外直接投资变动	0.001***	0.001***	0.001***	0.001***
	(13.31)	(8.64)	(8.79)	(8.79)
控制变量	否	是	是	是
行业固定效应	否	否	是	是
地区固定效应	否	否	否	是
企业固定效应	是	是	是	是
观测数	203946	203946	203946	203938
可决系数	0.318	0.401	0.401	0.401

　　2.就业破坏

　　表4-3报告了对外直接投资的行业就业破坏效应。可以发现:基于固定效应模型,第(1)列中加入企业固定效应,核心解释变量(行业对外直接投资变动)的系数为负,且在1%的水平上显著,说明对外直接投资

产生了负向的就业破坏效应,即随着行业中对外直接投资企业数目的增多,对外直接投资规模不断扩大,将对同行业内的企业就业产生有利影响,尤其是对存续企业来说,降低了企业的就业破坏效应,有利于降低行业内的就业波动。然后,在第(2)—(4)列中逐步加入企业层面控制变量、行业固定效应、地区固定效应,发现核心解释变量(行业对外直接投资变动)的系数仍在1%的水平上显著为负,说明结论具有一定的稳健性。

表4-3 就业的集约边际变动:就业破坏(被解释变量:就业破坏)

解释变量	(1) 加入企业 固定效应	(2) 加入企业 层面控制变量	(3) 加入行业 固定效应	(4) 加入地区 固定效应
行业对外直接投资 变动	-0.0007***	-0.0001*	-0.0002*	-0.0002*
	(-7.75)	(-1.79)	(-1.94)	(-1.94)
控制变量	否	是	是	是
行业固定效应	否	否	是	是
地区固定效应	否	否	否	是
企业固定效应	是	是	是	是
观测数	203946	203946	203946	203938
可决系数	0.317	0.446	0.447	0.447

对外直接投资产生了负向的就业破坏效应,原因可能是:对外直接投资企业的增多及投资规模的扩大促使跨国公司所在行业内的经济环境逐步优化,为同行业内企业的生存发展提供了有利的外部经营环境,提高了企业家的信心和预期,降低了企业的裁员规模,从而降低了存续企业的就业破坏效应。

3. 就业净增长

对外直接投资对跨国公司所在行业内的存续企业产生了正向的就业创造效应和负向的就业破坏效应。那么,对外直接投资是否能够促使跨国公司所在行业内的存续企业实现就业净增长? 表4-4进一步报告了对外直接投资的行业就业净增长效应。按照同样的方法,可以发现:基于固定效应模型,第(1)—(4)列中核心解释变量(行业对外直接投资变动)的系数都在1%的水平上显著为正,说明对外直接投资产生了正向的就业净增长效应,即随着行业内对外直接投资企业数目的增加,对外直接投资规模不断扩大,行业内的存续企业实现了就业净增长。

表4-4　就业的集约边际变动:就业净增长(被解释变量:就业净增长)

解释变量	(1) 加入企业 固定效应	(2) 加入企业 层面控制变量	(3) 加入行业 固定效应	(4) 加入地区 固定效应
行业对外直接投资 变动	0.002***	0.001***	0.001***	0.001***
	(13.02)	(6.85)	(7.04)	(7.04)
控制变量	否	是	是	是
行业固定效应	否	否	是	是
地区固定效应	否	否	否	是
企业固定效应	是	是	是	是
观测数	203946	203946	203946	203938
可决系数	0.242	0.421	0.421	0.421

另外,对比表4-2和表4-3的回归结果可以发现,对外直接投资影响跨国公司所在行业内的存续企业就业净增长的渠道主要有两个:一是提高了存续企业的就业创造效应;二是降低存续企业的就业破坏效应,由于对外直接投资增加对存续企业就业创造效应的影响程度相对更大,从总体上来看,对外直接投资促进了跨国公司所在行业内存续企业的就业净增长。

(二)就业的广延边际变动

以上分析主要从就业创造、就业破坏及就业净增长三个方面考察了对外直接投资对行业内存续企业就业变动的影响,即就业的集约边际变动。然而,对外直接投资通过引发国内要素资源的海外转移、提高行业资源配置效率、加剧行业竞争等方式,也可能会加剧企业的市场退出风险,影响跨国公司所在行业内企业的市场退出行为。根据这一思路,本书进一步检验了对外直接投资对跨国公司所在行业内企业市场退出概率的影响,即就业的广延边际变动。

表4-5给出了对外直接投资对跨国公司所在行业内的企业就业广延边际变动的影响。由于二值选择模型报告的回归系数是"几率比"或相对风险,并不是边际效应,讨论在不同点上的边际效应比仅仅讨论回归系数更有意义。因此,本书既研究了"几率比",也研究了边际效应。

表4-5的第(1)—(2)列报告了采用Probit方法进行估计的结果,其中,第(1)列给出的是Probit模型的回归系数,即几率比,第(2)列给出的是边际效应(dy/dx),表4-5第(3)—(4)列报告了Logit模型的估计结果,第(3)列给出的是Logit模型的回归系数,即几率比,第(4)列给出的是边际效应(dy/dx)。可以发现:无论是从几率比还是从边际效应来看,核心解释变量(行业对外直接投资变动)的系数始终在1%的水平上显著为正,说明从平均意义上来说,随着行业内对外直接投资企业数目的增加,对外直接投资规模不断扩大,跨国公司所在行业内的企业市场退出风险增强,这一结论并不受到所采用的研究方法的限制。

对外直接投资规模的扩大提高了跨国公司所在行业内企业的市场退出概率,原因可能是:随着行业内对外直接投资企业数目的增加,对外直接投资规模不断扩大,进一步强化了优胜劣汰的市场竞争机制、改善了行业资源配置效率,但也不可避免地对跨国公司所在行业内部分企业的生产经营产生负向影响,提高了行业内企业的市场退出风险,导致行业内部分低生产率企业退出市场,影响行业内部就业的稳定。但从长期来看,对外直接投资导致的行业资源配置效率提高及市场竞争程度加剧将提高行业整体的生产率水平,促进高生产率企业的就业增长,吸收部分低生产率企业释放的生产要素,提高就业资源配置效率。

表4-5 就业的广延边际变动(被解释变量:企业退出概率)

解释变量	Probit		Logit	
	(1)几率比	(2)边际效应	(3)几率比	(4)边际效应
行业对外直接投资变动	0.023***	0.003***	0.047***	0.003***
	(55.20)	(55.68)	(54.29)	(54.43)

续表

解释变量	Probit		Logit	
	(1)几率比	(2)边际效应	(3)几率比	(4)边际效应
控制变量	是	是	是	是
行业固定效应	是	是	是	是
地区固定效应	是	是	是	是
企业固定效应	是	是	是	是
观测数	682380	682380	682380	682380
伪可决系数	0.058	0.058	0.058	0.058
卡方统计量	18314.632	18314.632	18399.125	18399.125

注:括号中汇报的是 z 统计量。

(三)区分高低技术行业的检验

对外直接投资的行业就业效应可能因行业技术水平的不同而存在差异。高技术行业与中低技术行业的最大区别在于前者具有较高的研发投入强度,研发人员占总员工人数的比重较高,研发创新是企业发展的核心动力,而后者更多地依靠劳动力投入,中低技能劳动力的占比相对较高,企业竞争优势的主要来源是低廉的生产成本。因而,相对于中低技术行业的企业来说,由于高技术行业企业具有较高的生产率水平,在国内外市场的竞争能力和技术吸收能力都相对较强,鼓励高技术行业企业对外直接投资以获取海外先进技术,对于促进行业技术进步和制造业的转型升级都具有重要意义。由于高技术行业内企业的研发人员占比相对较高且工资水平相对更高,因此,对外直接投资对高技术行业内企业就业增长的促进作用可能相对较小。而对于中低技术行业的企业来说,由于这些行业的比较优势在于劳动密集型产品,非熟练劳动力占比高、工资水平较低,因此对外直接投资对低技术行业内企业就业的影响可能更大,导致对外直接投资的行业就业效应因行业技术水平的不同而产生差异性。

按照技术水平将行业划分为高技术行业和中低技术行业①,进行如表4-6的检验。可以发现:首先,制造业中存在对外直接投资活动的行业大部分属于中低技术行业,只有少部分行业属于高技术行业,且无论对于高技术行业而言,还是对于中低技术行业而言,对外直接投资都产生了正向的行业就业效应,促进了跨国公司所在行业内企业的就业增长;其次,高技术行业的就业效应相对低于中低技术行业,原因可能是高技术行业中研发人员占比高,这部分劳动要素价格高且是国内稀缺要素,导致高技术行业内的企业就业增长略低于中低技术行业。

表4-6　区分高、低技术行业的检验(被解释变量:企业的就业变动)

解释变量	高技术			低技术		
	(1)加入企业固定效应	(2)加入企业层面控制变量	(3)加入行业、地区固定效应	(4)加入企业固定效应	(5)加入企业层面控制变量	(6)加入行业、地区固定效应
行业对外直接投资变动	0.0024***	0.0016***	0.0016***	0.0026***	0.0019***	0.0019***
	(5.52)	(4.05)	(4.01)	(28.03)	(23.82)	(24.03)
控制变量	否	是	是	否	是	是
行业固定效应	否	否	是	否	否	是
地区固定效应	否	否	是	否	否	是
企业固定效应	是	是	是	是	是	是
观测数	47827	47827	47825	637564	637564	637555
可决系数	0.499	0.618	0.618	0.403	0.554	0.554

---

① 高技术行业和中低技术行业的分类依据是国家统计局发布的《高技术产业(制造业)分类(2013)》,其中,高技术行业主要包括医药制造业、航空航天器及设备制造业、电子及通信设备制造业、计算机及办公设备制造业、医疗仪器设备及仪器仪表制造业、信息化学品制造业六类。

三、基于企业异质性的检验结果及分析

上述的研究表明,对外直接投资产生了正向的行业就业效应,并对投资企业所在行业内的存续企业就业增长产生了正向影响。但这一分析仅是针对平均意义而言,由于企业异质性的存在,对外直接投资对跨国公司所在行业内的企业就业变动的平均影响可能很难反映出行业内不同生产率企业的就业变动。因此,在(4-1)式的基础上,加入行业对外直接投资变动与调整后的企业生产率的交互项①,进一步考察了对外直接投资对行业内不同生产率的企业就业的影响。若交互项的系数显著为正,则说明生产率是影响对外直接投资行业就业效应的重要因素,即对外直接投资的行业就业效应会因企业生产率的不同而存在差异,对外直接投资显著地促进了行业内生产率更高企业的就业增长,促使行业内的就业资源配置到生产率更高的企业中,从而实现了跨国公司所在行业就业资源的优化配置。

按照同样的方法进行估计,结果见表4-7。可以发现:基于固定效应模型,第(1)列中加入企业固定效应,在加入交互项和调整后的企业生产率之后,核心解释变量(行业对外直接投资变动)的系数仍然在1%的水平上显著为正,这表明对外直接投资增加促进了跨国公司所在行业内的企业就业增长,即对外直接投资产生了正向的行业就业效应,结论具有稳健性;交互项的系数在1%的水平上显著为正,说明对外直接投资促进了跨国公司所在行业内的企业就业增长,但相对于低生产率的企业来说,高生产率企业的就业增长更快,从而提高了行业内就业资源的配置效率。第(2)列中进一步加入企业层面控制变量,发现交互项的系数仍然在1%的水平上显著为正,在第(3)—(4)列中逐步加入行业、地区固定效应,发现交互项的系数大小和显著性基本稳定,说明结论具有稳健性。

① 借鉴徐和龚(2017)的做法,调整后的企业生产率的计算方法为:(企业生产率-所在行业内企业的平均生产率)/所在行业内企业生产率的标准差。另外,本书也按照毛其淋和许家云(2016)的方法对企业生产率进行调整,发现并不影响本书的结论。

表4-7 基于异质效应的检验:平均效应(被解释变量:企业的就业变动)

解释变量	(1)加入企业固定效应	(2)加入企业层面控制变量	(3)加入行业固定效应	(4)加入地区固定效应
行业对外直接投资变动	0.002***	0.002***	0.002***	0.002***
	(27.45)	(21.38)	(21.68)	(21.68)
交互项	0.001***	0.002***	0.002***	0.002***
	(11.53)	(20.49)	(20.46)	(20.47)
调整后的企业生产率	0.060***	0.025***	0.026***	0.026***
	(37.21)	(17.53)	(17.97)	(17.97)
企业规模		0.304***	0.304***	0.304***
		(207.61)	(207.61)	(207.60)
资本密集度		−0.441***	−0.441***	−0.441***
		(−298.98)	(−298.93)	(−298.92)
融资约束		−0.009***	−0.009***	−0.009***
		(−5.10)	(−5.08)	(−5.08)
出口		0.004	0.004	0.004
		(1.26)	(1.26)	(1.26)
工资增长		−0.144***	−0.144***	−0.144***
		(−134.32)	(−134.33)	(−134.34)
行业固定效应	否	否	是	是
地区固定效应	否	否	否	是
企业固定效应	是	是	是	是
观测数	666714	666714	666714	666703
可决系数	0.413	0.552	0.552	0.552

表4-8报告了企业异质性对对外直接投资的就业集约边际变动和广延边际变动的影响。

表4-8　基于企业异质性的检验:边际变动(被解释变量:企业的就业变动)

解释变量	集约边际			广延边际			
	(1) 就业创造 效应	(2) 就业破坏	(3) 就业 净增长	(4) Probit模型 几率比	(5) Probit模型 边际效应	(6) Logit模型 几率比	(7) Logit模型 边际效应
行业对外 直接投资 变动	0.001*** (8.98)	−0.000 (−1.46)	0.001*** (6.90)	0.023*** (52.73)	0.003*** (52.27)	0.046*** (49.74)	0.002*** (49.07)
交互项	0.001*** (14.41)	−0.000** (−2.57)	0.001*** (11.22)	−0.003*** (−6.94)	−0.0003** (−6.94)	−0.004*** (−4.34)	−0.0002** (−4.34)
调整后的 生产率	0.010*** (6.62)	−0.034*** (−23.18)	0.044*** (19.10)	−0.205*** (−48.87)	−0.023*** (−48.35)	−0.500*** (−53.47)	−0.027*** (−52.62)
控制变量	是	是	是	是	是	是	是
行业固定 效应	是	是	是	是	是	是	是
地区固定 效应	是	是	是	是	是	是	是
企业固定 效应	是	是	是	否	否	否	否
观测数	199898	199898	199898	666703	666703	666703	666703
伪可决系 数	0.409	0.447	0.423	0.071	0.071	0.073	0.073

从集约边际变动的视角来看(见表4-8),第(1)列给出了就业创造效应的异质性检验,核心解释变量(行业对外直接投资变动、交互项)的系数均在1%的水平上显著,说明对外直接投资产生了正向的企业就业创造效应,且生产率更高的企业就业创造效应更大,即随着对外直接投资的增加,劳动力等要素将更多地配置到跨国公司所在行业内生产率高的存续企业中,有利于提高行业内就业资源配置效率。第(2)列给出的是基于就业破坏效应的异质性检验,我们发现在加入交互项和调整后的企业生产率之后,一方面,核心解释变量(行业对外直接投资变动)变为正,但在10%的水平上不显著,说明对外直接投资增加并不能够给行业内所有企业的就业增长带来好处。原因可能是:随着对外直接投资企业数目的增多,对外直接投资规模不断扩大,引发了行业经济环境较大幅度的调

整,增加了企业发展的不确定性,从而影响存续企业的就业破坏效应。另一方面,交互项的系数为负,说明相对于生产率较低的企业来说,生产率更高的企业的就业破坏效应会降低,因为生产率高的企业具有较强的市场竞争力,能够获得更多的超额利润,从而可以在更大程度上维持就业稳定。第(3)列给出的是对外直接投资对企业就业净增长的影响,发现核心解释变量(行业对外直接投资变动)和交互项的系数都为正,说明总体来看,随着行业内对外直接投资企业总数的增加,对外直接投资规模不断扩大,跨国公司所在行业内的企业普遍实现了就业净增长,且这种正向的促进作用会因企业生产率的不同而存在差异,高生产率企业的就业净增长幅度更大,从而提高了行业就业资源配置效率。

从广延边际变动的视角来看:见表4-8,第(4)—(7)列给出了对外直接投资对就业广延边际变动的影响,其中,第(4)—(5)列给出的是Probit模型的估计结果,第(6)—(7)列给出的是Logit模型的估计结果,第(4)和(6)列的回归系数报告的是几率比,第(5)和(7)列的回归系数报告的是边际效应。可以看出:随着对外直接投资企业的增多,跨国公司所在行业内的企业市场退出概率提高,但高生产率企业的市场退出概率相对更低,说明对外直接投资对跨国公司所在行业内高生产率企业产生的负向影响相对较小,而低生产率的企业面临着相对更高的市场退出风险。原因可能是:高生产率企业具有较强的市场竞争力,能够获取更多的超额利润以维持企业的生存和发展,并通过不断增加研发投入等方式来促进企业技术水平和市场竞争能力的进一步提高,抵御外部行业环境变化带来的不利影响,因此,对外直接投资对行业内高生产率企业产生的负向影响可能相对较少,但对低生产率企业产生了较大的负向影响,并提高了这类企业的市场退出风险。

第四节 基于行业分类、投资金额及非投资企业的稳健性检验

为了确保结论的稳健性,本章主要采用三种方法进行稳健性检验:一

是按照国民经济行业分类(3分位)重新计算行业层面的对外直接投资变动,重新检验对外直接投资的行业就业效应;二是利用《对外直接投资统计公报》中的行业投资金额数据,重新检验对外直接投资的行业就业效应;三是检验了对外直接投资对跨国公司所在行业内的非投资企业可能产生的外部效应,从外部性方面验证对外直接投资行业就业效应的存在性。

一、基于行业分类的检验结果及分析

产业划分级数的不同可能会影响行业层面的对外直接投资规模,继而影响对外直接投资对跨国公司所在行业内企业就业变动的影响。因此,根据国民经济行业分类,本章进一步采用更加详细的行业分类方法(3分位)重新计算了行业对外直接投资规模①,估计结果见表4-9。

表4-9　稳健性检验:国民经济行业分类(3分位)
（被解释变量:企业的就业变动）

解释变量	（1）加入企业固定效应	（2）加入企业层面控制变量	（3）加入行业固定效应	（4）加入地区固定效应
行业对外直接投资变动	0.002 ***	0.001 ***	0.001 ***	0.001 ***
	(11.93)	(8.59)	(8.59)	(8.59)
企业规模		0.326 ***	0.326 ***	0.326 ***
		(170.72)	(170.70)	(170.69)
资本密集度		-0.473 ***	-0.473 ***	-0.473 ***
		(-246.41)	(-246.34)	(-246.32)
融资约束		-0.014 ***	-0.014 ***	-0.014 ***
		(-6.02)	(-5.99)	(-5.99)

---

① 本书也尝试采用国民经济行业分类(4分位)进行检验,发现行业分类越细,行业中的对外直接投资企业数目越少,衡量对外直接投资企业数目变动时会产生大量缺失值,因此我们仅采用国民经济行业分类(3分位)进行了稳健性检验。

续表

解释变量	（1）加入企业固定效应	（2）加入企业层面控制变量	（3）加入行业固定效应	（4）加入地区固定效应
出口		0.010**	0.010**	0.010**
		(2.54)	(2.50)	(2.50)
员工工资增长		-0.144***	-0.144***	-0.144***
		(-103.26)	(-103.23)	(-103.24)
行业固定效应	否	否	是	是
地区固定效应	否	否	否	是
企业固定效应	是	是	是	是
观测数	460774	460774	460774	460774
可决系数	0.493	0.624	0.624	0.624

见表4-9,可以发现:按照相同的估计方法,基于企业固定效应,首先,不控制其他因素,第(1)列中核心解释变量(行业对外直接投资变动)的系数显著为正,说明对外直接投资产生了正向的行业就业效应,对外直接投资企业数目变动与跨国公司所在行业内的企业就业变动方向相同,即随着对外直接投资企业的增加,对外直接投资规模不断扩大,促进了跨国公司所在行业内的企业就业增长。在第(2)列中逐步加入企业层面控制变量,并在第(3)—(4)列中逐步加入行业固定效应、地区固定效应进行检验,发现核心解释变量(行业对外直接投资变动)系数的大小基本不变,且始终在1%的水平上显著为正,说明对外直接投资产生了较为明显的行业就业效应,对外直接投资规模的扩大促进了跨国公司所在行业内企业就业总量的增长,行业分类方法的调整并不影响本章的基本结论,结论具有稳健性。

二、基于行业投资金额的检验结果及分析

一般来说,行业对外直接投资企业总数与行业投资总额之间存在正相关关系,行业内对外直接投资企业数目越多,行业投资总额也可能越大。然而,为了确保结论的稳健性,我们进一步采用行业层面的对外直

投资总额变动替代投资企业数目变动①,研究对外直接投资的行业就业效应,估计结果见表4-10。

表4-10 稳健性检验:投资金额(被解释变量:企业的就业变动)

解释变量	(1)加入企业固定效应	(2)加入企业层面控制变量	(3)加入行业固定效应	(4)加入地区固定效应
行业对外直接投资变动	0.0004***	0.0003***	0.0003***	0.0003***
	(13.05)	(11.12)	(11.12)	(11.12)
企业规模		0.322***	0.322***	0.322***
		(224.70)	(224.70)	(224.69)
资本密集度		-0.463***	-0.463***	-0.463***
		(-326.72)	(-326.72)	(-326.72)
融资约束		-0.013***	-0.013***	-0.013***
		(-7.31)	(-7.31)	(-7.31)
出口		0.010***	0.010***	0.010***
		(3.18)	(3.18)	(3.18)
员工工资增长		-0.139***	-0.139***	-0.139***
		(-134.63)	(-134.63)	(-134.63)
行业固定效应	否	否	是	是
地区固定效应	否	否	否	是
企业固定效应	是	是	是	是
观测数	732877	732877	732877	732877
可决系数	0.414	0.559	0.559	0.559

注:行业对外直接投资总额的单位为万美元,由于历年的行业投资总额变动较大,导致回归系数较小,因此本章将行业投资总额除以10000后再进行回归。

见表4-10,按照同样的方法,基于企业固定效应模型,首先,不控制其他因素,发现第(1)列中核心解释变量(行业对外直接投资变动)的系

---

① 按照行业和年份,将《对外直接投资统计公报》与中国工业企业数据进行匹配,得到行业对外直接投资流量数据。需要注意的是,由于历年的《对外直接投资统计公报》中,国民经济行业划分到门类一级,因此在将《对外直接投资统计公报》与中国工业企业数据进行匹配前,需要先确定企业所在门类,然后再按照门类和年份进行匹配。由于《对外直接投资统计公报》中对行业、省区市对外直接投资数据的统计大多开始于2004年,因此稳健性检验部分将样本期间设定为2004—2007年,其中,2004年、2005年金融业对外直接投资流量暂无统计。对外直接投资金额变动的计算方法与企业数目变动的计算方法相同,即用t期行业对外直接投资金额减去$t-1$期的投资金额。

数较小,但在1%的水平上显著为正,这表明平均来看,对外直接投资规模扩大对跨国公司所在行业内的企业就业增长产生了微弱的促进作用,即随着对外直接投资规模的不断增加,跨国公司所在行业内企业的就业总量不断扩大,说明结论具有一定的稳健性。其次,在第(2)列中加入企业层面控制变量,然后在第(3)—(4)列中逐步加入行业固定效应和地区固定效应,发现核心解释变量(行业对外直接投资变动)的系数大小和显著性基本稳定,说明对外直接投资规模的增加促进了跨国公司所在行业内的企业就业增长,即对外直接投资产生了正向的行业就业效应,与前文中的研究结论一致,结论具有一定的稳健性。

三、基于非跨国公司样本的检验结果及分析

本章得到的主要结论是:从平均意义上来看,对外直接投资产生了正向的行业就业效应,随着行业内对外直接投资企业数目的增多,对外直接投资规模不断扩大,跨国公司所在行业内的企业就业总量也不断增长。然而,跨国公司所在行业中既包括对外直接投资企业,也包括非对外直接投资企业。那么,对外直接投资的行业就业效应对跨国公司和非跨国公司而言是否存在差异性?

对于对外直接投资企业或跨国公司而言,其行业就业效应较为复杂。跨国公司的行业就业效应主要来自以下两个方面:一是企业受到了其自身对外直接投资行为的影响;二是企业受到了来自同行业内其他企业的对外直接投资行为或投资规模扩大而产生的外部效应影响,但无法准确识别外部效应及其影响程度。对于非对外直接投资企业或非跨国公司而言,其行业就业效应的产生主要源于对外直接投资的外部效应[①]。因此,本书进一步基于外部性视角,通过剔除跨国公司样本的方法检验了跨国公司对外直接投资对其所在行业的非对外直接投资企业就业总量的影

---

① 类似的研究还有王永钦等(2018),他们发现在同一行业内,僵尸企业通过加剧资源约束、扭曲信贷配置和损害行业公平竞争等渠道影响了正常企业的创新能力(专利申请和全要素生产率),行业内僵尸企业占比每提高1%,正常企业的专利申请总数降低1%,发明型专利申请总数降低0.5%,全要素生产率降低2.41%。

响,证明对外直接投资外部效应的存在性。

表 4-11 给出了对外直接投资对跨国公司所在行业内的非对外直接投资企业就业的影响。可以发现:第(1)列中不控制其他因素,核心解释变量(行业对外直接投资变动)的系数显著为正,说明对外直接投资对跨国公司所在行业内的其他非投资企业就业增长产生了正向的外部效应,即对外直接投资促进了跨国公司所在行业内的非对外直接投资企业就业增长;第(2)列中进一步控制企业固定效应,并在第(3)—(5)列中逐步加入企业层面控制变量、行业固定效应和地区固定效应,发现核心解释变量(行业对外直接投资变动)的系数仍然显著为正,说明结论具有一定的稳健性,即对外直接投资对跨国公司所在行业内的其他非对外直接投资企业产生了正向的外部效应,从而验证了对外直接投资外部效应的存在性。

表 4-11　稳健性检验:剔除跨国公司样本(被解释变量:企业的就业变动)

解释变量	（1）不控制其他因素	（2）加入企业固定效应	（3）加入企业层面控制变量	（4）加入行业固定效应	（5）加入地区固定效应
行业对外直接投资变动	0.001***	0.003***	0.002***	0.002***	0.002***
	(12.71)	(28.42)	(23.86)	(24.09)	(24.09)
企业规模			0.318***	0.318***	0.318***
			(222.74)	(222.79)	(222.78)
资本密集度			-0.455***	-0.455***	-0.455***
			(-316.77)	(-316.74)	(-316.73)
融资约束			-0.011***	-0.011***	-0.011***
			(-6.16)	(-6.16)	(-6.16)
出口			0.005	0.005	0.005
			(1.57)	(1.58)	(1.58)
员工工资增长			-0.146***	-0.146***	-0.146***
			(-137.38)	(-137.36)	(-137.36)
行业固定效应	否	否	否	是	是

续表

解释变量	（1） 不控制 其他因素	（2） 加入企业 固定效应	（3） 加入企业层 面控制变量	（4） 加入行业 固定效应	（5） 加入地区 固定效应
地区固定效应	否	否	否	否	是
企业固定效应	否	是	是	是	是
观测数	681414	681414	681414	681414	681403
可决系数	0.0002	0.4070	0.5550	0.5550	0.5550

第五节　对外直接投资行业就业效应
研究的启示与政策含义

随着企业异质性理论的不断发展,学者们对企业异质性、行业资源配置效率方面的研究更加深入。在对外直接投资方面,关于对外直接投资对国内企业技术进步或创新等方面影响的研究相对较多,考察对外直接投资对母国或母公司就业影响的研究相对较少,因此本书在前两个章节中对这一问题进行了较为全面而深入的研究。然而,对外直接投资对国内就业变动的影响还表现在:跨国公司对外直接投资还可能对同行业内其他企业的就业变动产生影响,引发跨国公司所在行业内的就业资源再配置。原因在于:一方面,只有生产率高的企业才能够对外直接投资并获得更多利润和实现自身发展,而低生产率的企业将退出市场,从而将引发劳动力等生产要素在行业内不同企业间的再配置;另一方面,对外直接投资可能产生外部效应,随着行业内对外直接投资企业的增多,对外直接投资规模不断扩大,将在同行业内部产生集聚效应、示范效应、辐射带动效应、竞争效应等,并引发跨国公司所在行业内资源配置效率的调整,从而间接作用于同行业内其他企业的就业规模。因此,本章考察了对外直接投资的行业就业效应,即对外直接投资变动对其所在行业内企业就业变动的平均影响及异质性影响,为研究对外直接投资与国内就业变动关系提供了新视角。

通过研究对外直接投资的行业就业效应,得出的主要结论如下:首先,就平均意义而言,随着对外直接投资企业数目的增加,对外直接投资规模将不断扩大,跨国公司所在行业内的企业就业实现了微弱增长,说明对外直接投资产生了正向的行业就业效应。其次,区分样本检验发现,从集约边际的视角来看,对外直接投资增加对跨国公司所在行业内的存续企业产生了正向的就业创造效应、降低了企业的就业破坏效应,且由于前者的影响程度更大,从而在总体上促进了存续企业的就业净增长;从广延边际的视角来看,对外直接投资的增加提高了跨国公司所在行业内企业的市场退出风险。另外,由于企业异质性的存在,本章也从企业异质性视角检验了生产率对对外直接投资的行业就业效应的影响。可以发现:随着对外直接投资企业数目的增加,对外直接投资规模不断扩大,跨国公司所在行业内的企业就业不断增长,但高生产率企业的就业增长更加明显,说明对外直接投资促进了行业内就业资源配置效率的提高。从集约边际变动的视角来看,跨国公司对外直接投资对其所在行业中高生产率企业就业总量的正向作用更大,对外直接投资提高了高生产率企业的就业创造效应、降低了就业破坏效应,从而促进了存续企业的就业净增长,而从广延边际变动的视角来看,对外直接投资提高了跨国公司所在行业内企业的市场退出概率,但是高生产率企业的市场退出风险相对更低,说明对外直接投资对同行业中的企业产生了一定的负向影响,但对高生产率企业产生的负向影响相对较小。

因此,本章的研究也具有重要的政策含义:一方面,由于对外直接投资促进了跨国公司所在行业内的企业就业增长,劳动等生产要素被配置到行业内高生产率企业中,提高了行业内就业资源的配置效率。因此,在当前国内产能过剩及经济结构调整的背景下,应当继续鼓励企业对外直接投资,尤其是鼓励部分产能过剩行业中的企业加大对外直接投资力度,提供更多的优惠政策以满足企业对外直接投资的强烈需求,不断增加产能过剩行业的对外直接投资规模,通过"一带一路"倡议和加强国际产能合作等方式消耗过剩产能,改善行业内的资源错配程度,并以此推动国内经济发展和制造业转型升级,而不必过于担心对外直接投资规模扩大对国内就业造成的负向影响。另一方面,对外直接投资对跨国公司所在行业内的企业产生了正向影响,但这并不意味着将对行业内的每个企业就业增长产生有利影响,行业内低生产率企业的市场退出风险加大,可能导致其退出市场或就业规模萎缩,行业就业波动风险提高。若产生的这部分劳动要素不能被现有企业或新企业完全吸收,则将提高行业的失业率水平,然而,即使能够实现对这部分劳动要素的完全吸收,在短期内可能也是无法实现的。因此,在对外直接投资增加及我国制造业的转型过程中,也将伴随着部分企业或多或少就业总量减少的情况。相对于发达国家来说,在样本期间内,由于我国对外直接投资规模仍然较小,对外直接投资增加对企业就业变动的影响也相对较小,尚未造成较大的就业压力。随着对外直接投资规模的增加,尤其是金融危机以来对外直接投资规模的快速增长,行业内的资源配置环境和市场竞争环境等方面都将发生较大变化,这必然会对跨国公司所在行业内的企业生产经营和就业产生更加明显的影响,需要政府及相关部门加强对这一问题的重视,随时关注对外直接投资所引发的国内就业变动,及时采取措施保障失业员工的生活和再就业,维持就业稳定。

当然,本章的研究也存在一些局限性,主要表现在以下两个方面:一是受到数据的限制,本章主要利用行业对外直接投资企业总数来衡量行业对外直接投资规模,用就业总量来衡量企业的就业规模,分析了对外直接投资增加对跨国公司所在行业内的企业就业总量变动的影响。然而,在当前经济结构性矛盾日益突出的背景下,国内企业亟须提高人力资本的积累水平、实现就业结构的优化,这也是解决国内经济发展中出现的结构性矛盾和推动国内产业结构转型升级的微观基础。因此,在未来的研究中,我们将继续关注对外直接投资的行业就业效应,尤其是对外直接投资的行业就业结构效应,关注对外直接投资对跨国公司所在行业内制造业企业就业结构变动的影响。二是相对于发达国家的对外直接投资存量而言,在当前的样本期间内,我国对外直接投资仍处于起步阶段,每个行业的投资企业数目和投资金额都相对较少,且行业发展具有较大的不平衡性,对外直接投资仅产生了较为微弱的、正向的行业就业效应。随着行业内对外直接投资企业数目和投资规模的增加,可能会对国内就业产生更大程度和更加明显的影响,因此,这一问题还需要更进一步地深入研究。

第五章　对外直接投资与地区内就业变动研究

对外直接投资可能导致跨国公司所在地区内的企业就业变动,产生对外直接投资的"地区就业效应"。与对外直接投资的行业就业效应类似,对外直接投资的地区就业效应主要分为两个部分:一部分是跨国公司或对外直接投资企业的就业变动,一方面,跨国公司的就业总量和就业结构调整将受到自身对外直接投资行为的影响,不再详述;另一方面,对外直接投资具有外部效应,对外直接投资企业数目的增多和投资规模的扩大有助于打破地区市场分割、提高地区资源配置效率,进而通过改善地区内的生产经营环境作用于跨国公司的生产经营,并引发相关企业的就业变动。另一部分是非跨国公司或非对外直接投资企业的就业变动,即非对外直接投资企业将受到地区内其他企业及其对外直接投资行为的影响,进而引发其就业变动。

从地区就业效应差异视角研究对外直接投资对国内就业变动的影响,这一问题在国内文献中已有涉及:如于超和葛和平(2011)、姜亚鹏和王飞(2012)、张海波和彭新敏(2013)、贾媛(2015)等①。这些研究几乎一致地发现,对外直接投资的地区就业效应存在差异性,东部地区对外直接投资的就业效应要普遍好于中西部地区,这些研究结论与本章从微观企业方面得出的结论形成呼应。但是,这些研究并没有说明对外直接投资为何会引发地区层面的就业变动及地区就业效应存在差异的原因。然而,由于地区层

---

① 于超、葛和平:《对外直接投资的母国就业效应研究》,《统计与决策》2011年第20期。姜亚鹏、王飞:《中国对外直接投资母国就业效应的区域差异分析》,《上海经济研究》2012年第7期。张海波、彭新敏:《ODI对我国的就业效应——基于动态面板数据模型的实证研究》,《财贸经济》2013年第2期。贾媛:《对外直接投资的就业结构和国民收入效应研究——基于省际面板数据的分析》,《改革与战略》2015年第2期。

面的就业变动由微观企业的就业变动组成,地区总体就业变动往往掩盖了对外直接投资对地区内不同企业就业变动幅度及方向的不同影响,而且对外直接投资会对同一地区内的其他非投资企业产生一定的外部效应①。因此,在已有研究的基础上,本章利用微观企业的就业数据和中国31个省(自治区、直辖市)的对外直接投资数据,研究了对外直接投资的地区就业效应,并根据企业异质性理论研究了生产率对OFDI地区就业效应的异质性影响。

本章的主要内容如下:首先,与以往从宏观或中观层面分析对外直接投资对各地区总体就业影响的研究不同,本章从地区内微观企业就业变动的视角出发,分析了对外直接投资是否能够引起跨国公司所在地区内企业的就业变动,揭示了对外直接投资变动引发跨国公司所在地区内企业就业变动的作用机制,为分析对外直接投资与国内就业变动这一问题提供了新的研究视角。其次,利用中国微观企业数据加总获得了地区对外直接投资规模数据,实证研究了对外直接投资对跨国公司所在地区内的企业就业变动产生的影响,包括初始检验结果和区分样本检验结果,并基于企业异质性视角分析了对外直接投资对地区内不同生产率企业就业变动产生的异质性影响。再次,为了确保结论的稳健性和完整性,本章主要采用三种方法进行了稳健性检验,包括基于地区投资金额的检验、基于行业和地区对外直接投资变动的检验、基于非跨国公司的检验。最后,基于本章研究,得到了相关启示并提出了相关政策建议。

第一节　对外直接投资地区就业
效应的作用机制分析

基于企业异质性理论和区域经济学的观点,本章认为对外直接投资之所以能够产生地区就业效应,主要可以从以下两个视角进行解释。

一是从企业异质性理论的视角进行解释,即对外直接投资通过影响

---

① 近年来,类似文献逐渐增多,例如:谭语嫣等(2017)研究了僵尸企业对当地非僵尸企业投资的影响,发现僵尸企业会对当地非僵尸企业产生挤出效应,并对国有企业和私有企业产生不同程度的影响。

企业进入退出而作用于地区内的企业就业。根据企业异质性理论,行业内生产率高的企业出口或对外直接投资,获取更多超额利润,生产率较低的企业服务国内市场,生产率最低的企业退出市场,由生产率差异产生的企业进入退出行为导致了行业整体生产率水平的提高,也影响着行业内企业的就业变动。与这一分析思路一致,若企业进入退出影响其所能吸纳的就业总量并导致行业整体资源配置效率的变化,则这一效应在区域层面上也可能同时成立。换句话说,从区域的视角来看,生产率差异导致的企业进入退出行为及其对地区内企业就业的影响仍将发挥作用。然而,这种效应仅局限于理论层面的探讨且研究对象主要集中于市场化程度较高的发达国家,以发展中国家为对象的研究相对较为缺乏。由于发展中国家的市场经济体制尚不完善,这种效应并不能够完全解释生产率因素及对外直接投资对母国企业进入退出行为及就业的影响。为了较为全面地把握对外直接投资对跨国公司所在地区内的企业就业变动的影响,仍然需要根据我国市场经济体制的现实情况进行一定的调整和补充。

二是从区域经济学及外部性的视角进行解释,即对外直接投资还可能对跨国公司所在地区内的其他企业就业产生外部效应,从而引发地区内不同企业的就业变动。具体包括以下三点。

首先,由于我国市场经济体制尚不完善,各地区的经济运行存在着明显的地区市场分割现象,对外直接投资对跨国公司所在地区内的企业就业增长的影响可能通过突破地区市场分割限制、改变地区资源配置效率渠道发挥作用。

已有研究表明:在封闭条件下,资源配置效率的改善主要依靠资本和劳动等生产要素在国内的流动与配置来实现,见班纳吉和摩尔(Banerjee 和 Moll,2010)、雷斯图恰和罗杰森(Restuccia 和 Rogerson,2013)、拉莫斯等(Ramous 等,2014)①。从我国的现实情况来看,我国虽然经历了较长

---

① Banerjee,A.V.,Moll,B.,"Why Does Misallocation Persis",*American Economic Journal: Macroeconomics*,Vol. 2,No. 1,2010,pp. 189 – 206. Restuccia,D.,Rogerson,R.,"Misallocation and Productivity",*Review of Economic Dynamics*,Vol. 16,No. 1,2013,pp. 1 – 10. Ramous,R.,Garcia - Santana,M.,Asturias,J.,"Misallocation,Internal Trade,and the Role of Transportation Infrastructure",*Society for Economic Dynamics Meeting Paper*,2014.

时期的经济体制改革并仍在持续不断扩大对外开放程度,但经济运行过程中的地区市场分割问题仍然是改革开放以来国内一直存在着的突出问题(银温泉和才婉茹,2001)①,导致了地区之间的资源错配和地区内部的资源错配。从地区之间的资源错配方面来看,受户籍制度、土地制度以及一些隐形限制措施的影响,劳动要素在不同地区之间流动的成本相对较高,资本要素在地区之间的自由流动也经常受到一些隐形的限制,资本、劳动等要素无法在不同地区之间自由流动,资本、劳动要素无法按照等边际收益的原则进行再配置,造成了地区内部分资本、劳动要素资源的闲置,加剧了地区之间发展的不平衡性,地方市场分割及政府干预和管制经济的发展仍然是一个普遍现象。从地区内部的资源错配方面来看,政府对地方经济的干预和管制也导致地区内不同产业之间、不同所有制企业之间发展不平衡。就不同产业之间的资源错配而言,由于中央与地方财政分权的管理方式赋予了地方政府更大的财政权,各地政府为了追求当地经济增长和提高政绩,地方政府往往通过财政补贴、财政支出等方式干预地方经济运行,导致某些行业资源投入过多,而另一些行业资源投入过少,行业间出现不同程度的资源错配,当前部分行业的产能过剩就是这一问题的突出表现。就不同所有制企业之间的资源错配而言,由于国有企业是带动地方经济发展和解决当地就业问题的支柱性企业,并承担着超前投资及政府职能等多项使命,导致地方政府将更多的资源配置到国有企业中,这种地方政府与国有企业垄断相结合形成的行政垄断造成了地区内国有企业与民营企业在融资成本、政策优惠等方面存在较大差异,使极具创新活力的民营企业资金使用成本过高,导致国有企业和民营企业之间出现不同程度的资源错配。

　　然而,自上而下的市场经济体制改革涉及多个环节和利益集团,改革成本高、压力大且进展缓慢,仅依靠国内体制机制改革和调整,以及要素资源在地区内、地区间的流动或再配置,在短期内将无法彻底改变这种资源错配现象。作为生产要素在全球范围内再配置的一种方式,对外直接投资

①　银温泉、才婉茹:《我国地方市场分割的成因和治理》,《经济研究》2001年第6期。

为国内生产要素流动提供了新渠道,使跨国公司能够突破地方市场分割限制,促进资本、劳动要素在全球范围内流动,提高地区要素配置效率及投资企业的潜在产出和生产率,成为缓解地区内资源错配的有效途径(白俊红和刘宇英,2018)①。资源配置效率的提高,有助于为地区内企业发展营造良好的外部环境,促进跨国公司及其所在地区内的其他企业就业增长。由于地区市场分割的存在,企业往往只能在某一地区范围内从事生产经营活动,资源配置效率的改善对当地企业的生存和发展来说显得尤为重要。

其次,对外直接投资为过剩产能或边际产业的转移提供了渠道,有助于降低过剩产能(杨振兵,2015),进而促进地区内不同企业的就业总量和就业结构调整②。

自2008年金融危机以来,国内部分行业因投资过度出现了产能过剩现象,如煤炭、钢铁、水泥等上游行业,导致相关产品价格大跌,多家企业亏损严重。由于这些行业往往吸纳就业人员较多、与其他行业关联度较高而且多属于地方支柱性行业,这部分企业的关停将对政府维持地区就业稳定形成较大压力。对外直接投资为转移过剩产能提供了渠道,尤其是"一带一路"倡议和加强国际产能合作提出以来,我国通过加强与周边国家及"一带一路"沿线国家间的产能合作,将部分过剩产能转移到有更大需求的海外市场,利用国外需求来消耗过剩产能,促进了地区内产业结构的优化,提高了地区经济增长活力,同时满足了东道国的市场需求并为东道国市场提供了更多的就业机会,真正实现了互利共赢、共同发展。然而,随着对外直接投资的增长及由此带来的过剩产能海外转移,在短期内也可能对国内就业产生较大的负向影响,部分投资企业可能无法适应海外投资的高风险而退出市场,部分无法通过对外直接投资等方式及时消耗过剩产能的国内企业也面临着较大的转型压力,但从长期来看,对外直接投资及由此带来的过剩产能转移将促进地区制造业的转型升级,促进

---

① 白俊红、刘宇英:《对外直接投资能否改善中国的资源错配》,《中国工业经济》2018年第1期。

② 杨振兵:《对外直接投资、市场分割与产能过剩治理》,《国际贸易问题》2015年第11期。

就业结构合理化和高级化。

再次,随着地区内对外直接投资企业数目的增多和投资规模的不断扩大,更有利于发挥跨国公司的地区集聚效应、示范效应和辐射带动效应等,对地区内其他企业的就业增长产生有利影响。

研究表明,空间集聚可以使区域内的企业通过分工合作、共享供应商、劳动力市场和良好的外部政策环境和信息集,获取技术外溢效应,促进企业间的信息交流和经验学习(赵娜等,2017)[①],从而影响企业融资、创新等经济活动(盛丹和王永进,2013;王永进和张国峰,2016)[②],甚至是投资行为。因此,随着地区内对外直接投资企业的不断增多,尤其是地区对外直接投资规模较大时,跨国公司在地理空间上的集聚将会产生集聚效应,促进同一区域内的跨国公司相互学习、共享信息和投资经验,并在相互联系的过程中产生技术外溢效应,促进跨国公司不断发展与创新,提高地区经济增长活力。跨国公司对外直接投资可能会对同一地区内的其他企业产生示范效应,对外直接投资企业的增多增强了地区内其他企业对海外市场的了解并为其提供了投资方面的经验教训,通过信息外溢及行为示范等方式带动地区内其他企业到海外市场寻求发展机会,进而对其就业产生一定的影响。受要素市场分割和产品跨区域流动限制等因素的影响,同一地区内企业之间的联系相对更加紧密,企业更愿意与同一地区的上下游企业合作,并对其产生辐射带动效应。一方面,对外直接投资能够促进母公司的出口和技术进步(蒋冠宏和蒋殿春,2014a;2014b)[③],增加母公司生产和就业,进而带动其上下游企业更新设备、提高技术水平、扩大生产和促进就业增长;另一方面,虽然我国政府努力为企业对外

---

① 赵娜、王博、刘燕:《城市群、集聚效应与"投资潮涌"——基于中国20个城市群的实证研究》,《中国工业经济》2017年第11期。

② 盛丹、王永进:《产业集聚、信贷资源配置效率与企业的融资成本——来自世界银行调查数据和中国工业企业数据的证据》,《管理世界》2013年第6期。王永进、张国峰:《开发区生产率优势的来源:集聚效应还是选择效应?》,《经济研究》2016年第7期。

③ 蒋冠宏、蒋殿春:《中国工业企业对外直接投资与企业生产率进步》,《世界经济》2014年(a)第9期。蒋冠宏、蒋殿春:《中国企业对外直接投资的"出口效应"》,《经济研究》2014年(b)第5期。

直接投资提供服务平台,但是国内企业仍然普遍缺乏对海外市场竞争规则、法律法规等方面的深层次了解,企业对外直接投资将进一步增加对法律、管理、咨询、国际金融等领域中介机构的需求,带动跨国公司所在地区内其他关联企业的发展,从而有利于创造更多的就业机会。

第二节　对外直接投资地区就业效应的模型设定与数据说明

一、对外直接投资地区就业效应的模型设定

为了检验对外直接投资的地区就业效应,本章借鉴了奥特尔等(2013)的研究方法[①],建立模型如下:

$$\Delta Y_{it} = \alpha_0 + \alpha_1 \Delta OFDI_{rt} + \beta x_{it} + \varphi_i + \varphi_j + \varphi_r + \varepsilon_{it} \qquad (5-1)$$

其中,下标 i 表示企业,下标 j 表示行业,下标 r 表示地区(行政代码 2 分位),下标 t 表示年份。根据考察对象的不同,因变量 ΔY_{it} 可分别表示企业就业变动(Δemp_{it})、就业创造(emp_creat_{it})、就业破坏($emp\_destruct_{it}$)和就业净增长(emp_net_{it})[②],以及企业的市场退出概率($exit_{it}$)。与上一章中变量的表示方法相同,借鉴格罗伊萨德等(2015)的做法,将企业就业变动表示为:$\Delta emp_{it} = emp_{it} - emp_{it-1}$,$emp_{it}$ 表示企业 i 在时期 t 所雇佣的员工总量,用企业全部从业人员年平均人数并取对数表示[③];就业创造效应表示为:$emp\_creat_{it} = max(\Delta emp_{it}, 0)$,就业破坏效应表示为:$emp\_destruct_{it} = max(-\Delta emp_{it}, 0)$,就业净增长效应表示为:$emp\_net_{it} = \Delta emp_{it} = emp\_creat_{it} - emp\_destruct_{it}$;企业的市场退出概率采用虚拟变量

① Autor, D.H., Dorn, D., Hanson, G.H., "The China Syndrome: Local Labor Market Effects of Import Competition in the United States", *American Economic Review*, Vol. 103, No. 6, 2013, pp. 2121−2168.

② 企业就业变动指地区内的所有企业的就业变动,包括新进入企业、存续企业和退出企业。就业创造、就业破坏和就业净增长仅是针对存续企业而言的。

③ Groizard, J.L., Ranjan, P., Rodriguez-Lopez, A., "Trade Costs and Job Flows: Evidence from Establishment-level Data", *Economic Inquiry*, Vol. 53, No. 1, 2015, pp. 173−204.

表示,按照毛其淋和许家云(2016)的做法,若企业 i 在 t 与 $t + 1$ 期间退出,则企业的市场退出概率($exit_{it}$)取 1,否则取 0。[1]

解释变量($\Delta OFDI_{rt}$)是本章关注的核心解释变量,表示省级层面的对外直接投资规模变动(以下简称"地区对外直接投资变动")。与上一章的计算方法类似,本章仍采用地区内(2 分位)对外直接投资企业数目的变化表示,计算公式为: $\Delta OFDI_{rt} = OFDI_{rt} - OFDI_{rt-1}$, $OFDI_{rt}$ 指的是 t 时期 r 地区的对外直接投资企业总数。其他变量的含义和设定方法同前一章,不再详述。

另外,由于本章中对外直接投资变动是基于地区层面计算得来,在一定程度上降低了其与企业就业变动之间可能存在的内生性问题。

二、相关数据来源及说明

为了与前文分析一致,本章使用的数据样本期间仍然设定为 2001—2007 年。本章使用的数据主要有三个来源:一是使用了国家统计局提供的中国工业企业数据库;二是使用了由中国海关总署提供的中国海关数据库;三是商务部的《境外投资企业(机构)名录》。另外,在稳健性检验部分,本章还使用了商务部、国家统计局、国家外汇管理局联合发布的历年《对外直接投资统计公报》中的部分数据。

数据处理过程为:第一,本章参照勃兰特等(2012)方法对工业企业数据进行了处理[2],并按照谢千里等(2008)的做法剔除了以下异常值[3]:(1)删除企业总资产、固定资产净值、销售额或工业总产值数据缺失的样本;(2)删除员工人数缺失的样本;(3)剔除流动资产超过总资产、固定资产或固定资产净值超过总资产的样本;(4)删除企业年龄小于 0 的样本。

① 毛其淋、许家云:《中间品贸易自由化与制造业就业变动——来自中国加入 WTO 的微观证据》,《经济研究》2016 年第 1 期。

② Brandt, L., Van Biesebroeck, J., Zhang, Y., "Creative Accounting or Creative Destruction? Firm-level Productivity Growth in Chinese Manufacturing", *Journal of Development Economics*, No. 97, 2012, pp. 339−351.

③ 谢千里、罗斯基、张轶凡:《中国工业生产率的增长与收敛》,《经济学(季刊)》2008 年第 7 卷第 3 期。

第二,本章根据中国海关数据库提供的企业出口产品层面的信息,删除企业名称、企业编码、出口地名称、出口额为 0 或缺失的样本,计算出每个企业每年的出口额。

第三,本章将中国工业企业数据库与中国海关数据库进行匹配。由于中国工业企业数据库与中国海关数据库之间没有一致的表明公司身份的编码系统,本章采用余(2015)的方法,先按照企业名称和年份进行匹配,然后按照邮编和电话号码后 7 位进行匹配,最后剔除重复出现的样本[1]。

第四,根据企业名称和年份,将《境外投资企业(机构)名录》与中国工业企业数据库匹配,得到每个地区(2 分位)对外直接投资企业信息,并计算不同地区历年的对外直接投资企业总数。

第五,为了确保结论更加准确,本章在合并数据的基础上又进行了以下处理:删除了工业销售产值、总资产和固定资产净值分别小于 0 的样本,删除员工人数、应付职工工资小于等于 0 或缺失的样本,删除 1949 年之前成立的企业样本及企业年龄小于 0 的样本,以及删除国家资本、集体资本、法人资本、个人资本、港澳台资本、外商资本全部缺失或实收资本为 0 的企业样本及关键解释变量缺失的样本。

第六,本章得到 2001—2007 年每年存在对外直接投资活动的地区及投资企业总数,2003 年及以前,存在对外直接投资活动的地区数目较少,而自 2004 年开始,存在对外直接投资活动的地区数(省、自治区、直辖市)达到了 27 个,2007 年达到了 28 个。在样本期间内,本章共得到了 31 个省(自治区、直辖市)的对外直接投资信息。

第三节　对外直接投资地区就业效应的初始检验结果及其他拓展性分析

一、对外直接投资地区就业效应的初始检验结果及分析

首先根据(5-1)式进行估计,估计结果见表 5-1。第(1)列中不控制

---

① Yu,M.,"Processing Trade,Tariff Reductions and Firm Productivity:Evidence from Chinese Firms",*The Economic Journal*,Vol. 125,No. 585,2015,pp. 943-988.

其他因素,发现核心解释变量(地区对外直接投资变动)的系数数值较小,但在1%的水平上显著为正,说明总体来看,随着对外直接投资企业的增多,跨国公司所在地区内企业的就业情况基本上都得到了明显改善,但企业所受到的平均影响较为微弱。这在一定程度上也可以说明,国内可能并未形成较大规模的边际产业和过剩产能的海外转移,对外直接投资规模扩大引致的地区资源配置效率变动也并未给地区就业增长带来较大的负向影响,对外直接投资总体上对跨国公司所在地区内的企业产生了正向的就业效应。为了克服可能存在的变量遗漏问题,本章在第(2)列中加入企业固定效应,发现核心解释变量(地区对外直接投资变动)的系数仍然在1%的水平上显著为正,在第(3)—(5)列中逐步加入企业层面控制变量、行业固定效应和地区固定效应,发现核心解释变量(地区对外直接投资变动)的系数仍然显著为正,说明平均来看,随着对外直接投资企业数目的增加,对外直接投资规模不断扩大,跨国公司所在地区内的其他企业普遍实现了就业增长,即对外直接投资产生了正向的地区就业效应,结论具有稳健性①。

表5-1 初始检验结果(被解释变量:企业的就业变动)

解释变量	(1) 不控制 其他因素	(2) 加入企业 固定效应	(3) 加入企业层 面控制变量	(4) 加入行业 固定效应	(5) 加入地区 固定效应
地区对外直接投资变动	0.0002***	0.0003***	0.0002***	0.0002***	0.0002***
	(13.32)	(16.30)	(13.11)	(13.08)	(13.08)
企业规模			0.300***	0.300***	0.300***
			(235.56)	(235.55)	(235.55)
资本密集度			−0.432***	−0.432***	−0.432***
			(−338.82)	(−338.82)	(−338.82)

① 本书也采用替换变量的方法进行了稳健性检验,将地区层面对外直接投资规模变动替换为地区层面的对外直接投资规模总量,将企业就业变动替换为企业的就业总量进行检验,发现核心解释变量及其他控制变量的符号及显著性不变,限于篇幅并未汇报回归结果。

续表

解释变量	（1）不控制其他因素	（2）加入企业固定效应	（3）加入企业层面控制变量	（4）加入行业固定效应	（5）加入地区固定效应
融资约束			−0.012***	−0.012***	−0.012***
			(−7.63)	(−7.63)	(−7.63)
出口			0.001	0.001	0.001
			(0.29)	(0.32)	(0.32)
员工工资增长			−0.150***	−0.150***	−0.150***
			(−159.48)	(−159.49)	(−159.49)
行业固定效应	否	否	否	是	是
地区固定效应	否	否	否	否	是
企业固定效应	否	是	是	是	是
观测数	807550	807550	807550	807550	807550
可决系数	0.0002	0.3760	0.5270	0.5270	0.5270

注:括号内的值为 t 值,***、** 和 * 分别表示在 1%、5%和 10%水平上显著,下同。

对外直接投资规模的扩大促进了跨国公司所在地区内企业就业总量的增长,原因可能有以下两个。

一是通过地区内不同生产率企业的进入退出行为实现了劳动等要素资源在地区内部不同行业及不同企业之间的转移,从而影响地区的整体生产率水平,引发企业就业规模调整。根据企业异质性理论,生产率是影响企业利润水平的关键性因素,生产率低的企业因所获得的收入无法弥补成本支出而退出市场,生产率高的企业利用出口、对外直接投资方式打破了国内市场分割限制、提高了要素配置效率、获取了更多超额利润,进而有能力扩大母公司的生产规模。虽然高生产率的企业也可能会采用更多机器设备和先进技术来替代或节约劳动力,但最终仍然表现出对国内就业增长的正向影响。

二是对外直接投资具有外部效应。根据我国的现实情况来看,由于对外直接投资是生产要素在全球范围内重新配置的一种方式,且我国正在积极推动更高水平的对外开放,这有利于打破我国长期存在的地方市场分割现象、促进地区间和地区内部资源配置效率的改进,转移过剩产能或边际产业,促进地区产业结构转型升级,进而影响跨国公司所在地区内企业的生产经营与就业。同时,跨国公司跨行业的地区集聚也将产生集聚效应、示范效应、辐射带动效应等,对地区内的其他跨国公司及非对外直接投资企业产生一定的外部效应。

对于其他控制变量来说,企业规模对就业变动的影响显著为正,说明企业规模与对劳动力的需求成正比,随着企业规模的扩大,所能吸纳的劳动力也增多。资本密集度对就业变动的影响显著为负,即对制造业企业来说,资本要素与劳动要素(尤其是低技能的非熟练劳动力)之间可能存在一定的替代作用,资本密集度提高,企业员工总数下降。融资约束对就业的影响为负,说明融资约束限制了企业发展和就业增长。出口对就业的影响为正,说明存在出口活动的企业就业总量相对较大,但在10%的水平上不显著。员工工资增长对就业的影响为负,说明在企业经营绩效等一定的情况下,增加员工工资可能会限制企业就业规模的增长。

二、基于地区层面集约边际和广延边际的检验结果及分析

伴随着对外直接投资企业数目的增加,对外直接投资规模不断扩大,跨国公司所在地区内的企业就业不断增长。然而,地区内不同企业(存续企业、新进入企业、退出企业)所受到的影响可能存在异质性。因而,为了确保结论的稳健性,本章进行了分样本检验:首先,从集约边际视角检验了对外直接投资对跨国公司所在地区内存续企业就业增长的影响,分别从就业创造、就业破坏、就业净增长三个方面进行了分类检验;其次,利用全样本,从广延边际视角检验地区对外直接投资对跨国公司所在地区内的企业市场退出概率的影响,衡量对外直接投资对跨国公司所在地区内的企业就业可能造成的负向影响。

(一)就业的集约边际变动

借鉴马弘等(2013)的做法,进一步从就业创造、就业破坏和就业净

增长三个方面分析对外直接投资对跨国公司所在地区内的企业就业增长的影响,揭示对外直接投资对跨国公司所在地区内就业资源再配置的影响①。由于就业创造、就业破坏和就业净增长的测算是针对样本期间内存续企业而言的,本章将这三个方面视作就业的集约边际变动。

1. 就业创造

表 5-2 报告了对外直接投资的地区就业创造效应。可以发现:在固定效应模型的基础上,第(1)列中核心解释变量(地区对外直接投资变动)的系数在 1% 的水平上显著为正,说明从平均意义来看,对外直接投资具有正向的地区就业创造效应,即随着对外直接投资企业数目的增多,对外直接投资规模不断扩大,促使跨国公司所在地区内的存续企业普遍实现了就业增长。第(2)列中进一步加入企业层面控制变量,并在第(3)—(4)列中逐步加入行业固定效应、地区固定效应,发现核心解释变量(地区对外直接投资变动)的系数仍然显著为正且系数大小变化不大,说明对外直接投资增加促进了跨国公司所在地区内的企业就业增长,但这一效应较为微弱,结论具有稳健性。

表 5-2　就业的集约边际变动:就业创造(被解释变量:就业创造)

解释变量	（1） 加入企业 固定效应	（2） 加入企业 层面控制变量	（3） 加入行业 固定效应	（4） 加入地区 固定效应
地区对外直接投资 变动	0.0002***	0.0001***	0.0001***	0.0001***
	(9.06)	(6.19)	(6.22)	(6.22)
控制变量	否	是	是	是
行业固定效应	否	否	是	是
地区固定效应	否	否	否	是
企业固定效应	是	是	是	是
观测数	254071	254071	254071	254071
可决系数	0.278	0.366	0.366	0.366

---

① 马弘、乔雪、徐嫄:《中国制造业的就业创造与就业消失》,《经济研究》2013 年第 12 期。

2. 就业破坏

表5-3报告了对外直接投资的地区就业破坏效应。可以发现:基于固定效应模型,第(1)列中核心解释变量(地区对外直接投资变动)的系数较小且为负,在1%的水平上显著,说明对外直接投资产生了微弱的、负向的地区就业破坏效应,即随着对外直接投资企业的增多,对外直接投资规模不断扩大,促使跨国公司所在地区内企业的就业削减程度降低,但这一影响较为微弱。在第(2)—(4)列中逐步加入企业层面控制变量、行业固定效应、地区固定效应,发现核心解释变量(地区对外直接投资变动)的系数变得更小且在10%的水平上不显著,说明从就业破坏的视角来看,对外直接投资对跨国公司所在地区内的企业就业削减作用的影响较为微弱,对外直接投资并不会降低每个企业的就业削减,可能对地区内不同企业的就业变动产生了异质性影响。因此,在后文中,本书也基于企业生产率的异质性视角研究了对外直接投资对跨国公司所在地区内不同企业就业变动的影响。

表5-3 就业的集约边际变动:就业破坏(被解释变量:就业破坏)

解释变量	(1) 加入企业固定效应	(2) 加入企业层面控制变量	(3) 加入行业固定效应	(4) 加入地区固定效应
地区对外直接投资变动	−0.00005***	0.00001	0.00001	0.00001
	(−2.88)	(0.53)	(0.55)	(0.55)
控制变量	否	是	是	是
行业固定效应	否	否	是	是
地区固定效应	否	否	否	是
企业固定效应	是	是	是	是
观测数	254071	254071	254071	254071
可决系数	0.283	0.407	0.407	0.407

3. 就业净增长

表5-4报告了对外直接投资的地区就业净增长效应。按照同样的

方法,第(1)列中加入企业固定效应,可以发现核心解释变量(地区对外直接投资变动)的系数显著为正,表明总体来看,随着对外直接投资企业数目的增多,对外直接投资规模不断扩大,跨国公司所在地区内的存续企业普遍实现了就业净增长,即对外直接投资产生了正向的地区就业净增长效应。在第(2)—(4)列中逐步加入企业层面控制变量、行业固定效应、地区固定效应,发现核心解释变量(地区对外直接投资变动)的系数仍然在1%的水平上显著为正,说明对外直接投资促进了跨国公司所在地区内企业的就业净增长,这一结论具有稳健性。

表5-4 就业的集约边际变动:就业净增长(被解释变量:就业净增长)

解释变量	（1） 加入企业 固定效应	（2） 加入企业 层面控制变量	（3） 加入行业 固定效应	（4） 加入地区 固定效应
地区对外直接投资 变动	0.0002***	0.0001***	0.0001***	0.0001***
	(7.45)	(3.80)	(3.81)	(3.81)
控制变量	否	是	是	是
行业固定效应	否	否	是	是
地区固定效应	否	否	否	是
企业固定效应	是	是	是	是
观测数	254071	254071	254071	254071
可决系数	0.203	0.382	0.382	0.382

另外,对比表5-2和表5-3的回归结果,可以发现:对外直接投资影响跨国公司所在行业内存续企业就业净增长的渠道主要有两个:一是提高了存续企业的就业创造效应;二是降低了存续企业的就业破坏效应,但对前者的影响程度相对更大,因此,对外直接投资促进了跨国公司所在地区内企业的就业净增长,即对外直接投资产生了正向的地区就业净增长效应。

(二)就业的广延边际变动

以上分析主要从就业创造、就业破坏及就业净增长三个方面考察了对外直接投资对跨国公司所在地区内存续企业就业变动的影响,即对外直接投资对跨国公司所在地区内企业就业集约边际变动的影响。然而,对外直接投资也可能会强化优胜劣汰机制,提高部分企业的市场退出风险,加速跨国公司所在地区内低生产率企业退出市场。因此,本书进一步检验了对外直接投资对跨国公司所在地区内企业就业广延边际变动的影响。

表5-5给出了对外直接投资对跨国公司所在地区内的企业就业广延边际变动的平均影响。由于Probit、Logit二值选择模型报告的回归系数是"几率比"或相对风险,并不是边际效应,而讨论在不同点上的边际效应比仅仅讨论回归系数更有意义。因此,本书既汇报了"几率比",也汇报了边际效应。见表5-5,第(1)—(2)列给出的是Probit模型的估计结果,其中,第(1)列给出的是Probit模型的回归系数,第(2)列给出的是边际效应(dy/dx),表5-5第(3)—(4)列给出的是Logit模型的估计结果,第(3)列给出的是Logit模型的回归系数,第(4)列给出的是边际效应(dy/dx)。可以发现:无论是从几率比来看,还是从边际效应来看,核心解释变量(地区对外直接投资变动)的系数都在1%的水平上显著为正且边际效应较小,说明在平均意义上,随着对外直接投资企业数目的增多,对外直接投资规模不断扩大,促使跨国公司所在地区内企业的市场退出概率提高,这一结论并不受到所采用的研究方法的限制。

表5-5　就业的广延边际变动(被解释变量:企业退出概率)

解释变量	Probit		Logit	
	(1)几率比	(2)边际效应	(3)几率比	(4)边际效应
地区对外直接投资变动	0.0030***	0.0004***	0.0060***	0.0004***
	(33.73)	(33.65)	(33.01)	(32.86)
控制变量	是	是	是	是
行业固定效应	是	是	是	是
地区固定效应	是	是	是	是
企业固定效应	是	是	是	是
观测数	807529	807529	807529	807529

续表

解释变量	Probit		Logit	
	（1）几率比	（2）边际效应	（3）几率比	（4）边际效应
伪可决系数	0.056	0.056	0.057	0.057
卡方统计量	22197.160	22197.160	22425.093	22425.093

注:括号中汇报的是 z 统计量。

（三）区分东中西部地区的检验

由于历史原因及地区间资源环境状况等方面的差异性,我国东部地区和中西部地区经济发展存在较大的不平衡性。东部地区的地理环境优越、交通便利、经济发展程度较高、对外开放时间较早、开放程度也比较高,地区内对外直接投资起步早、投资企业数目多、投资规模大,企业的市场化程度及市场竞争力也相对较强;而中西部地区的地理环境相对较差、基础设施建设不足、经济发展相对缓慢、经济环境较为封闭、对外开放时间较晚、开放程度也相对较低,地区内对外直接投资企业数目少、投资规模也相对小,企业的市场化程度及市场竞争力相对较弱。因此,对外直接投资对不同地区企业就业变动的影响可能存在差异性。

进一步地,根据企业所在省份将样本划分为东部地区和中西部地区两类进行实证检验①,估计结果见表5-6。可以发现:基于固定效应模型,第(1)列给出的是对外直接投资对东部地区企业就业变动的影响,可以发现东部地区的就业效应显著为正,但仍然较为微弱;第(2)列给出的是对外直接投资对中西部地区企业就业变动的影响,可以发现对外直接投资对中西部地区企业就业增长产生了微弱的负向影响;进一步地,第(3)—(4)列分别给出了对外直接投资对中部和西部地区企业就业变动的影响,可以发现对外直接投资对西部地区企业就业变动产生了较为明

---

① 按照文献中普遍采用的做法,东部地区包括北京市、天津市、上海市、辽宁省、河北省、山东省、江苏省、浙江省、福建省、广东省、海南省,中部地区包括黑龙江省、吉林省、江西省、山西省、河南省、湖南省、湖北省、安徽省、内蒙古自治区,西部地区包括青海省、甘肃省、四川省、贵州省、陕西省、云南省、重庆市、新疆维吾尔自治区、宁夏回族自治区、广西壮族自治区、西藏自治区。

显的负向影响,对中部地区企业就业变动的影响为负但并不显著。原因在于:东部地区经济基础和产业结构要明显好于中西部地区,市场竞争机制更加完善,对外直接投资开始时间也更早,因而对东部地区来说,对外直接投资可能已经产生了规模效应和资本回流效应(张海波和彭新敏,2013)[①],且东部地区企业的平均生产率水平也相对更高,具有较强的抵御风险和盈利能力。中西部地区经济发展相对落后,对外直接投资起步较晚且投资规模相对较小,对外直接投资还并未产生规模效应和资本回流效应,由于中西部地区的资本存量相对较低,对外直接投资逆向技术溢出效应和出口效应在短期内无法弥补地区资本存量下降的负向影响,从而对跨国公司所在地区内的企业就业增长产生了替代效应。

表5-6　区分东中西部地区的检验(被解释变量:企业的就业变动)

解释变量	(1)东部	(2)中西部	(3)中部	(4)西部
地区对外直接投资变动	0.000[***]	−0.002[***]	−0.001	−0.002[*]
	(12.90)	(−2.77)	(−1.54)	(−1.80)
控制变量	是	是	是	是
行业固定效应	是	是	是	是
地区固定效应	是	是	是	是
企业固定效应	是	是	是	是
观测数	651661	155889	92666	63223
可决系数	0.510	0.604	0.627	0.570

三、基于企业异质性的检验结果及分析

通过上述研究可知,对外直接投资产生了正向的地区就业效应,并因企业所在地区的不同而存在差异。然而,这一分析仅是针对平均意义而

---

① 张海波、彭新敏:《ODI对我国的就业效应——基于动态面板数据模型的实证研究》,《财贸经济》2013年第2期。

言的,从企业异质性的视角来看,对外直接投资对跨国公司所在地区内企业就业的影响还将受到企业自身生产率水平的影响,而对外直接投资对地区内企业就业变动的平均影响可能很难反映出不同企业在就业方面所受到的影响。

随着对外直接投资企业数目的增加,对外直接投资规模不断扩大,跨国公司所在地区内的企业可能会因生产率不同而导致所受到的影响存在差异,对外直接投资可能对地区内生产率更高的企业就业增长产生较大的正向影响。基于此,本章在(5-1)式的基础上,加入对外直接投资变动与调整后的企业生产率的交互项①,进一步考察了对外直接投资对地区内不同生产率企业就业变动的异质性影响。若交互项的系数显著为正,则说明对外直接投资对地区内高生产率企业就业增长的促进作用更大,即随着对外直接投资企业数目的增多,对外直接投资规模不断扩大,跨国公司所在地区内的劳动等生产要素更多地被配置到高生产率企业中,提高了地区就业资源配置效率。

估计结果见表5-7,可以发现:基于固定效应模型,在第(1)列中加入企业固定效应之后,核心解释变量(地区对外直接投资变动)的系数仍然显著为正,说明随着对外直接投资企业数目的增多,对外直接投资规模不断扩大,促使跨国公司所在地区内企业就业不断增长,即对外直接投资产生了正向的地区就业效应,结论具有稳健性。交互项的系数在1%的水平上显著为正,调整后的企业生产率的系数也在1%的水平上显著为正,说明对外直接投资促使跨国公司所在地区内的劳动等生产要素更多地被配置到高生产率企业中,更大程度地促进了高生产率企业就业增长,提高了地区内就业资源的配置效率,与白俊红和刘宇英(2018)的研究结论具有一定的相似性。在第(2)列中进一步加入企业层面控制变量,发现核心解释变量(地区对外直接投资变动)和交互项的系数基本稳定。在第(3)—(4)列中逐步加入行业固定效应、地区固定效应,发现核心解释变

---

① 借鉴徐和龚(2017)的做法,调整后的企业生产率的计算方法为:(企业生产率−所在地区的企业平均生产率)/所在地区内企业生产率的标准差。本书也按照毛其淋和许家云(2016)的方法对企业生产率进行调整,发现并不影响本书的结论。

量(地区对外直接投资变动)和交互项的系数仍然显著为正,说明对外直接投资产生了正向的地区就业效应,且这一效应因企业生产率不同而存在一定的差异性,提高了跨国公司所在地区就业资源配置效率,结论具有稳健性。

表 5-7 基于异质效应的检验:平均效应(被解释变量:企业的就业变动)

解释变量	（1）加入企业固定效应	（2）加入企业层面控制变量	（3）加入行业固定效应	（4）加入地区固定效应
地区对外直接投资变动	0.0003***	0.0002***	0.0002***	0.0002***
	(15.70)	(10.34)	(10.32)	(10.32)
交互项	0.0003***	0.0004***	0.0004***	0.0004***
	(15.33)	(21.18)	(21.17)	(21.17)
调整后的企业生产率	0.072***	0.033***	0.033***	0.033***
	(47.57)	(24.37)	(24.36)	(24.36)
企业规模		0.284***	0.284***	0.284***
		(211.49)	(211.42)	(211.42)
资本密集度		-0.419***	-0.419***	-0.419***
		(-311.09)	(-311.04)	(-311.04)
融资约束		-0.011***	-0.011***	-0.011***
		(-6.69)	(-6.68)	(-6.68)
出口		-0.001	-0.001	-0.001
		(-0.23)	(-0.21)	(-0.21)
员工工资增长		-0.150***	-0.150***	-0.150***
		(-152.56)	(-152.56)	(-152.56)
行业固定效应	否	否	是	是
地区固定效应	否	否	否	是
企业固定效应	是	是	是	是
观测数	742884	742884	742884	742884
可决系数	0.381	0.523	0.523	0.523

　　对外直接投资地区就业效应的集约边际和广延边际也可能会受到企业生产率差异的影响,为了确保结论的稳健性和完整性,本书分别从集约边际和广延边际的视角,考察了对外直接投资地区就业效应对不同生产率企业的异质性影响,估计结果见表5-8。

　　从集约边际变动视角来看:表5-8的第(1)—(3)列分别给出了对外直接投资地区就业效应的集约边际变动(就业创造、就业破坏及就业净增长)的回归结果,可以发现第(1)列中的核心解释变量(地区对外直接投资变动)、交互项及调整后的企业生产率的系数都在1%的水平上显著为正,说明对外直接投资产生了正向的地区就业创造效应,随着对外直接投资企业数目的增多,对外直接投资规模不断扩大,促使跨国公司所在地区内的企业就业不断增长,并对跨国公司所在地区内高生产率的存续企业就业增长产生了更大程度的正向影响;第(2)列中的核心解释变量(地区对外直接投资变动)的系数为正,但在10%的水平上不显著,交互项的系数在1%的水平上显著为负,说明对外直接投资并不能对地区内所有企业的就业增长产生促进作用,随着对外直接投资企业数目的增多和地区对外直接投资规模的扩大,跨国公司所在地区内的高生产率企业能够更好地克服地区对外直接投资变动带来的负向影响、吸收有利影响,高生产率存续企业的就业破坏效应更低、企业就业规模也相对较为稳定;第(3)列中的核心解释变量(地区对外直接投资变动)、交互项及调整后的企业生产率的系数都在1%的水平上显著为正,这说明:对外直接投资产生了正向的地区就业净增长效应,且对跨国公司所在地区内高生产率的存续企业产生了更为有利的净影响。

　　从广延边际变动视角来看:表5-8的第(4)—(7)列给出了就业的广延边际变动的回归结果,即对外直接投资对跨国公司所在地区内的企业市场退出概率的影响。按照前文中的处理方法,第(4)—(5)列分别给出了 Probit 模型估计的几率比和边际效应,第(6)—(7)列分别给出了 Logit 模型估计的几率比和边际效应。可以看出:无论采用哪种回归方法,核心解释变量(地区对外直接投资变动)的系数都在1%的水平上显著为正,这说明随着对外直接投资企业数目的增加,对外直接投资规模不断扩大,跨国公司所在地区内企业的市场退出风险加强,尽管这一影响十分微弱;调整后的企业生产率的系数都在1%的水平上显著为负,说明生产率是影响企业退出概率的重要因素,生产率越高的企业越有能力克服地区对外直接投资规模扩大带来的不利因素而实现自身的就业增长;交互项的系数为正,但在10%的水平上并不显著,说明随着对外直接投资企业数目的增多,对外直接投资规模不断扩大,跨国公司所在地区内的企业市场退出概率普遍增强,市场退出风险提高,但对外直接投资并未对跨国公司所在地区内不同生产率企业的市场退出概率产生较为明显的异质性影响。

表5-8 基于企业异质性的检验:边际变动(被解释变量:企业的就业变动)

解释变量	集约边际			广延边际			
	(1) 就业创造	(2) 就业破坏	(3) 就业 净增长	(4) Probit 几率比	(5) Probit 边际效应	(6) Logit 几率比	(7) Logit 边际效应
地区对外直接投资变动	0.00010***	0.00004	0.00008***	0.00300***	0.00040***	0.00700***	0.00040***
	(6.02)	(1.31)	(3.25)	(33.48)	(33.38)	(31.85)	(31.69)
交互项	0.00030***	−0.00010***	0.00040***	0.00003	0.00000	0.00020	0.00001
	(16.73)	(−7.13)	(15.75)	(0.41)	(0.41)	(1.15)	(1.15)
调整后的企业生产率	0.013***	−0.032***	0.045***	−0.214***	−0.025***	−0.504***	−0.029***
	(9.45)	(−24.26)	(21.53)	(−60.59)	(−59.85)	(−65.71)	(−64.52)
其他控制变量	是	是	是	是	是	是	是
行业固定效应	是	是	是	是	是	是	是
地区固定效应	是	是	是	是	是	是	是
企业固定效应	是	是	是	否	否	否	否
观测数	232743	232743	232743	742884	742884	742884	742884
伪可决系数	0.371	0.407	0.385	0.066	0.066	0.069	0.069

第四节　基于投资金额、遗漏变量及非对外
直接投资企业的稳健性检验

为了确保结论的稳健性和完整性,本章主要采用了三种方法进行稳健性检验。第一,考虑到对外直接投资企业数目变动可能无法完全衡量一个地区对外直接投资金额变动,按照同样的方法,我们采用中国省级层面对外直接投资金额数据进行重新检验;第二,根据上一章的研究结论,对外直接投资促进了跨国公司所在行业内的企业就业增长,因此行业对外直接投资规模变动也是影响企业就业变动的重要因素,为了克服可能存在的遗漏变量问题,我们同时考虑行业和地区对外直接投资变动两个因素进行再检验;第三,由于地区内的企业既包含对外直接投资的跨国公司,也包含非对外直接投资的企业,随着对外直接投资企业数目的增多,对外直接投资规模不断扩大,虽然跨国公司和非跨国公司的就业水平都有所提高,但二者在作用机制方面存在一些差异。因此,我们剔除了跨国公司样本,再次检验对外直接投资对跨国公司所在地区内的非对外直接投资企业就业变动的影响,验证对外直接投资外部效应的存在性。

一、基于地区投资金额的检验结果及分析

由于对外直接投资企业数目的变动程度及方向可能并不能够完全准确地衡量地区对外直接投资规模的变动,为了确保结论的稳健性和研究结论的完整性,我们继续利用省级层面对外直接投资金额数据,检验了对外直接投资的地区就业效应,即随着对外直接投资规模的不断增加,跨国公司所在地区内的企业就业规模将如何变动。

表5-9给出了基于投资金额的稳健性检验。基于固定效应模型,首先不控制其他因素,可以发现第(1)列中核心解释变量(地区对外直接投资变动)的估计系数在1%的水平上显著为正,表明对外直接投资产生了正向的地区就业效应,即从平均意义上来说,伴随着对外直接投资规模的

不断扩大,跨国公司所在地区内的企业就业总量微弱增长,与前文的研究结论具有一致性。在第(2)—(4)列中逐步加入企业层面控制变量、行业固定效应和地区固定效应,发现核心解释变量(地区对外直接投资变动)的估计系数仍然显著为正,说明总体来看,对外直接投资促进了跨国公司所在地区内的企业就业增长,产生了正向的地区就业效应,结论具有一定的稳健性。

表 5-9　稳健性检验:投资金额(被解释变量:企业的就业变动)

解释变量	(1) 加入企业 固定效应	(2) 加入企业层面 控制变量	(3) 加入行业 固定效应	(4) 加入地区 固定效应
地区对外直接投资变动	0.008 ***	0.008 ***	0.008 ***	0.008 ***
	(13.06)	(15.34)	(15.35)	(15.35)
企业规模		0.322 ***	0.322 ***	0.322 ***
		(224.44)	(224.42)	(224.42)
资本密集度		−0.463 ***	−0.463 ***	−0.463 ***
		(−326.82)	(−326.82)	(−326.82)
融资约束		−0.013 ***	−0.013 ***	−0.013 ***
		(−7.36)	(−7.35)	(−7.35)
出口		0.010 ***	0.010 ***	0.010 ***
		(3.04)	(3.04)	(3.04)
员工工资增长		−0.140 ***	−0.140 ***	−0.140 ***
		(−134.90)	(−134.87)	(−134.87)
行业固定效应	否	否	是	是
地区固定效应	否	否	否	是
企业固定效应	是	是	是	是
观测数	732877	732877	732877	732877
可决系数	0.414	0.559	0.560	0.560

二、基于行业、地区对外直接投资变动的检验结果及分析

根据上一章和本章的研究发现,对外直接投资产生了正向的行业就业效应和地区就业效应,那么,如果单独考虑行业就业效应或地区就业效应,则有可能造成遗漏变量问题。基于此,我们同时考虑了行业和地区对外直接投资变动对其他企业就业变动的影响,估计结果见表5-10。

见表5-10,可以发现:按照同样的方法,首先不控制其他任何因素,第(1)列中核心解释变量(行业对外直接投资变动)和(地区对外直接投资变动)的估计系数都为正,且都在1%的水平上显著,说明总体来看,行业对外直接投资变动和地区对外直接投资变动都是国内企业就业变动的影响因素,行业或地区对外直接投资规模的扩大都将对其他企业的就业增长产生正向影响,即对外直接投资产生了正向的行业就业效应和地区就业效应。在第(2)列中进一步加入企业固定效应,并在第(3)—(5)列中逐步加入企业层面控制变量、行业固定效应、地区固定效应,发现核心解释变量(行业对外直接投资变动)和(地区对外直接投资变动)的估计系数仍然在1%的水平上显著为正,但前者的系数相对更大,说明国内企业会受到同行业或同地区的对外直接投资规模变动的影响,证明了对外直接投资行业就业效应和地区就业效应的存在性;而且,相对于对外直接投资的地区就业效应来说,国内企业更容易受到同行业中对外直接投资规模变动的影响,即对外直接投资的行业就业效应更为明显,结论具有一定的稳健性。

表5-10 稳健性检验:行业和地区投资变动(被解释变量:企业的就业变动)

解释变量	(1) 不控制 其他因素	(2) 加入企业 固定效应	(3) 加入企业层 面控制变量	(4) 加入行业 固定效应	(5) 加入地区 固定效应
行业对外直接投资变动	0.0004***	0.0021***	0.0016***	0.0016***	0.0016***
	(4.57)	(20.17)	(17.78)	(17.98)	(17.98)

续表

解释变量	（1） 不控制 其他因素	（2） 加入企业 固定效应	（3） 加入企业层 面控制变量	（4） 加入行业 固定效应	（5） 加入地区 固定效应
地区对外直接投资变动	0. 0002 ***	0. 0002 ***	0. 0001 ***	0. 0001 ***	0. 0001 ***
	（10. 21）	（7. 13）	（4. 21）	（4. 06）	（4. 06）
企业规模			0. 321 ***	0. 321 ***	0. 321 ***
			（205. 31）	（205. 31）	（205. 31）
资本密集度			−0. 462 ***	−0. 462 ***	−0. 462 ***
			（−295. 00）	（−294. 97）	（−294. 97）
融资约束			−0. 011 ***	−0. 011 ***	−0. 011 ***
			（−5. 86）	（−5. 88）	（−5. 88）
出口			0. 007 **	0. 007 **	0. 007 **
			（2. 02）	（2. 03）	（2. 03）
员工工资增长			−0. 143 ***	−0. 143 ***	−0. 143 ***
			（−124. 95）	（−124. 94）	（−124. 94）
行业固定效应	否	否	否	是	是
地区固定效应	否	否	否	否	是
企业固定效应	否	是	是	是	是
观测数	612313	612313	612313	612313	612313
可决系数	0. 000	0. 435	0. 577	0. 577	0. 577

三、基于非跨国公司样本的检验结果及分析

在同一地区内,既包含了对外直接投资的跨国公司,也包含未对外直接投资的非跨国公司。对于对外直接投资企业或跨国公司而言,其就业变动除了受到其他企业对外直接投资及地区对外直接投资规模扩大引发的经济环境变动的影响之外,还将受到自身对外直接投资决策的影响。对于非对外直接投资企业或非跨国公司而言,其就业变动主要受到其所在地区内的企业对外直接投资或地区对外直接投资规模扩大引发的地区

经济环境变动的外部影响。基于此,我们剔除了跨国公司样本,考察了对外直接投资是否会对跨国公司所在地区内的其他非投资企业就业增长产生有利影响,检验外部效应的存在性,估计结果见表5-11。

见表5-11,可以发现:按照同样的方法,第(1)列中不控制其他因素,核心解释变量(地区对外直接投资变动)的系数显著为正,说明对外直接投资对跨国公司所在地区内的其他非投资企业就业增长产生了正向的外部效应,促进了同地区内非对外直接投资企业就业总量的增长;第(2)列中进一步加入企业固定效应,并在第(3)—(5)列中逐步加入企业层面控制变量、行业固定效应、地区固定效应,发现核心解释变量(地区对外直接投资变动)的系数仍然显著为正,说明在同一个地区内,对外直接投资能够对其他非投资企业产生外部效应,促进跨国公司所在地区内的其他非投资企业的就业增长,验证了对外直接投资外部效应的存在性,结论具有一定的稳健性。

表5-11 稳健性检验:剔除跨国公司样本(被解释变量:企业的就业变动)

解释变量	(1) 不控制其他因素	(2) 加入企业固定效应	(3) 加入企业层面控制变量	(4) 加入行业固定效应	(5) 加入地区固定效应
地区对外直接投资变动	0.0002 ***	0.0003 ***	0.0002 ***	0.0002 ***	0.0002 ***
	(13.20)	(16.09)	(12.89)	(12.86)	(12.86)
企业规模			0.300 ***	0.300 ***	0.300 ***
			(235.46)	(235.45)	(235.45)
资本密集度			−0.432 ***	−0.432 ***	−0.432 ***
			(−338.59)	(−338.58)	(−338.58)
融资约束			−0.012 ***	−0.012 ***	−0.012 ***
			(−7.63)	(−7.64)	(−7.64)
出口			0.001	0.001	0.001
			(0.40)	(0.43)	(0.43)
员工工资增长			−0.150 ***	−0.150 ***	−0.150 ***
			(−159.32)	(−159.33)	(−159.33)

续表

解释变量	（1） 不控制 其他因素	（2） 加入企业 固定效应	（3） 加入企业层 面控制变量	（4） 加入行业 固定效应	（5） 加入地区 固定效应
行业固定效应	否	否	否	是	是
地区固定效应	否	否	否	否	是
企业固定效应	否	是	是	是	是
观测数	806520	806520	806520	806520	806520
可决系数	0.0002	0.3760	0.5270	0.5270	0.5300

第五节　对外直接投资地区就业
效应研究的启示与建议

　　我国区域经济发展过程中具有明显的省域经济特征,长期存在的地方市场分割导致了资本、劳动要素在各地区间自由流动的成本较高,加上中央与地方政府财政分权的管理方式给予了地方政府更大的财政权,地方政府为了追求政绩和升迁,通过多种方式对地区经济运行进行干预,降低了地区内的资源配置效率。在当前情况下,仅依靠自上而下的经济体制改革无法彻底打破这一桎梏,需要继续在扩大开放的基础上加速和倒逼国内改革,为企业发展提供良好的外部运营环境。由于对外直接投资是生产要素在全球范围内重新配置的一种方式,随着对外直接投资企业数目的增多和投资规模的扩大,鼓励企业对外直接投资可能成为缓解地方市场分割导致的要素流动性限制、改善地区资源配置效率的重要手段,而且对外直接投资有助于促进过剩产能的海外转移和地区产业结构的优化。那么,从就业的视角来看,对外直接投资是否具有地区就业效应?

　　本章得出的主要结论如下:从平均意义上来看,对外直接投资产生了正向的地区就业效应,即随着对外直接投资企业总数的增加,对外直接投资规模不断扩大,促进了跨国公司所在地区内的企业就业增长,尽管这一影响较为微弱。进一步区分样本检验发现:从就业的集约边际变动视角来看,对外直接投资产生了正向的地区就业创造效应和就业净增长效应,对降低就业破坏效应的作用不明显;从就业的广延边际变动视角来看,对外直接投资增加也可能对跨国公司所在地区内的企业生产经营产生"不利"影响,强化优胜劣汰机制,提高企业的市场退出风险。从东中西部地区差异方面来看,东部地区经济发展和市场化程度都比较高、对外直接投资规模大且增长快,企业"走出去"可能已经产生了规模效应和资本回流效应;而中西部地区经济发展较为缓慢、对外直接投资规模小且增长缓慢,中西部地区企业的平均生产率水平相对较低、市场竞争力相对较弱,短期内对外直接投资对中西部地区企业就业增长的影响主要受到资本外流的负向影响,导致中西部地区对外直接投资的就业效应并不明显或产生了负向影响。另外,由于生产率是影响企业是否对外直接投资、出口及利润的重要因素,本章还从企业异质性的视角检验了对外直接投资的地区就业效应,发现对外直接投资对跨国公司所在地区内的高生产率企业就业增长产生了更为明显的促进作用,从而提高了地区内就业资源的配置效率。为了确保结论的稳健性和完整性,我们进一步采用了三种方法进行稳健性检验:一是利用各地区对外直接投资金额数据考察了对外直接投资变动对跨国公司所在地区内的企业就业总量增长的影响,发现结论具有稳健性;二是同时考虑了行业、地区对外直接投资变动这两个因素,发现二者都是影响跨国公司所在地区内的企业就业增长的重要因素;三是为了考察对外直接投资是否能够产生外部效应,我们剔除了跨国公司样本,研究了对外直接投资对跨国公司所在地区内的其他非投资企业就业增长的影响,发现随着对外直接投资企业数目的增多,对外直接投资规模不断扩大,促使跨国公司所在地区内的非对外直接投资企业的就业总量不断增长,即对外直接投资能够产生外部效应,结论具有稳健性。

总体来看,对外直接投资对跨国公司所在地区内的企业就业增长产生了正向的外部效应。因此,从增加国内就业的角度来看,继续鼓励国内企业"走出去",带动跨国公司所在地区内的企业就业增长,提高地区就业资源配置效率。然而,对外直接投资也提高了跨国公司所在地区内的企业市场退出风险,并不能够对地区内所有企业的就业增长产生有利影响,只有高生产率企业能够获取更多的正向影响。因此,在鼓励企业"走出去"的同时,应该鼓励企业积极加强研发创新,通过技术创新改造传统产业、淘汰落后产能,不断提高国内企业的市场竞争力和抵御风险的能力。另外,我们也应该密切关注对外直接投资对跨国公司所在地区内的不同企业就业增长可能产生的负向影响。随着对外直接投资的不断发展,尤其是在产能过剩行业及边际产业海外转移的过程中,必然会伴随着部分企业的失业问题,而对于部分学历、技能水平普遍较低的员工来说,这部分员工的再就业较为困难,需要政府及相关部门及时做好失业人员的安置工作,对失业人员的自主创业给予政策优惠,通过向失业人员定期提供就业信息和技能培训等方式帮助失业人员再就业,缓解可能造成的就业压力。

另外,由于各地区经济发展和市场化程度、对外直接投资情况等都存在一定的差异性,导致对外直接投资的地区就业效应也存在差异,因此政府在制定对外直接投资政策时,需要进一步考虑地区发展的现实情况,不能盲目地实施"一刀切"政策;由于中西部地区(尤其是中部地区)仍然具有较为丰富而廉价的劳动力,为了防止出现发达国家的"产业空心化"现象,需要努力引导东部地区的部分产业逐步转向中西部地区,建立适合中西部地区发展的特色产业,以此带动中西部地区的经济发展、促进就业增长。

与前几章中存在的问题类似,相对于发达国家的对外直接投资,我国对外直接投资起步晚,投资规模也相对较小,对外直接投资对跨国公司所在地区内的企业就业变动的影响还相对较小。因此,本章的研究仅说明,在对外直接投资的初期阶段,我国对外直接投资的扩大产生了正向的地区就业效应,促进了跨国公司所在地区内的企业就业增长,而且,由于各地区经济发展程度、对外直接投资情况极不平衡,导致了对外直接投资的地区就业效应存在差异性。然而,随着对外直接投资的不断发展,对外直接投资企业数目的不断增多和投资规模的不断扩大,对外直接投资可能会较大程度地改变跨国公司所在地区的经济环境或资源配置效率,促进产业结构的转型升级,对地区内的企业运营产生更大的冲击,对这一问题还需要给予进一步的关注。

第六章　促进对外直接投资与国内就业协调发展的政策建议

自加入 WTO 以来,我国出口长期保持两位数的高速增长,对外开放程度不断加深,对国内经济发展与就业增加产生了重要影响。但近年来,受 2008 年金融危机影响,我国的贸易增速及其对经济增长和就业的拉动作用明显减弱。与之形成鲜明对比的是,在国内政策的有力支持下,越来越多的企业"走出去",到海外市场寻求资源与发展机遇,对外直接投资规模、投资领域及投资东道国数目都不断增加,成为当前我国对外开放的新特征。由于海外市场具有较大的不确定性,对外直接投资将使企业面临较高的风险和沉没成本,加上我国是世界上劳动力资源比较丰富的国家,劳动力资源是我国比较优势的重要来源,随着对外直接投资规模的不断扩大,对外直接投资可能对国内就业增长产生较大影响,引发了国内外学者的广泛关注。一方面,对外直接投资是跨国公司自身的战略决策,可能对母公司的生产经营和就业调整产生直接影响;另一方面,对外直接投资可能产生外部效应,跨国公司对外直接投资可能会影响同行业、同地区内其他相关联企业的生产经营、投资选择和员工就业,跨国公司在行业、地区内的集聚也将通过改变跨国公司所在行业、地区的资源配置效率、转移过剩产能等方式对跨国公司本身和其他企业就业增长产生一定的影响。可见,对外直接投资对国内就业的影响是多方面的,具有综合性和复杂性。

因此,本书主要从以下四个视角研究了对外直接投资对国内就业的影响,即对外直接投资能否为母公司创造更多的就业机会、影响母公司的就业结构,对外直接投资能否促进跨国公司所在行业或地区内企业的就业增长。通过以上各章节的研究,本书主要得出了以下四个结论。

第一,对外直接投资促进了母公司就业总量增长,并未对母公司产生较为明显的"就业替代"现象,说明在我国对外直接投资发展的初期阶段,对外直接投资对国内就业的负向影响可能较为微弱,总体上能够带动国内的就业增长。第二,虽然对外直接投资促进了母公司就业总量增长,由于企业内部员工之间存在学历、技能、性别差异,导致不同员工所受到的对外直接投资的冲击程度及员工应对外部冲击的能力也并不相同。为此,本书根据学历水平,将员工分为熟练劳动力和非熟练劳动力两部分,研究了对外直接投资对母公司熟练劳动力相对需求的影响,初步探讨了对外直接投资对母公司就业结构的影响。经过实证研究发现,对外直接投资与母公司熟练劳动力相对需求之间存在正相关关系,即对外直接投资对母公司提高对熟练劳动力的相对需求产生了促进作用,对母公司的就业结构产生了正向影响。第三,随着对外直接投资企业数目的增多、投资规模的不断扩大,跨国公司所在行业内的企业就业不断增长,即对外直接投资产生了正向的行业就业效应。对外直接投资之所以能够促进跨国公司所在行业内的企业就业增长,主要可以从两个方面进行解释:一是生产率差异及由此引发的对外直接投资可以通过影响企业的进入退出行为引发行业内部就业资源的再配置。在开放条件下,行业内低生产率企业退出市场,而高生产率企业出口或对外直接投资并获得更多超额利润,进而引发行业内资本、劳动等生产要素的重新配置。二是对外直接投资具有外部效应。跨国公司的行业集聚将会产生集聚效应、示范效应、辐射带动效应和竞争效应,影响同行业内其他相关联企业的生产经营和就业;与此同时,对外直接投资规模的扩大可能会促进行业资源配置效率的改善,对跨国公司所在行业内的所有企业产生一定的外部影响。第四,随着对外直接投资企业数目的增多、投资规模的不断扩大,促使跨国公司所在地区内的企业就业不断增长,即对外直接投资产生了正向的地区就业效应。对外直接投资之所以能够促进跨国公司所在地区内的企业就业增长,主要可以从两个方面予以理解:一是生产率不同的企业可以通过进入退出行为实现资本、劳动等要素资源在地区内部不同企业之间的转移。二是对外直接投资的跨行业地区集聚可以产生集聚效应、示范效应和辐射带动效应等,促进跨国公司所在地区内的其他相关联企业就业增长,同时,对外直接投资可以改善地区资源配置效率、调整和优化过剩产能、边际产业海外转移来促进地区产业结构的调整优化,进而影响地区内所有企业的生产经营与就业变动。

总的来看,在我国对外直接投资发展的初期阶段,对外直接投资是国内企业就业增长的内部动力和外部动力,对外直接投资不仅对母公司就业总量和就业结构产生了正向影响,还促进了跨国公司所在行业、地区内其他企业的就业增长。基于此,当前应该继续实施较为积极的对外直接投资政策,而不必过于担忧对外直接投资可能对国内就业市场产生的负向影响。然而,随着对外直接投资规模的不断扩大,其对国内就业产生的负向影响也可能会逐步放大或显现,相关部门仍需要加强对这一问题的关注和重视,毕竟我国是拥有大量劳动力资源且比较优势主要集中于劳动密集型产业的发展中国家,就业问题将始终是我国政府和社会各界关注的重要问题。

第一节　继续鼓励有条件的企业"走出去"

在当前我国部分行业产能过剩和产业结构转型升级的背景下,应该继续鼓励国内企业"走出去",尤其是鼓励部分产能过剩行业、比较优势行业、高新技术产业的企业到海外市场投资,这不仅有助于增加母公司就业总量、实现母公司劳动要素的优化配置,也有助于促进跨国公司所在行业、地区内其他企业的就业增长,缓解部分行业、地区中存在的产能过剩问题,促进国内产业结构的转型升级。

一、发挥政府对对外直接投资行业、地区的引导作用

由于国家之间在政治、经济、文化、法律制度等环境方面具有较大差异,且相对于发达国家的跨国公司来说,我国企业所具有的"特定优势"相对较弱,企业"走出去"仍然面临着较高的风险,尤其是对"一带一路"

沿线国家的投资。因此,虽然对外直接投资是企业的自发行为,但仍需要继续发挥好政府对企业对外直接投资的引导作用,采取多种措施鼓励部分行业中有条件的企业稳健有序地"走出去",并对企业对外直接投资的地区和行业选择进行指导,提供信息、政策等咨询服务,帮助跨国公司规避可能存在的地缘政治风险、恐怖主义威胁、环境风险等,防止短期内出现成熟产业大规模海外转移现象和资本外逃现象等,为国内企业营造相对安全的海外投资环境、维持国内劳动力市场的稳定。

(一)促进国内成熟产业、过剩产能海外转移,实现互利共赢

2008 年金融危机以后,全球经济正在逐步复苏,但大部分国家的经济增速仍然比较缓慢,无论是发达国家还是发展中国家,经济发展都面临较大的下行压力。虽然我国受到金融危机的直接影响相对较小,但是经济发展过程中存在的问题却日益凸显出来,制约着经济的长期可持续发展。例如:随着国内劳动、土地等要素成本的提高及人口老龄化时代的到来,我国从事加工贸易的比较优势正在逐步丧失,传统的比较优势行业(如纺织品、服装、机电设备等)急需寻找新的发展机遇、降低生产成本;而房地产、钢铁、水泥等行业中投资的快速增长及粗放的经济增长方式导致我国部分行业出现了产能过剩现象,部分行业内部及其上下游相关行业的企业出现开工不足、亏损等情况,造成了资源闲置和浪费。那么,应该如何缓解国内产能过剩现象、促进产业结构的合理化和高级化?

本书认为:一方面,基于我国在国际市场已经形成品牌信誉和长期从事加工贸易积累的经验教训,我国需要大力鼓励和支持部分有实力、有条件的企业"走出去",到海外市场寻找新的发展机遇,充分利用全球要素禀赋资源,在全球范围内进行战略布局,获取更多的超额利润;另一方面,为了实现国内经济可持续发展、提高经济发展的活力,必须解决当前国内部分行业中存在的产能过剩问题,推动国内产业结构的转型升级。目前,解决产能过剩问题的方法大致有两种:一种是扩大国内市场需求。然而,相对于国内企业较高的市场供给能力来说,国内市场的消费需求已趋于饱和,短期内无法解决更多的产能,因此仅利用国内市场需求解决产能过剩问题较为困难。另一种是利用国外市场需求,尤其是满足"一带一路"

沿线国家对基础设施建设等方面的需求。发展经济已成为当前各国政府的重要共识,但部分发展中国家,尤其是"一带一路"沿线国家大多存在着资金短缺、人才短缺及基础设施建设落后等问题,严重制约了其经济发展的速度和质量。由于我国存在产能过剩的行业大多也是极具国际竞争力的行业,且在长期发展过程中已经积累了大量的经验,因此,东道国所面临的基础设施建设、资金短缺等问题反而为我国企业"走出去"提供了机遇,有利于实现我国与东道国的互利共赢、共同发展。

因此,应该采取多种措施继续鼓励国内有条件的企业"走出去",加强对"一带一路"沿线国家基础设施投资,实现我国过剩产能与国外巨大潜在需求的对接,这对于转移国内过剩产能、提高资源配置效率和促进国内产业结构转型升级来说都具有重要意义。

(二)鼓励企业提高研发创新能力,加强对外技术合作

根据内生经济增长理论,技术进步是促进一国经济长期持续增长的动力源泉。而企业异质性理论也说明,只有高生产率的企业才能够在开放条件下获得更多超额利润。因此,为了促进我国经济的持续增长,确保企业能够存续经营并在开放条件下获得更多利润,需要积极推动国内企业实现技术进步。那么,应该如何实现国内技术进步?

对内需要发挥政府在宏观调控方面的重要作用,通过各种方式营造鼓励创新的良好氛围。例如,推动国内的制度改革,在全社会形成公平竞争的市场环境,缓解民营企业发展过程中面临的融资约束问题,促使企业自发地提高创新和竞争意识,不断加大研发创新投入;通过税收、补贴等优惠政策,促进国内战略性新兴产业的发展,推动国内产业结构的转型升级;为加强校企合作提供纽带,帮助企业充分利用高校丰富的人才资源,使高校作为企业创新的延伸部门,促进高校科研成果的转化,协助高校培养出大量适合企业发展要求的人才资源;加强对来华的外商投资企业的产业筛选和引导,发挥外商直接投资的技术溢出效应,促进相关本土企业的技术进步。

对外需要通过对外直接投资等多种方式主动接近和获取海外先进技术,并实现新技术的消化、吸收和转化,以此带动国内技术进步。由于部

分技术的扩散具有地域性,且许多发达国家为了遏制中国的发展,往往限制先进技术对中国的转移。因此,我们需要鼓励国内有比较优势、技术密集型的企业主动"走出去",加强国际经济合作,主动学习和获取海外先进技术。例如,通过跨国并购方式直接获得发达国家的品牌、专利技术等资源,不断提高生产和出口的产品质量,满足国内外市场日益增长和提高的消费需求;利用海外研发设施和研发环境,通过设立海外研发中心等形式与发达国家的技术更加先进的企业展开技术合作,推动实现共同创新,从而为促进国内经济结构的转型升级提供技术支持。

(三)引导资金流向海外资源能源领域,满足国内市场需求

由于我国人口众多,人均资源占有量相对较低,国内对原油、矿产等能源资源产品的需求相对较高。而且,伴随着国内经济的快速增长,国内市场对石油、煤炭、天然气等资源的消费量不断增加,加上我国在历史上长期执行了鼓励出口的贸易政策,国内可开发利用的资源能源几乎已经无法满足国内市场庞大的消费需求,获取战略性的资源能源日益成为国内企业对外直接投资的主要动机之一。

为了满足国内市场的消费需求和提高资源能源的战略储备以维护国家的资源能源安全,应该继续鼓励国内的资源能源类企业"走出去",到全球资源能源丰富的国家中开展投资合作,创新投资和开发模式,充分开发和利用全球范围内的资源能源。目前,从可行性方面来看,应该鼓励企业积极利用"一带一路"倡议和国际产能合作的重要契机,加强与周边沿线国家、非洲国家在资源能源开发等方面的合作,将成为缓解国内资源能源短缺、满足国内市场消费需求的重要途径,也是我国与"一带一路"沿线国家实现互利共赢、共同发展的必由之路。同时,我们也应该注意到,"一带一路"沿线国家的经济发展程度参差不齐,东道国的政治环境、法律环境都尚不完善,我国企业对这些国家投资将面临较大的政治、社会与法律等风险,在资源能源的开发过程中极易受到地方保护势力的阻碍,给我国对外直接投资企业带来了较大的不确定性。对政府来说,一方面,由于部分来自第三方国家的企业在东道国开发过程中具有较为丰富的经验,我们可以加强与来自第三方国家的投资企业间的合作,共同开发东道国的资源能源,缓解可能存在的信息不对称问题;另一方面,政府及国内的非政府组织需要进一步加强与东道国政府及当地非政府组织之间的沟通与协作,为我国企业海外投资营造良好的投资环境,维护我国投资企业在海外的合法权益。对于投资企业来说,在对资源能源类行业投资之前,务必要加强对东道国投资风险与收益的分析,降低盲目投资给企业和国家带来的损失,树立合法经营、造福人民的国际形象,尽量为东道国创造更多的就业机会和增加政府税收,避免与当地工会组织、地方保护势力等产生冲突,建立健全风险预警机制,并学会利用法律手段维护自身的正当利益。

二、降低跨国公司的投资成本并维护其海外利益

根据企业异质性理论,企业对外直接投资面临着高额的沉没成本,只有高生产率的企业才能够从事出口或对外直接投资活动而获取更多超额利润,低生产率的企业由于无法弥补投资成本而只能服务于国内市场或退出市场。从企业对外直接投资的现实情况来看,除了需要面对东道国对跨国公司设置的进入壁垒之外,国内企业还需要面对国内当前仍然存在的行政部门效率低下、企业融资成本高、融资难等问题,国内企业“走出去”还要付出更多额外的时间成本和物质成本,加重了企业“走出去”的负担,甚至延误绝佳的投资时机,给潜在投资者造成损失。为了鼓励和帮助更多有条件的企业“走出去”,政府相关部门仍然需要不断提高行政效率、优化投融资环境,降低企业的对外直接投资成本,并指导投资企业认清和及时规避海外投资可能带来的风险。

(一)提高行政效率,降低企业对外直接投资的时间成本

相对于发达国家来说,中国特色社会主义市场经济体制在我国经济建设过程中发挥了重要作用。然而,随着市场经济的不断发展,政府及相关部门对经济发展的干预和调控、行政工作效率的高低及行政手续的复杂度也直接影响着微观企业生产经营的物质成本和时间成本。自改革开放以来,虽然我国各级行政部门的工作效率不断提高,但仍然普遍存在着责任不清、手续繁杂、行政效率低下等问题,且由于各地区改革调整速度

不一致,地区间的行政效率也存在较大差异,这无疑加重了企业的生产经营负担,影响着我国市场经济体制的运行效率。在对外直接投资方面,由于我国采取的是有条件地允许国内企业开展境外投资的政策,(部分)企业从事境外投资业务必须得到政府主管部门的批准,民营企业对外直接投资仍然面临着较高的门槛,而且企业对外直接投资需要到银行、外汇管理局、海关、驻该国使馆等多个部门办理相关手续,各部门行政效率的高低无疑会影响企业对外直接投资的成本和效率。

为了确保投资企业能够抓住海外投资的有利时机和顺利地"走出去",相关部门需要进一步加强行政效率改革,减少企业对外直接投资所涉及的环节或步骤,缩短对外直接投资的审查时间,不断提高行政工作效率,降低不必要的时间成本,降低民营企业对外直接投资的门槛,促使国内有条件的企业,尤其是鼓励民营企业及时"走出去",获取更多的海外资源和超额利润。

(二)缓解企业的投融资约束,降低对外直接投资的资金成本

国内企业在生产经营和长期发展过程中,仅依靠自有资金往往无法满足发展需求,需要通过多种渠道进行融资。在对外直接投资时,由于涉及较大规模的资金流动,尤其要求国内金融市场为投资企业提供多种融资渠道,满足投资企业的融资需求。然而,从企业海外投融资的现实情况来看:国内金融市场在满足企业(尤其是民营企业)投融资需求方面尚存在一些不足之处,企业往往依靠自有资金和民间借贷满足其资金需求,很难通过银行等金融机构进行直接融资;由于国内企业的经营管理体制尚不规范,国际信用评级较低,几乎无法通过国际资本市场获得投融资支持,导致部分国内企业(甚至是部分生产率较高、创新能力较强的企业)存在着因资金短缺而无法正常运转和无法及时"走出去"的现象。

近几年来,虽然"一带一路"倡议和国际产能合作为国内企业对外直接投资提供了新机遇,但融资约束问题仍然是阻碍企业抓住投资机遇、分享全球化红利的重要因素。而且,"一带一路"沿线的许多国家,尤其是非洲国家普遍面临着较为严重的资金紧缺、投资风险高、国内金融市场发展滞后等问题,投资企业大多依靠国家财政支持才得以顺利"走出去",对外投资企业的投融资资金来源渠道普遍较为单一。

为了缓解制约企业发展和"走出去"的投融资约束问题,本书认为:一方面,需要继续深化国内金融体制改革,加强资本市场建设和信用担保体系建设,建立专门的投融资平台,支持国内各类银行、多边金融机构、股权投资基金、出口信用保险机构之间加强合作,创新投融资模式,利用多种金融工具为"走出去"企业提供金融信贷支持,降低对外直接投资企业的融资成本。另一方面,需要继续加强国际金融合作,例如:加强与传统世界多边金融机构、新兴多边开发金融机构的合作,帮助企业获得更多的投融资支持;加强与其他国家央行间的合作,积极与"一带一路"沿线国家签署货币互换协议、实现货币直接兑换与交易、建立人民币清算安排等,鼓励企业采用人民币进行投融资和结算,利用对外直接投资与对外合作等方式输出人民币流动性,推动人民币国际化进程;鼓励和帮助企业树立良好的国际形象,以寻求国际金融市场的投融资支持,满足企业的投融资需求。

(三)创造良好的政治法律环境,降低企业对外直接投资风险

由于海外市场风险较高,部分企业在对外直接投资过程中仍存在较大的盲目性,前期对东道国的政治、经济、文化环境和风俗习惯等缺乏论证,导致后期出现经营失败,给跨国公司自身发展及其母公司就业带来不利影响。针对这一问题,相关部门应该加强宣传,帮助企业增强风险意识,促使企业在对外直接投资之前加强自身团队建设,对东道国市场进行更加全面的调研,以增强对东道国政治、经济、法律、文化环境的深层次了解,优化对外直接投资的行业和地区分布,避免盲目投资;引导企业逐步建立健全风险预警机制和风险管理体系,积极使用政策性信用保险产品和利用专业的中介机构,降低海外风险和不正当竞争对企业正当利益造成的损害。

然而,东道国的部分风险是外生的,投资企业或个人无法预料也无法予以解决,这些风险往往会给企业造成严重损失。例如,投资企业在海外经营过程中常常面临着部分东道国市场政局波动性大、不同民族和不同

党派之间斗争激烈、政权更迭频繁等情况,也存在部分东道国政治、经济、法律环境较为不完善等情况,以及我国海外投资企业在与当地企业合作的过程中常出现当地企业违约而导致合同无法顺利执行的情况,甚至我国企业正当而合法的海外资产被东道国政府罚没的情况。为了缓解和降低这类风险给投资企业带来的损失,需要我国政府加强与东道国当地政府之间的交流与合作:签署更多政府间的双边或多边投资与合作协议,拓展协议的深度和广度,为我国企业在海外市场的发展创造良好的政治和法律环境,并建立起对海外投资企业正当利益的法律保护机制;创建更多的海外园区或境外出口加工区,为国内企业抱团"走出去"提供平台,通过集聚的方式提高企业的谈判理论、降低企业对外直接投资风险,维护投资企业的海外利益;另外,政府需要利用自身优势,通过不断更新和发布《对外投资合作国别(地区)指南》《中国对外投资合作发展报告》等方式,及时为投资企业及潜在投资者提供更加健全的东道国市场相关信息,使投资企业了解和规避东道国可能存在的相关风险,确保国内企业尽量不到政治风险高的东道国进行投资。

第二节 重视对外直接投资的 "产业空心化"风险

从我国企业对外直接投资的行业分布来看,国内投资企业的资金主要投向了批发和零售业、商务服务业、采矿业、交通运输和仓储业等行业,其中,批发和零售业、商务服务业领域的投资占比相对较高,而制造业投资占比相对较低,说明2008年金融危机以前,我国大部分企业的对外直接投资属于市场寻求型投资,企业对外直接投资的动机可能并不是转移成熟产业、促进国内产业结构的优化升级,而是建立当地法人以及出口产品的当地销售网络(桑百川等,2016)①。因此,我国的对外直接投资在短

---

① 桑百川、杨立卓、郑伟:《中国对外直接投资扩张背景下的产业空心化倾向防范——基于英、美、日三国的经验分析》,《国际贸易》2016年第2期。

期内并未对国内就业市场产生明显的替代效应,国内也未出现明显的"产业空心化"现象。

然而,根据美国、日本、英国等部分发达国家的对外直接投资经验,伴随着跨国公司在全球范围内的不断扩张,母国的制造业逐步被转移到其他国家,制造业逐渐萎缩,工人失业率不断提高,母国出现了"产业空心化"现象。那么,随着我国对外直接投资的不断发展,尤其是制造业领域投资比重的不断提升,我国是否也将出现与部分发达国家类似的"产业空心化"现象?如何降低或规避"产业空心化"现象的产生及由此可能带来的损失?

从我国对外直接投资的发展阶段来看:2008年金融危机的爆发造成了大批海外企业的公司市值和股票价格普遍被低估,为我国企业"走出去"提供了新机遇。而且,在国内要素成本不断上升、部分行业出现产能过剩现象以及国家政策的有利推动下,国内企业开始积极到国外市场寻求发展机遇,我国正在逐渐步入生产经营与开发全面国际化阶段。根据桑百川等(2016)研究,在这一阶段,跨国公司海外生产的外部性会逐渐显现,容易产生"产业空心化"现象。此外,国内部分外商直接投资企业开始将原本计划投入到中国市场、从事出口加工贸易的资金转向了东南亚、南亚和非洲的部分国家或地区,进一步加剧了国内出现"产业空心化"现象的风险。由于我国的比较优势产业大多属于劳动密集型行业,国内一旦出现"产业空心化"现象,势必将对国内就业市场产生较大的负向冲击,甚至影响社会的稳定。因此,在当前国内产业结构调整的关键时期,需要格外重视对外直接投资可能带来的"产业空心化"风险,但仍要继续坚持对外开放的基本国策不动摇,不能"因噎废食",阻碍国内构建全面对外开放新格局的必然趋势。

首先,为了促进国内产业转型升级、提高经济增长活力以维持总体就业的稳定,仍需要不断扩大国内市场的对外开放程度。目前,我国吸收外资已经渡过了规模扩张阶段、进入了提质升级的新阶段,应该继续通过《外商投资指导目录》和负面清单的管理模式,逐步实现外资企业与内资企业在待遇方面的同等化,营造公平、透明的营商环境;同时,要避免盲目

追求引资规模扩大的现象,在吸引外资时应与产业转型升级相结合,引导外资更多地流向我国的高端制造和服务业,鼓励外资企业在国内市场建立研发机构、从事研发活动,不断提高我国在全球价值链中的地位。

其次,鼓励国内企业"走出去",充分利用两种资源、两个市场,尤其是利用海外市场消耗国内过剩产能,提高国内资本、劳动等要素资源的配置效率。"一带一路"倡议的提出为我国企业"走出去"提供了更多机遇,要抓住"一带一路"倡议的历史机遇,有步骤、有计划地引导和帮助国内企业"走出去",促进国际产能合作,降低过剩产能对国内就业和经济增长产生的负向影响。

再次,虽然当前我国未出现明显的"产业空心化"现象,但是伴随着对外直接投资的扩大,国内"产业空心化"风险不断加剧,在扩大国内市场开放程度、促进企业"走出去"的同时,仍应该重视并注意规避国内出现"产业空心化"现象,采取多种方式降低开放条件下国内劳动力市场可能受到的冲击。由于我国内陆地区仍然具有相对丰富而廉价的劳动力资源,考虑到东、中、西部地区经济发展的差异性,通过加强东部与中西部地区政府在产业发展政策等方面的对接、完善中西部地区的基础设施建设、为东部地区中低端制造业产业转移提供财政、税收、融资优惠政策等多种方式,合理地引导传统制造业向中西部地区转移,推动中西部地区的工业化进程,解决中西部地区的就业问题,避免一哄而上的对外直接投资可能造成的"产业空心化"现象和产业"脱节"问题(桑百川等,2016)[①]。

另外,通过本书的研究可知,对外直接投资对国内就业增长产生了促进作用,这是就平均意义而言的,对外直接投资并不可能对每个投资企业以及跨国公司所在行业、地区内的每个企业就业增长产生正向影响:对于投资企业而言,高生产率企业可以较好地克服对外直接投资风险,获取海外先进技术和管理经验,扩大海外市场的销售市场规模,进而获取更高的超额利润,并为国内市场提供更多的就业机会,而低生产率企业往往无法

---

① 桑百川、杨立卓、郑伟:《中国对外直接投资扩张背景下的产业空心化倾向防范——基于英、美、日三国的经验分析》,《国际贸易》2016年第2期。

克服对外直接投资的高风险,导致海外子公司或分支机构的萎缩,甚至导致母公司退出市场,增大国内的就业压力。对于跨国公司所在行业或地区内的其他企业而言,对外直接投资可能会对跨国公司所在行业或地区内的低生产率企业产生不利影响,例如降低市场份额、提高市场退出风险等,从而降低就业规模。因此,由于生产率是影响企业海外投资和母公司生产经营成败的重要因素,需要不断完善我国的市场经济体制,为企业发展创造公平竞争的市场、行业、地区环境,并采取多种措施支持企业不断创新,促进企业的长期健康可持续发展。为了维持国内就业的稳定,政府不仅要加强对企业海外投资风险的提醒,鼓励行业内或地区内具有较强竞争力的企业"走出去",还需要不断完善社会保障体系和相关就业政策,通过多种渠道为失业人员提供多方面的就业信息、定期举办再就业培训、为失业人员自主创业提供支持和辅导等,帮助失业人员再就业,并保障失业人员在失业期间的基本生活需求。

第三节　坚决打击资本外逃等非法活动

20 世纪 80 年代的拉美债务危机引起了国外学者对发展中国家资本外逃现象的关注,并采用直接测量法、间接测量法和混合测量法等对资本外逃规模进行了测算。同一时期,国内学者也开始关注和测算我国的资本外逃现象与规模,发现我国在 80 年代末到 90 年代末也出现过持续性的资本外逃现象,部分企业或个人主要利用进出口、外商直接投资等渠道将资金转移到海外,个别年份甚至达到了较高水平,对国内经济运行产生了不利影响。自加入 WTO 以来,我国进一步放松了外资准入限制并鼓励国内企业"走出去",对资本市场的开放度也不断提高。近几年来,由于国家对海外资产存量统计的滞后性,我国的资本外逃现象相当严重。余永定和肖立晟(2017)根据"误差与遗漏"和资产净输出与海外净资产形成之间的缺口,间接推测了中国是否存在资本外逃现象及资本外逃的规模,他们发现:与其他发达国家相比,中国的"误差与遗漏"账户规模庞大且与汇率预期密切相关,这在很大程度上可以反映出资本外逃的规模和方向;一些跨境资本虽然通过正规渠道合法流出,但并未在海外形成资产累计。[①]

资本外逃会对资本流出国产生多方面的负向影响,例如:资本外逃直接减少了流出国的资本存量,降低了流出国的投资能力,提高了融资边际成本,影响着流出国的经济发展速度;资本外逃提高了流出国金融市场的不稳定性,引发利率、汇率波动,不仅会影响流出国货币政策和外资政策有效性及国际收支平衡,而且将通过利率、汇率对流出国经济产生多方面的负向传导效应;另外,资本外逃对流出国政府税基、偿债能力、收入再分配等都会产生不利影响。因此,资本外逃是各国经济发展过程中不得不面对和在经济开放过程中急需解决的一个重要问题。在促进中国经济结构转型升级和扩大对外开放的新时期,我们更加不能对资本外逃现象掉以轻心,需要密切关注利用对外直接投资等方式进行的资本外逃,并采取多种方式防止和遏制国内资本外逃,维持国内宏观经济的稳定运行。

从宏观调控政策方面来看:我国需要继续深化经济体制、金融体系和汇率体制改革,提高国外资本对国内经济发展和汇率稳定的信心;由于资本外逃的手段多种多样且极具隐蔽性,相关部门应该重视并通过多种途径加强对资本外逃的统计和监管,根据现实情况的变化及时寻找可能存在的政策漏洞并进行不断修改和完善,弥补监管方面的缺位;更多地利用市场化手段来减少资本外逃的渠道,谨慎地采用资本管制手段,防止出现人民币国际化进程的倒退和对我国国家信用的伤害。

从对外直接投资管理方面来看:随着"一带一路"倡议的提出,为了鼓励企业"走出去",企业在获得银行贷款和国家财政支持方面变得相对容易,对外直接投资企业越来越多,审批程度也日益简化,企业对外直接投资更加便利,利用对外直接投资渠道进行资本外逃也变得相对容易。由于加快形成全面对外开放新格局是我国未来政策的主要方向,我国对外开放程度将不断扩大,防止资本外逃的任务也将更加艰巨。因此,面对国内较为严重的通过对外直接投资方式形成的资本外逃现象,需要不断

---

① 余永定、肖立晟:《解读中国的资本外逃》,《国际经济评论》2017 年第 5 期。

总结对外直接投资政策实施过程中的经验教训,加强对资本外逃现象的识别和管制,防止国家资产的流失。例如,相关部门加强对投资企业自身的发展情况、投资行业、投资东道国、投资规模等方面的监督、审查和管理,尤其是加强对部分敏感行业投资的企业的审查力度,从而识别出可能存在的资本外逃现象,并限制部分敏感行业的境外投资交易和在境外设立的无具体实业项目的股权投资基金或投资平台;加强对对外直接投资企业海外经营状况及资产累计情况的监管和统计,及时调整和完善相关政策;警惕和坚决打击通过对外直接投资方式向海外转移非法资产的违法行为,净化对外直接投资和国内环境。

总之,从对外直接投资发展的初期阶段(样本期间内)来看,对外直接投资对国内就业总体上产生了积极影响。但是,随着对外直接投资的不断发展和国内外经济形势的不断变化,我们仍然需要密切关注和缓解对外直接投资可能对母公司及其他企业生产、经营、创新、就业等产生的负向影响,利用对外直接投资等方式促进国内产业升级和经济可持续发展,维持母国的就业稳定,并带动东道国的经济发展与就业增长,最终实现与东道国的互利共赢、共同发展。

参 考 文 献

[1]白重恩、路江涌、陶志刚:《国有企业改制效果的实证研究》,《经济研究》2006年第8期。

[2]白俊红、刘宇英:《对外直接投资能否改善中国的资源错配》,《中国工业经济》2018年第1期。

[3]陈志芳、芦洋:《创造与替代:对外投资与本地就业关系研究》,《昆明理工大学学报(社会科学版)》2016年第16卷第6期。

[4]储祥银:《跨国公司、国际直接投资与世界就业》,《国际贸易问题》1995年第8期。

[5]戴翔:《对外直接投资对国内就业影响的实证分析——以新加坡为例》,《世界经济研究》2006年第4期。

[6]董会琳、黄少达:《浅析扩大对外投资对就业的影响》,《财经科学》2001年第S2期。

[7]顾露露、Robert Reed:《中国企业海外并购失败了吗?》,《经济研究》2011年第7期。

[8]韩剑、郑秋玲:《政府干预如何导致地区资源错配——基于行业内和行业间错配的分解》,《中国工业经济》2014年第11期。

[9]黄晓玲、刘会政:《中国对外直接投资的就业效应分析》,《管理现代化》2007年第1期。

[10]贾媛:《对外直接投资的就业结构和国民收入效应研究——基于省际面板数据的分析》,《改革与战略》2015年第2期。

[11]蒋冠宏、蒋殿春、蒋昕桐:《我国技术研发型外向FDI的"生产率效应"》,《管理世界》2013年第9期。

[12]蒋冠宏、蒋殿春:《中国工业企业对外直接投资与企业生产率进步》,《世界经济》2014年(a)第9期。

[13]蒋冠宏、蒋殿春:《中国企业对外直接投资的"出口效应"》,《经济研究》2014年(b)第5期。

[14]蒋冠宏：《我国企业对外直接投资的"就业效应"》，《统计研究》2016年第33卷第8期。

[15]姜巍：《中国OFDI国内就业的总体效应与产业差异》，《统计与决策》2017年（a）第23期。

[16]姜巍：《中国OFDI对国内就业影响的整体效应与区域差异研究》，《国际经贸探索》2017年（b）第12期。

[17]姜亚鹏、王飞：《中国对外直接投资母国就业效应的区域差异分析》，《上海经济研究》2012年第7期。

[18]阚大学：《我国贸易结构与就业结构的动态关系研究》，《国际贸易问题》2010年第10期。

[19]李宏兵、郭界秀、翟瑞瑞：《中国企业对外直接投资影响了劳动力市场的就业极化吗?》，《财经研究》2017年第43卷第6期。

[20]李坤望：《改革开放三十年来中国对外贸易发展评述》，《经济社会体制比较》2008年第4期。

[21]李磊、王小洁、蒋殿春：《外资进入对中国服务业性别就业及工资差距的影响》，《世界经济》2015年第10期。

[22]李磊、白道欢、冼国明：《对外直接投资如何影响了母国就业？——基于中国微观企业数据的研究》，《经济研究》2016年第8期。

[23]李磊、蒋殿春、王小霞：《企业异质性与中国服务业对外直接投资》，《世界经济》2017年第11期。

[24]廖庆梅、刘海云：《基于二元梯度和边际的中国制造业OFDI母国就业效应》，《国际贸易问题》2018年第6期。

[25]刘辉群、王洋：《中国对外直接投资的国内就业效应：基于投资主体和行业分析》，《国际商务——对外经济贸易大学学报》2011年第4期。

[26]刘海云、廖庆梅：《中国对外直接投资对国内制造业就业的贡献》，《世界经济研究》2017年第3期。

[27]卢锋：《标本兼治产能过剩》，《中国改革》2010年第5期。

[28]罗长远、季心宇：《融资约束下的企业出口和研发："鱼"与"熊掌"不可得兼?》，《金融研究》2015年第9期。

[29]罗丽英、黄娜：《我国对外直接投资对国内就业影响的实证分析》，《上海经济研究》2008年第8期。

[30]罗良文：《我国企业对外投资的经济效应分析》，《财政研究》2003年第6期。

[31]罗良文：《对外直接投资的就业效应：理论及中国实证研究》，《中南财经政法大学学报》2007年第5期。

[32]马光明、刘春生：《中国贸易方式转型与制造业就业结构关联性研究》，《财

经研究》2016 年第 42 卷第 3 期。

［33］马弘、乔雪、徐嫄：《中国制造业的就业创造与就业消失》，《经济研究》2013 年第 12 期。

［34］马述忠、吴国杰：《中间品进口、贸易类型与企业出口产品质量——基于中国企业微观数据的研究》，《数量经济技术经济研究》2016 年第 11 期。

［35］毛其淋、许家云：《中国企业对外直接投资如何影响了员工收入?》，《产业经济研究》2014 年（a）第 6 期。

［36］毛其淋、许家云：《中国外向型 FDI 对企业职工工资报酬的影响：基于倾向得分匹配的经验分析》，《国际贸易问题》2014 年（b）第 11 期。

［37］毛其淋、许家云：《中国企业对外直接投资是否促进了企业创新》，《世界经济》2014 年（c）第 8 期。

［38］毛其淋、许家云：《中国对外直接投资促进抑或抑制了企业出口》，《数量经济技术经济研究》2014 年（d）第 9 期。

［39］毛其淋、许家云：《中间品贸易自由化与制造业就业变动——来自中国加入WTO 的微观证据》，《经济研究》2016 年第 1 期。

［40］彭韶辉、王建：《中国制造业技术获取型对外直接投资的母国就业效应》，《北京理工大学学报（社会科学版）》2016 年第 18 卷第 4 期。

［41］桑百川、杨立卓、郑伟：《中国对外直接投资扩张背景下的产业空心化倾向防范——基于英、美、日三国的经验分析》，《国际贸易》2016 年第 2 期。

［42］盛丹、王永进：《产业集聚、信贷资源配置效率与企业的融资成本——来自世界银行调查数据和中国工业企业数据的证据》，《管理世界》2013 年第 6 期。

［43］邵新建、巫和懋、肖立晟、杨骏、薛熠：《中国企业跨国并购的战略目标与经营绩效：基于 A 股市场的评价》，《世界经济》2012 年第 5 期。

［44］宋林、谢伟、何红光：《对外直接投资对我国就业影响的实证研究——基于门限面板模型的分析》，《当代经济科学》2017 年第 39 卷第 5 期。

［45］苏莉、冼国明：《中国企业跨国并购改善员工收入了吗? ——基于上市公司微观数据的经验研究》，《武汉大学学报（哲学社会科学版）》2016 年第 69 卷第 6 期。

［46］唐东波：《全球化对中国就业结构的影响》，《世界经济》2011 年第 9 期。

［47］唐东波：《垂直专业化贸易如何影响了中国的就业结构?》，《经济研究》2012 年第 8 期。

［48］唐时达、刘瑶：《贸易自由化、劳动流动与就业结构调整》，《世界经济研究》2012 年第 3 期。

［49］谭语嫣、谭之博、黄益平、胡永泰：《僵尸企业的投资挤出效应：基于中国工业企业的证据》，《经济研究》2017 年第 5 期。

［50］王艳、阚铄：《企业文化与并购绩效》，《管理世界》2014 年第 11 期。

[51]王永钦、李蔚、戴芸:《僵尸企业如何影响了企业创新？——来自中国工业企业的证据》,《经济研究》2018 年第 11 期。

[52]王自锋、白玥明:《产能过剩引致对外直接投资吗？——2005—2007 年中国的经验研究》,《管理世界》2017 年第 8 期。

[53]王永进、张国峰:《开发区生产率优势的来源:集聚效应还是选择效应？》,《经济研究》2016 年第 7 期。

[54]谢申祥、王孝松、张宇:《对外直接投资、人力资本与我国技术水平的提升》,《世界经济研究》2009 年第 11 期。

[55]谢千里、罗斯基、张轶凡:《中国工业生产率的增长与收敛》,《经济学(季刊)》2008 年第 7 卷第 3 期。

[56]寻舸:《促进国内就业的新途径:扩大对外直接投资》,《财经研究》2002 年第 28 卷第 8 期。

[57]阎虹戎、冼国明、明秀南:《对外直接投资是否改善了母公司的员工结构？》,《世界经济研究》2018 年第 1 期。

[58]杨宏恩:《对华投资降低日本就业了吗？——实证与理论再分析》,《国际经济合作》2009 年第 7 期。

[59]杨振兵:《对外直接投资、市场分割与产能过剩治理》,《国际贸易问题》2015 年第 11 期。

[60]银温泉、才婉茹:《我国地方市场分割的成因和治理》,《经济研究》2001 年第 6 期。

[61]于超、葛和平:《对外直接投资的母国就业效应研究》,《统计与决策》2011 年第 20 期。

[62]余官胜、王玮怡:《海外投资、经济发展水平与国内就业技能结构——理论机理与基于我国数据的实证研究》,《国际贸易问题》2013 年第 6 期。

[63]余淼杰:《加工贸易、企业生产率和关税减免——来自中国产品面的证据》,《经济学(季刊)》2011 年第 4 期。

[64]余永定、肖立晟:《解读中国的资本外逃》,《国际经济评论》2017 年第 5 期。

[65]张川川:《出口对就业、工资和收入不平等的影响——基于微观数据的证据》,《经济学(季刊)》2015 年第 4 期。

[66]张海波、彭新敏:《ODI 对我国的就业效应——基于动态面板数据模型的实证研究》,《财贸经济》2013 年第 2 期。

[67]张建刚、康宏、康艳梅:《就业创造还是就业替代——OFDI 对中国就业影响的区域差异研究》,《中国人口资源与环境》2013 年第 23 卷第 1 期。

[68]赵娜、王博、刘燕:《城市群、集聚效应与"投资潮涌"——基于中国 20 个城市群的实证研究》,《中国工业经济》2017 年第 11 期。

［69］赵伟、古广东、何元庆：《外向 FDI 与中国技术进步：机理分析与尝试性实证》，《管理世界》2006 年第 7 期。

［70］周申、何冰：《贸易自由化对中国非正规就业的地区效应及动态影响——基于微观数据的经验研究》，《国际贸易问题》2017 年第 11 期。

［71］周申、李可爱、鞠然：《贸易结构与就业结构：基于中国工业部门的分析》，《数量经济技术经济研究》2012 年第 3 期。

［72］周申：《贸易自由化对中国工业劳动需求弹性影响的经验研究》，《世界经济》2006 年第 2 期。

［73］朱磊：《台商对外投资的经济效率分析》，《台湾研究》2005 年第 6 期。

［74］Acemoglu, D., "Why Do New Technologies Complement Skills? Directed Technical Change and Wage Inequality", *Quarterly Journal of Economics*, Vol. 113, No. 4, 1998.

［75］Acemoglu, D., "Changes in Unemployment and Wage Inequality: An Alternative Theory and Some Evidence", *American Economic Review*, No. 89, 1999.

［76］Aggarwal, A., "Regional Economic Integration and FDI in South-Asia: Prospects and Problems", *CRIER Working Papers*, No. 218, 2008.

［77］Autor, D.H., Dorn, D., Hanson, G.H., "The China Syndrome: Local Labor Market Effects of Import Competition in the United States", *American Economic Review*, Vol. 103, No. 6, 2013.

［78］Autor, D.H., Levy, F., Murnane, R.J., "The Skill Content of Recent Technological Change: An Empirical Exploration", *Quarterly Journal of Economics*, Vol. 118, No. 4, 2003.

［79］Banerjee, A.V., Moll, B., "Why Does Misallocation Persis", *American Economic Journal: Macroeconomics*, Vol. 2, No. 1, 2010.

［80］Barba Navaretti, G., Castellani, D., "Investments Abroad and Performance at Home: Evidence from Italian Multinationals", *CEPR Discussion Paper*, No. 4284, 2004.

［81］Barba Navaretti, G., Castellani, D., Disdier, A.C., "How does Investing in Cheap Labour Countries Affect Performance at Home? Firm-level Evidence from France and Italy", *Oxford Economic Papers*, Vol. 62, No. 2, 2010.

［82］Becker, S.O., Ekholm, K., Muendler, M.A., "Offshoring and the Onshore Composition of Tasks and Skills", *Journal of International Economics*, No. 90, 2013.

［83］Berman, E., Bound, J., Griliches, Z., "Changes in the Demand for Skilled Labor within U.S. Manufacturing: Evidence from the Annual Survey of Manufactures", *Quarterly Journal of Economics*, Vol. 109, No. 2, 1994.

［84］Bentolila, S., Saintpaul, G., "Explaining Movements in the Labor Share", *Contributions in Macroeconomics*, Vol. 3, No. 1, 2006.

［85］Blomström, M., Fors, G., Lipsey, R. E., "Foreign Direct Investment and Employment:Home Country Experience in the United States and Sweden", *The Economic Journal*, Vol. 107, No. 445, 1997.

［86］Blomström, M., Kokko, A., "Outward Investment, Employment, and Wages in Swedish Multinationals", *Oxford Review of Economic Policy*, Vol. 16, No. 3, 2000.

［87］Branstetter, L., "Is Foreign Direct Investment a Channel of Knowledge Spillovers? Evidence from Japan's FDI in the United States", *Journal of International Economics*, Vol. 68, No. 2, 2000.

［88］Brainard, S.L., "An Empirical Assessment of the Proximity-Concentration Trade-off between Multinational Sales and Trade", *American Economic Review*, Vol. 87, No. 4, 1997.

［89］Brainard, S. L., Riker, D. A., "Are U.S., Multinationals Exporting U.S. Jobs", *NBER Working Paper*, No. 5958, 1997a.

［90］Brainard, S. L., Riker, D. A., "U.S., Multinationals and Competition from Low Wage Countries", *NBER Working Paper*, No. 5959, 1997b.

［91］Brandt, L., Van Biesebroeck, J., Zhang, Y., "Creative Accounting or Creative Destruction? Firm-level Productivity Growth in Chinese Manufacturing", *Journal of Development Economics*, No. 97, 2012.

［92］Bulcke, D. V. D., Halsberghe, E., "Employment Effects of Multinational Enterprises:A Belgian Case Study", *Ilo Working Papers*, No. 1, 1979.

［93］Caves, R. E., *Multinational Enterprise and Economic Analysis (Third Edition)*, Cambridge/London:Cambridge University Press, 2007.

［94］Chen, T.J., Ku, Y.H., "The Effect of Foreign Direct Investment on Firm Growth:The Case of Taiwan's Manufacturers", *Japan and the World Economy*, No. 12, 2000.

［95］Chen, B., Yu, M., Yu, Z., "Measured Wage Inequality and Input Trade Liberalization:Evidence from Chinese Firms", *FREIT Working Paper*, 2014.

［96］Collard, F., Dellas, H., "Technology Shocks and Employment", *The Economic Journal*, Vol. 117, No. 523, 2007.

［97］Conconi, P., Sapir, A., Zanardi, M., "The Internationalization Process of Firms:From Exports to FDI", *Journal of International Economics*, Vol. 99, No. 1, 2016.

［98］Crinò, R., "Service Offshoring and White-Collar Employment", *Review of Economic Studies*, Vol. 77, No. 2, 2010.

［99］Cuyvers, L., Soeng, R., "The Effects of Belgian Outward Direct Investment in European High-wage and Low-wage Countries on Employment in Belgium", *International Journal of Manpower*, Vol. 32, No. 3, 2011.

[100] Davis, S. J., Haltiwanger, J., "Gross Job Creation, Gross Job Destruction, and Employment Reallocation", *Quarterly Journal of Economics*, Vol. 107, No. 3, 1992.

[101] Debaere, P., Lee, H., Lee, J., "It Matters Where You Go—Outward Foreign Direct Investment and Multinational Employment Growth at Home", *Journal of Development Economics*, No. 91, 2010.

[102] Desai, M. A., Foley, C. F., Hines, J. R., "Foreign Direct Investment and the Domestic Capital Stock", *American Economic Review*, Vol. 95, No. 2, 2005.

[103] Desai, M. A., Foley, C. F., Hines, J. R., "Domestic Effects of the Foreign Activities of U. S., Multinationals", *American Economic Journal: Economic Policy*, Vol. 1, No. 1, 2009.

[104] Driffield, N., Love, J. H., "Foreign Direct Investment, Technology Sourcing and Reverse Spillovers", *Manchester School*, Vol. 71, No. 6, 2003.

[105] Driffield, N., Chiang, P. C., "The Effects of Offshoring to China: Reallocation, Employment and Productivity in Taiwan", *International Journal of the Economics of Business*, Vol. 16, No. 1, 2009.

[106] Ederington, J., Minier, J., Troske, K., "Where the Girls Are: Trade and Labor Market Segregation in Colombia", *Institute for the Study of Labor Discussion Papers*, No. 4131, 2009.

[107] Ekholm, K., Markusen, J. R., "Foreign Direct Investment and EU-CEE Integration", *Danish and International Economic Policy Conference*, 2002.

[108] Federico, S., Minerva, G. A., "Outward FDI and Local Employment Growth in Italy", *Review of World Economics*, Vol. 144, No. 2, 2008.

[109] Feenstra, R. C., Hanson, G. H., "Globalization, Outsourcing, and Wage Inequality", *American Economic Review*, Vol. 86, No. 2, 1996.

[110] Fosfuri, A., Motta, M., "Multinationals without Advantages", *The Scandinavian Journal of Economics*, Vol. 101, No. 4, 1999.

[111] Gazaniol, A., "The Location Choices of Multinational Firms: The Role of Internationalization Experience and Group Affiliation", *World Economy*, Vol. 1, No. 4, 2014.

[112] Groizard, J. L., Ranjan, P., Rodriguez-Lopez, A., "Trade Costs and Job Flows: Evidence from Establishment-level Data", *Economic Inquiry*, Vol. 53, No. 1, 2015.

[113] Grossman, G. M., Helpman, E., "Trade, Knowledge Spillovers, and Growth", *European Economic Review*, Vol. 35, No. 2−3, 1990.

[114] Grossman, G. M., Rossi-Hansberg, E., "Trading Tasks: A Simple Theory of Offshoring", *American Economic Review*, Vol. 98, No. 5, 2008.

[115] Griliches, Z., "Capital-Skill Complementarity", *Review of Economics and*

Statistics, Vol. 51, No. 4, 1969.

[116] Hakkala, K. N., Heyman, F., Sjöh, F., "Multinational Firms, Acquisitions and Job Tasks", *European Economic Review*, No. 66, 2014.

[117] Harrison, A. E., Mcmillan, M. S., "Outsourcing Jobs? Multinationals and US Employment", *NBER Working Papers*, No. 12372, 2006.

[118] Harrison, R., Jaumandreu, J., Mairesse, J., Peters, B., "Does Innovation Stimulate Employment? A Firm-level Analysis Using Comparable Micro-data from Four European Countries", *International Journal of Industrial Organization*, Vol. 35, No. 8, 2014.

[119] Hayami, H., Nakamura, M., Nakamura, A., "Wages, Overseas Investment and Ownership: Implications for Internal Labor Markets in Japan", *The International Journal of Human Resource Management*, Vol. 23, No. 14, 2012.

[120] Head, K., Ries, J., "Offshore Production and Skill Upgrading by Japanese Manufacturing Firms", *Journal of International Economics*, Vol. 58, No. 1, 2002.

[121] Helpman, E., "Simple Theory of International Trade with Multinational Corporations", *Journal of Political Economy*, Vol. 92, No. 3, 1984.

[122] Helpman, E., Melitz, M. J., Yeaple, S. R., "Export versus FDI with Heterogeneous Firms", *American Economic Review*, Vol. 94, No. 1, 2004.

[123] Hijzen, A., Görg, H., Hine, R. C., "International Outsourcing and the Skill Structure of Labour Demand in the United Kingdom", *The Economic Journal*, Vol. 115, No. 506, 2005.

[124] Hijzen, A., Jean, S., Mayer, T., "The Effects at Home of Initiating Production abroad: Evidence from Matched French Frms", *Review of World Economics*, Vol. 147, No. 3, 2011.

[125] Hsieh, C.T., Klenow, P.J., "Misallocation and Manufacturing TFP in China and India", *Quarterly Journal of Economics*, Vol. 124, No. 4, 2009.

[126] Hufbauer, G. C., Adler, F. M., "Overseas Manufacturing Investment and the Balance of Payments", *Resources Policy*, Vol. 28, No. 1, 1968.

[127] Imbriani, C., Pittiglio, R., Reganati, F., "Outward Foreign Direct Investment and Domestic Performance: The Italian Manufacturing and Services Sectors", *Atlantic Economic Journal*, Vol. 39, No. 4, 2011.

[128] Jasay, A.E., "The Social Choice between Home and Overseas Investment", *The Economic Journal*, Vol. 70, No. 277, 1960.

[129] Jordan, G.L., Vahlne, J.E., "Domestic Employment Effects of Direct Investment abroad by Two Swedish Multinationals", *Working Paper (Multinational Enterprises Programme)*, No. 13, 1981.

[130]Katz, L. F., Murphy, K. M., "Changes in Relative Wages, 1963 - 1987: Supply and Demand Factors", *Quarterly Journal of Economics*, Vol. 107, No. 1, 1992.

[131] Kazuma, E., Hering, L., Tomohiko, I., Poncet, S., "The Overseas Subsidiary Activities and Their Impact on the Performance of Japanese Parent Firms", *RIETI Discussion Paper Series*, No. 11-E-069, 2011.

[132]Kogut, B., Chang, S.J., "Technological Capabilities and Japanese Foreign Direct Investment in the United States", *The Review of Economics and Statistics*, Vol. 73, No. 3, 1991.

[133] Koizumi, T., Kopecky, K. J., "Foreign Direct Investment, Technology Transfer and Domestic Employment Effects", *Journal of International Economics*, Vol. 10, No. 1, 1980.

[134]Kokko, A., "The Home Country Effects of FDI in Developed Economies", *Eijs Working Paper*, No. 225, 2006.

[135]Konings, J., Murphy, A., "Do Multinational Enterprises Relocate Employment to Low Wage Regions? Evidence from European Multinational", *Review of World Economics*, Vol. 142, No. 2, 2006.

[136] Kravis, I. B., Lipsey, R. E., "The Effect of Multinational Firms' Foreign Operations on Their Domestic Employment", *NBER Working Paper*, No. 2760, 1988.

[137] Krusell, P., Ohanian, Lee E., Ríos-Rull, J. V., Violante, Giovanni L., "Capital-Skill Complementarity and Inequality: A Macroeconomic Analysis", *Econometrica*, Vol. 68, No. 5, 2000.

[138]Laffineur, C., Mouhoud, E. M., "The Jobs at Risk from Globalization: The French Case", *Review of World Economics*, Vol. 151, No. 3, 2015.

[139] Lee, H. Y., Lin, K. S., Tsui, H. C., "Home Country Effects of Foreign Direct Investment: From a Small Economy to a Large Economy", *Economic Modelling*, Vol. 26, No. 5, 2009.

[140]Leontief, W., "Technological Advance, Economic Growth, and the Distribution of Income", *Population & Development Review*, Vol. 9, No. 3, 1983.

[141] Lin, M. Y., Wang, J. S., "Capital Outflow and Unemployment: Evidence from Panel Data", *Applied Economics Letters*, Vol. 15, No. 14, 2008.

[142] Lipsey, R. E., "Outward Direct Investment and the U. S. Economy", *NBER Working Paper*, No. 4691, 1994.

[143] Mankiw, Gregory N., Swagel, P., "The Politics and Economics of Offshore Outsourcing", *Journal of Monetary Economics*, Vol. 53, No. 5, 2006.

[144] Markusen, J. R., "Multinationals, Multi-plant Economies, and the Gains from

Trade", *Journal of International Economics*, Vol. 16, No. 3-4, 1984.

[145] Markusen, J. R., *Multinational Firms and the Theory of International Trade*, Cambridge: MIT Press, 2002.

[146] Masso, J., Varblane, U., Vahter, P., "The Effect of Outward Foreign Direct Investment on Home-Country Employment in a Low-Cost Transition Economy", *Eastern European Economics*, Vol. 46, No. 6, 2008.

[147] Melitz, M. J., "The Impact of Trade on Intra-Industry Reallocations and Aggregate Industry Productivity", *Econometrica*, Vol. 71, No. 6, 2003.

[148] Muendler, M. A., Becker, S. O., "Margins of Multinational Labor Substitution", *American Economic Review*, Vol. 100, No. 5, 2010.

[149] Mundell, R. A., "International Trade with Factor Mobility", *American Economic Review*, Vol. 47, No. 3, 1957.

[150] Nelson, R. R., Phelps, E. S., "Investment in Humans, Technological Diffusion, and Economic Growth", *American Economic Review*, Vol. 56, No. 1/2, 1966.

[151] Oldenski, L., "Offshoring and the Polarization of the US Labor Market", *Industrial and Labor Relations Review*, Vol. 67, No. 3S, 2014.

[152] Porterie, B. P., Lichtenberg, F., "Does Foreign Direct Investment Transfer Technology across Borders?", *The Review of Economics and Statistics*, Vol. 83, No. 3, 2001.

[153] Pradhan, J. P., Singh, N., "Outward FDI and Knowledge Flows: A Study of the Indian Automotive Sector", *Mpra Paper*, No. 1, 2008.

[154] Ramous, R., Garcia-Santana, M., Asturias, J., "Misallocation, Internal Trade, and the Role of Transportation Infrastructure", *Society for Economic Dynamics Meeting Paper*, 2014.

[155] Restuccia, D., Rogerson, R., "Misallocation and Productivity", *Review of Economic Dynamics*, Vol. 16, No. 1, 2013.

[156] Rosenbaum, P. R., Rubin, D. B., "Assessing Sensitivity to an Unobserved Binary Covariate in an Observational Study with Binary Outcome", *Journal of the Royal Statistical Society*, Vol. 45, No. 2, 1983.

[157] Slaughter, M. J., "Production Transfer within Multinational Enterprises and American Wages", *Journal of International Economics*, Vol. 50, No. 2, 2000.

[158] Simpson, H., "Investment abroad and Labour Adjustment at Home: Evidence from UK Multinational Firms", *Canadian Journal of Economics*, Vol. 45, No. 2, 2012.

[159] Strauss-Kahnm V., "The Impact of Globalization through Vertical Specialization on the Labor Market: The French Case", *Soviet Physics Uspekhi*, Vol. 33, No. 10, 2002.

[160] Svetličič, M., Jaklič, A., Burger, A., "Internationalization of Small and Medium-

Size Enterprises from Selected Central European Economies", *Eastern European Economics*, Vol. 45, No. 4, 2007.

[161] Temouri, Y., Driffield, N. L., "Does German Foreign Direct Investment Lead to Job Losses at Home?", *Applied Economics Quarterly*, Vol. 55, No. 3, 2009.

[162] Vahter, P., Masso, J., "Home versus Host Country Effects of FDI: Searching for New Evidence of Productivity Spillovers", *William Davidson Institute Working Papers*, No. 820, 2006.

[163] Vinay, P. F., "The Dynamics of Technological Unemployment", *International Economic Review*, Vol. 43, No. 3, 2002.

[164] Welch, F., "Education in Production", *Journal of Political Economy*, Vol. 78, No. 1, 1970.

[165] Xu, R., Gong, K., "Does Import Competition Induce R&D Reallocation? Evidence from the U.S.", *IMF Working Paper*, WP/17/253, 2017.

[166] Yamawaki, H., "International Competitiveness and the Choice of Entry Mode: Japanese Multinationals in U.S., and European Manufacturing Industries", *IUI Working Paper*, No. 424, 1994.

[167] Yamashita, N., Fukao, K., "Expansion abroad and Jobs at Home: Evidence from Japanese Multinational Enterprises", *Japan and the World Economy*, Vol. 2, No. 2, 2010.

[168] Yang, S.F., Chen, K.M., Huang, T.H., "Outward Foreign Direct Investment and Technical Efficiency: Evidence from Taiwan's Manufacturing Firms", *Journal of Asian Economics*, Vol. 27, No. 27, 2012.

[169] Yu, M., "Processing Trade, Tariff Reductions and Firm Productivity: Evidence from Chinese Firms", *The Economic Journal*, Vol. 125, No. 585, 2015.

后　　记

　　本书的成稿虽然仅为 21 万字,但是从书名选择、目录设定到全稿完成及后续修订却经历了大约三年多的时间。科研之路漫长曲折,本人深知自己与同行业内其他优秀学者在学术造诣上的差距,多年以来兢兢业业,未敢虚度光阴,也总算是有些许收获。不仅顺利完成了此书稿,还在《国际经济评论》《国际贸易问题》《世界经济研究》《南方经济》等国内重要的经济学期刊上公开发表论文数篇。本书稿主要建立在本人博士求学期间科研成果积累的基础上,许多人也为此付出了大量的努力和心血,没有他们就没有本书的顺利完成和出版。借此机会,在这里向各位逐一表示最衷心的感谢。

　　科研道路上对我影响最大的莫过于恩师冼国明教授。恩师是一位儒雅谦和、博学多闻的学者,亦是一位具有深厚而扎实的学术功底但却始终不断地学习新鲜事物、积极进取的大师,也是国内少见的既具有经济学理论基础又具有丰富实践经验(企业管理)的经济学家和管理者。每每与恩师交流,总是受益匪浅。恩师见解高屋建瓴,对问题分析鞭辟入里,是我学术之路上最重要的启蒙人和引路人。跟随并学习着恩师的思想和见解,接受着恩师规范的学术教育和熏陶,渐渐地,我也学会了如何阅读和整理文献、如何严谨地做研究,对学术研究的兴趣也日益浓厚,为我能够顺利完成学业和做好科研工作奠定了坚实基础。师从恩师以来的这些进步及为此付出的辛苦努力也将深埋心底、爱如珍宝。感恩相识,感谢恩师在教书育人方面始终秉承的"有教无类"思想使我顺利进入师门,感谢恩师不弃和多年谆谆教诲,更感谢恩师将我引入学术道路、帮助我在学术道路上顺利前行。没有恩师的悉心指导,就没有我在学术道路上的进步,更没有此书稿的顺利完成。唯愿恩师一生平安顺遂。

本书的顺利完成离不开南开大学经济学院授课老师的"传道、授业、解惑"，通过各位老师的授课，使我积累了较为扎实的经济学理论基础，为本书的写作奠定了理论基础，感谢各位老师的辛苦付出。从南开大学各位授课老师的身上，我看到了他们的渊博学识、认真教学的态度和专业的科研精神，我相信正是这种精神在推动着南开大学经济学院的不断前进，也正是这种精神在推动着中国学术事业的不断发展，这种精神也值得我在未来的学习和工作中继续学习、坚守和传承。自进入南开大学国际经济研究所求学以来，我感受到了所里浓厚的学术氛围，无论是德高望重的知名教授，还是新入职的年轻学者，无一不对学术事业表现出了高度的热情和执着，所里举办的一场又一场国际经济学前沿领域的学术报告和研讨会，让我领略到了国内外一位又一位经济学名家的智慧和风采，享受了一次又一次学术界的饕餮盛宴，也将我带入了包罗万象的经济学世界。特别感谢南开大学国际经济研究所各位老师给予我的学术方面的指导，感谢同门师兄文东伟老师、严兵老师，以及国内知名学者黄玖立老师、施炳展老师、李磊老师、毛其淋老师、盛丹老师等，各位老师的学术造诣和严谨的治学态度令人敬仰，也感谢各位老师对本人博士学位论文的悉心指导和帮助，着实让我醍醐灌顶、受益匪浅。

感谢我的硕士生导师范跃进教授，感谢恩师将我带上了漫漫科研路。感谢恩师在我艰难、无助的时光里为我排忧解难，让我能够安心学习而无后顾之忧；感谢恩师当年的高瞻远瞩，让我得以继续求学之路，也为我的人生指明了光明的方向，让我的人生渐渐地走上了"康庄大道"。自从入门以来，无论恩师政务工作多么繁忙，总是留出时间给学生传道、授业、解惑。多年以来，恩师总是为学生默默付出、呕心沥血，却从不计较个人得失和回报。恩师崇高的师德、学术成就、政治才华、教育理念和豁达的人生态度值得我永远感恩、追随和学习。特别感谢南开大学国经所的蒋殿春教授和山东理工大学的李平教授曾经给予我的指导和帮助，感恩之情永记于心。感谢多年以来将我视为自己学生和亲人的任启平老师和王玲老师，感恩有缘相识，也感恩多年以来他们对我的关心、指导和帮助。

　　感谢家人在我求学过程中以及在本书的写作过程中给予我的支持和理解。家人都是典型的山东人,待人温和、亲切而真诚,对待感情却总是细腻而含蓄,从不会去表达也不擅长表达自己的情感,但对孩子却总是倾尽所有、默默付出。在此,也想借机表达多年以来一直埋藏在心里的对父母、兄嫂的感恩和愧疚之情。多年求学在外,聚少离多,感谢父母的养育之恩,感谢父母对我多年漂泊在外的理解与支持,感谢兄嫂多年伴于父母身边,尽孝于膝下,让我的愧疚之心有些许安慰。感谢家人给了我无限的爱和宽容,让我能够在外安心求学、顺利完成学业并参加了工作。在未来的日子里,只盼父母、兄嫂身体康健,愿能时时尽孝于膝下,亦能弥补多年的亏欠。

　　本书的大部分工作完成于天津南开园,写作期间也遇到了很多困难,感谢冯志艳博士、明秀南博士、刘灿雷博士、张夏博士等同门同窗的分忧解难、答疑解惑。感谢南开大学为我提供了良好的学习环境和生活环境,更教会了我严谨治学和努力拼搏,让我能够在平淡琐碎的日子里始终怀着一颗祥和安定、泰然始终的心来从事科研工作。

　　感谢上海对外经贸大学国际经贸研究所所长、国际发展合作研究院院长黄梅波教授对本书的大力支持,感谢黄教授给予了我继续完成本书的动力和勇气,以及继续从事科研事业的宝贵机会。感谢我所供职的上海对外经贸大学相关教职工以及国际经贸研究所、国际发展合作研究院各位同仁的热心帮助,更感谢人民出版社及郑海燕编审的认真修订和辛苦付出。毋庸置疑,缺了其中的任何一环,本书都无法顺利完成和出版,衷心地感谢各位!

　　最后,感谢购买此书的同事、同学、亲人、朋友及各位陌生的读者,感谢各位对于本书的大力支持,希望对你们有所帮助,也希望你们能提出宝贵的意见和建议,让我们不断学习、共同进步。

阎虹戎

策划编辑:郑海燕
封面设计:王欢欢
责任校对:夏玉婵

图书在版编目(CIP)数据

对外直接投资与国内就业变动:基于中国微观企业数据的研究/
  阎虹戎 著. —北京:人民出版社,2019.8
ISBN 978 - 7 - 01 - 021078 - 0

Ⅰ.①对… Ⅱ.①阎… Ⅲ.①对外投资-直接投资-影响-就业-研究-中国
  Ⅳ.①F832.6②D669.2

中国版本图书馆 CIP 数据核字(2019)第 155978 号

对外直接投资与国内就业变动

DUIWAI ZHIJIE TOUZI YU GUONEI JIUYE BIANDONG
——基于中国微观企业数据的研究

阎虹戎 著

人民出版社 出版发行
(100706 北京市东城区隆福寺街99号)

中煤(北京)印务有限公司印刷 新华书店经销

2019 年 8 月第 1 版 2019 年 8 月北京第 1 次印刷
开本:710 毫米×1000 毫米 1/16 印张:15
字数:216 千字

ISBN 978 - 7 - 01 - 021078 - 0 定价:62.00 元

邮购地址 100706 北京市东城区隆福寺街 99 号
人民东方图书销售中心 电话 (010)65250042 65289539